从荣誉教育走向学术研究之路
——匡亚明学院拔尖学生培养纪实 I

周 安 主编

南京大学出版社

图书在版编目(CIP)数据

从荣誉教育走向学术研究之路：匡亚明学院拔尖学生培养纪实. Ⅰ / 周安主编. —南京：南京大学出版社，2022.12
　ISBN 978-7-305-26414-6

　Ⅰ. ①从… Ⅱ. ①周… Ⅲ. ①大学生-模范学生-先进事迹-南京 Ⅳ. ①K828.4

中国版本图书馆 CIP 数据核字(2022)第 248605 号

出版发行	南京大学出版社		
社　　址	南京市汉口路 22 号	邮　编	210093

出 版 人　金鑫荣

书　　名　**从荣誉教育走向学术研究之路——匡亚明学院拔尖学生培养纪实Ⅰ**
主　　编　周　安
责任编辑　荣卫红　　　　　　　　编辑热线　025-83685720
照　　排　南京开卷文化传媒有限公司
印　　刷　徐州绪权印刷有限公司
开　　本　787 mm×1092 mm　1/16　印张 16　字数 332 千
版　　次　2022 年 12 月第 1 版　2022 年 12 月第 1 次印刷
ISBN　978-7-305-26414-6
定　　价　68.00 元

网　　址：http://www.njupco.com
官方微博：http://weibo.com/njupco
微信服务号：njuyuexue
销售咨询热线：(025)83594756

* 版权所有，侵权必究
* 凡购买南大版图书，如有印装质量问题，请与所购图书销售部门联系调换

前 言

千秋基业,人才为本。教育兴则国家兴,人才强则国家强。

习近平总书记在2022年2月28日召开的中央全面深化改革委员会第二十四次会议上强调指出:要全方位谋划基础学科人才培养,科学确定人才培养规模,优化结构布局,在选拔、培养、评价、使用、保障等方面进行体系化、链条式设计,大力培养造就一大批国家创新发展急需的基础研究人才。

高校是科技创新体系的重要组成部分。青年人才是国家战略人才力量的源头活水,培养青年人才就是奠基未来。作为世界高水平、全国一流高校,近年来,南京大学深入贯彻落实习近平总书记重要讲话精神,抓住机遇、超前布局,加快推进教育现代化,致力于建设教育强国,办好人民满意的教育,为我国实现高水平科技自立自强、加快建设世界重要人才中心和创新高地提供了有力支撑。

2022年5月20日,南京大学迎来百廿华诞,"宽德养士,至乐成学,吾道在国,与世恒新"的南大精神贯穿于南大的发展历程中,存在于各个细节里。百廿征程,百廿荣光,在新甲子起程的重要时刻,匡亚明学院特组织编写《从荣誉教育走向学术研究之路——匡亚明学院拔尖学生培养纪实Ⅰ》,展现匡亚明学院的育人成果,以期"以学术献礼校庆"。

匡亚明学院是南京大学致力于实施国家基础学科拔尖人才培养计划、专注具有大理科特色的精英人才培养的摇篮。作为南京大学、教育部教育改革和杰出人才培养的创新试点单位,学院专注于培养具有良好科学精神、人文素养、宽厚学科基础和突出创新能力的拔尖创新人才,2021年获得"教育部拔尖计划2.0基地"称号,也是全国唯一获得此殊荣的荣誉学院。2019年,时任南京大学党委书记胡金波赴学院调研时对学院的工作成绩予以充分肯定,并对学院提出殷切期待。他指出,匡亚明学院地位特殊、作用巨大、使命非凡,是为了培养"精英中的精英",站在新的历史起点上,要深入研究学院面临的新形势、新任务,念好"三字经",办"对""好""强"的"第一个匡亚明学院"。

青年是祖国的前途、民族的希望、创新的未来。匡院学子在四年的大学生活中,都会在属于自己的故事里积累一些经验、获得一些启发,本科毕业后,绝大多数会选择继续深造、科研报国。《从荣誉教育走向学术研究之路——匡亚明学院拔尖学生培养纪实Ⅰ》收集了三届继续在国内从事学术研究的部分院友信息,展现了匡院的荣誉教育在科研之路上承前启后的重要作用,希望能为读者带来一些启发和参考。

书中,三届院友分享了自己的故事。2016级院友代表分享了在研究生阶段的学习感悟,2017级和2018级院友代表分享了在校感悟和对学弟学妹的真诚建议。尤其是,为了让更多学子在保研时不再错过重要流程和时间节点,不再毫无头绪、手忙脚乱地进行前期准备,不再因为信息不对等而错过资源和机会,本书还收集了三届学子的保研经历。有关"保研攻略"的内容详细、全面。从目标院校上看,包括北大、清华、中科院等国内顶级院校和研究机构;从分流方向上看,覆盖了数理、数学、计算机、化生和脑科学与人工智能方向;从内容上看,涵盖了保研复习方法及时间安排、各夏令营时间表、考核方式、考核流程、笔试题目、面试题目、录取方式、心态调整等方面,都是极其珍贵的可供参考和借鉴的资料。高年级同学可参考书中内容,打开视野,进行充分的准备。低年级同学在阅读中,哪怕目前对解答具体问题还一筹莫展,但也能了解到一些保研的必需要求和加分项,从而以目标为导向,尽早付诸努力。

"功以才成,业由才广。"实现中华民族伟大复兴的中国梦需要一代又一代有志青年接续奋斗,时代呼唤更多有理想、有抱负的青年人才勇于担当、奋发作为。希望大家从本书中获得保研攻略带来的经验,在申请保研的过程中保持自信和良好心态;也希望新生通过参考学长们分享的经验,对大学生活的框架有所了解,为四年的成长历程稍作规划。

希望同学们能从这本书里找到适合自己的经验,享受大学生活,在面对申请研究生的重要节点时,积极准备,勇敢尝试,收获心动的 offer,以匡亚明学院的荣誉教育为起点,走上自己的学术研究之路。

匡亚明学院
2022 年 9 月

目　录

>>>>>> **数理方向**

2016 级

1. 孟令羽：从物理到北大 CLS 及神经所保研经验及感悟 ………… 3
2. 夏　天：北京大学前沿交叉学科研究院保研经验及感悟 ………… 8
3. 徐文昕：清华大学物理系 AMO 方向保研经验及感悟 ………… 11
4. 王炅昊：清华大学交叉信息研究院保研经验分享 ………… 14
5. 宋云葭：上海交通大学天文系保研经验及感悟 ………… 17

2017 级

6. 冀承志：北京大学物理学院保研经验及感悟 ………… 19
7. 黄泓伟：清华大学交叉信息研究院保研经验及感悟 ………… 22
8. 张荣朗沐：从物理到上海交通大学管理科学与工程的感悟 ………… 24

2018 级

9. 丁若轩：北京大学物理学院量材中心保研经验及感悟 ………… 26
10. 林　天：北京大学物理学院保研经验及感悟 ………… 30
11. 王　越：物理方向保研经验及感悟 ………… 34
12. 茅宇峰：清华大学交叉信息研究院保研经验及感悟 ………… 40
13. 邹暨捷：北京大学前沿交叉学科研究院保研经验及感悟 ………… 43
14. 刘心怡：在南京大学匡亚明学院的感悟 ………… 53
15. 习智原：从物理到南京大学物理学院氧化镍和钙钛矿材料研究感悟 ………… 56

16. 杨 立：从物理到南京大学电子科学与工程学院的感悟 …………………… 60
17. 周徐浙：从物理到南京大学物理学院的感悟 …………………………… 63
18. 马思颖：从物理到南京大学人工微结构科学与技术协同创新中心
    直博感悟 …………………………………………………………………… 66
19. 李泽旭：从物理到北京大学物理学院的感悟 …………………………… 69
20. 涂天宇：从天文到南京大学天文与空间科学学院超新星遗迹物理方向
    直博感悟 …………………………………………………………………… 71
21. 周宇凡：从天文到南京大学天文与空间科学学院星系物理方向直博感悟 …… 74
22. 张佳畅：从天文到南京大学天文与空间科学学院天体物理专业直博感悟 …… 77

数学方向

2016 级

23. 叶梦婕：数学统计方向保研经验 ………………………………………… 83
24. 刘旭辉：从统计到 LAMDA 组保研经验 ………………………………… 92
25. 匡宇飞：从统计到科大 ML 的经验 ……………………………………… 95

2017 级

26. 杨若辰：思政预备计划＋南京大学工管金融学院保研经验及感悟 ………… 101
27. 马宇恒：中国人民大学统计学保研经验 ………………………………… 105
28. 缪铭昊：南京大学数学系保研经验及感悟 ……………………………… 110
29. 宦浩男：从统计到上海交通大学上海高级金融学院的感悟 ……………… 114

2018 级

30. 苗 子：复旦管院硕博连读统计学方向保研经验及感悟 ………………… 116
31. 于明汇：统计学专业保研经验 …………………………………………… 120
32. 雷昊一：从数学与应用数学到南京大学人工智能学院的感悟 …………… 126
33. 庞天宇：从统计学到南京大学数学系的感悟 …………………………… 129
34. 卢漱阳：从统计学到上海财经大学的感悟 ……………………………… 131
35. 王成耀：从统计学到南京大学数学系的感悟 …………………………… 134

计算机方向

2016 级

36. 陈劭源：清华大学计算机科学与技术系保研经验 ······ 139
37. 谈　婧：南京大学计算机系保研经验 ······ 141

2017 级

38. 鄢振宇：北京大学信息技术学院保研经验分享 ······ 144

2018 级

39. 胡俊豪：北京大学计算机学院保研经验分享 ······ 147
40. 刘春旭：计算机方向保研经验及感悟 ······ 151

化生方向

2016 级

41. 徐千惠：上海中科院生物与化学交叉研究中心保研经验 ······ 157

2017 级

42. 刘宇杰：清华生命学院、中科院遗传发育所保研经验 ······ 159
43. 高志伟：北大生科院、中科院生化交叉中心、中科院神经所保研经验 ······ 162
44. 霍　然：北京生命科学研究所（NIBS）保研经验 ······ 165
45. 李新萌：北大分子医学所、北大 CLS、复旦生科院、中科院生化细胞所、NIBS 保研经验 ······ 168
46. 王　崴：北京大学、清华大学和北京生命科学研究所联合培养博士研究生项目（PTN 项目）保研经验 ······ 172
47. 张琳钰：上交生科、南大现工、南大匡院、南大环院、中科院植生生态所保研经验 ······ 174
48. 管　瞳：从化学到复旦大学化学系直博感悟 ······ 176

2018 级

49. 徐　洋：北京大学化学与分子工程学院保研经验及感悟 …… 178
50. 朱龙羽：南京大学化学化工学院保研经验 …… 185
51. 王一轩：中科院动物所和南大保研经验 …… 189
52. 薛　峰：从化学到北京大学化学与分子工程学院直博感悟 …… 194
53. 徐旌凯：从化学到西湖大学直博感悟 …… 197

>>>>>> 脑科学与人工智能方向

54. 陈　超：南大人工智能学院保研经验 …… 203
55. 高长江：南大计算机直博保研经验 …… 211
56. 王子静：从脑科学与人工智能到南京大学人工智能学院的感悟 …… 216
57. 徐满杰：从脑科学与人工智能到北京理工大学的感悟 …… 219
58. 张祎扬：从脑科学与人工智能到南京大学物理学院的感悟 …… 222
59. 甘　晨：从脑科学与人工智能到南京大学计算机系的感悟 …… 225
60. 孙舒禹：从脑科学与人工智能到复旦大学的感悟 …… 228

>>>>>> 附　录

附录一　物理方向夏令营时间表 …… 233
附录二　部分机构官网 …… 234
附录三　2019 年清华交叉信息研究院夏令营题目 …… 235
附录四　清华大学交叉信息学院 2020 年物理学科优秀大学生夏令营摸底测验 …… 241
附录五　北大物理学院凝聚态所面试
　　　　——质子自旋与电子自旋之比为多少？ …… 246

后　记 …… 247

数理方向

2016 级

1. 从物理到北大 CLS 及神经所保研经验及感悟

孟令羽

一、个人简介

本科阶段专业方向：生物物理

本科阶段学术科研情况：跟随南京大学物理学院生物物理方向刘锋教授进行科研训练

本科阶段获奖情况：南京大学优秀学生、拔尖奖学金、人民奖学金等

联系方式：邮箱：mlyism@163.com

二、保研攻略

首先是为什么保研这个问题。按照我的专业排名，是可以出国申请拼一拼的，但是我犹豫了。出国申请意味着从大三大四之交那一年的二三月份开始就要暑研套磁[1]、暑研材料及签证的准备、暑研、再套磁、选校、申请、等待结果，中间还必须在申请前穿插着考出 G/T 以及 sub[2]，同时要确保有推荐信这样的必需品，这些做完已经是毕业那一年的年初了，此后还需要申签证，等等。和你竞争的是国际认知度高不少的清华、北大、科大等等的同学，他们甚至有着成体系的支持报销的程序，而你可能要在解释什么是"匡亚明

---

[1] 指主动与意向教授通过 E-mail 联系，展示自己兴趣及背景知识。——编者注
[2] 指 GRE Subject Test。——编者注

学院"这一点上花费很多心思,而且如此多的努力换来的极有可能是"全聚(拒)德(的)"大礼包。比如说生物医学相关专业的主要资助者 NIH① 已经不为非美国学生提供支持,因此有的项目招收的国际学生极为有限。毫无疑问,出国申请是勇敢者的游戏,有着世界顶级的研究生教育经历这一毋庸置疑的高回报,所以我对于出国闯荡的勇士们是从心底里抱有极高的敬意与钦佩的,也衷心祝愿他们可以旗开得胜。如果看到这里依然有着坚定的出海决心,那我建议还是坚定地出去闯一闯,毕竟世界是如此广阔而斑斓;如果开始有一点犹豫,那不妨参考一下保研的流程。

在参加保研时,南大的学子还是可以有着很高的自信的,毕竟最高也才是清北或中科院,并不是说看不起国内的学校,而是要有着战略上的自信,南大的招牌很响亮,在参加保研夏令营的时候会有机会了解到许多学校原来是 985 这样的事实。

事实上如果排名还可以的话是可以做到指哪保哪的,我申请的 5 个夏令营初审全部通过,去的 3 个夏令营有 2 个是第一轮给了预录取 offer,剩下那一个没有录取的安排只是纯粹去交流的,拿到了教授的名片。因此保研的整个过程中是不能也不应该怯场的,但是战术上还是要相当地谨慎并重视。面试时面对的很有可能是有着相当深厚的国外学习经历和学术功底的教授,在专业对口的情况下对于被面试者的科研经历有着相当准确的判断力,面试很有可能就被当场"判死刑",所以不能在毫无准备的情况下就盲目乐观自信,最好是有自己相当了解的科研成果作为支撑。以上是我认为的保研时应当抱有的心理状态,要有战略自信和战术谨慎。

我最终选择的是北京大学前沿交叉学科研究院下面的 CLS 项目,全称是北京大学—清华大学生命科学联合中心,不过目前北大和清华两边的项目有一定的区别,这里谈到的只是北大这一边的情况。CLS 最大的特点就是覆盖院系极广的轮转制,同时对于交叉学科相当重视,因此生物物理这一其他学校没有的本科专业有着天然的优势,不过物理专业其实与生物物理是等效的,毕竟生物物理专业学的生物知识相当有限。当然纯生物专业也并非不受待见,这一项目招收的一半学生是生物专业,因此只要专业素质过硬也可以来申请,但我的面试经验可能会不适用。

言归正传,CLS 覆盖的专业方向有细胞生物学、化学生物学、神经生物学、生物化学、心理学、定量生物学、医学、分子医学、生物信息学、植物生物学等,涉及院系包括生命科学学院、化学与分子工程学院、心理与认知科学学院、定量生物学中心、北京大学医学部、分子医学研究所等,基本上北京大学和生命科学有关的全部被包含在内,而轮转制使得研一时在以上方向中可以任挑三个实验室作为尝试三个月的地方(当然也必须被老师接受,所以还是尽量选择专业对口或是相当有兴趣的实验室作为轮转的选择)。这对于没有真正确定好自己感兴趣的方向的同学是一个很不错的选择,即使是确定好方向也可以

---

① 美国国立卫生研究院(National Institutes of Health,NIH)。——编者注

在一定程度上避免选择了自己不适应的导师的问题。在研一的暑假将会通过PI①与学生双选的模式最终确定导师,此后就与其余研究生项目一致。所以CLS对于想在北京大学从事生命科学相关的研究生学习的同学是一个集大成的项目。对于出国申请的同学来说,CLS还有一个相当吸引人的地方是,在毕业那一年的三四月份会有第二轮招生,形式应当是申请—考核制,不需要考研,因此如果出国申请被"全聚德",CLS也可以用来兜底。不过应当考虑到的是北大内部可能会有同样情况的,因此竞争有可能会很激烈。

另一个比较综合的项目是PTN,是北京大学—清华大学—北京生命科学研究所的联合项目,也是轮转制,且必须在两个以上的地方有轮转经历,学籍挂在北大或清华,最终定导是三个地方平分。据说PTN的面试要比CLS好过,但是在学科覆盖范围上貌似与CLS不同。对于北大生科院,听说招生分配是1人老体制+2人CLS+2人PTN这样的安排,所以对于生物背景的同学PTN项目也是个不错的选择。

夏令营初审的材料和北京大学前沿交叉学科研究院其他部门的要求基本是一样的,值得注意的是3封推荐信是唯一进度不能自己控制的,所以需要预留出足够多的时间。这里我想要吐槽的是北京大学9月保研的程序,它还需要提交和夏令营相似的材料以及2封推荐信,所以一定要把之前的申请资料留档,同时要推荐信的时候说明"只是走走程序内容"以及"和上次一样"就行,这样进度可以快很多,当然这是过了面试以后的事情了。通过初审以后就是最重要的面试环节。今年的安排是7月3日下午报到,晚上6:30是北京大学前沿交叉学科研究院夏令营开营仪式;7月4日上午是CLS开营仪式和各专业方向的整体宣讲以及各PI课题组的Poster介绍;7月4日下午和7月5日全天为各专业方向的交流活动(此前提到的10个专业方向,至少参加3个);7月6日全天面试,具体日程在报到的时候会告知。

尽管重头戏是在最后一天,但是前几天的交流不能说是没有用的。宣讲可以相当快地了解到各个方向的PI以及他们具体从事的方向,而专业交流则是有非常难得的和PI面对面聊天的机会。宣讲一般就是过一遍各个专业的PPT,而专业交流形式就非常多样化了。我参加的是神经生物学、心理学、定量生物学和分子医学方向的交流。神经生物学方向的交流从开始就是自由交流的模式,PI们分散在教室中,学生去听自己感兴趣的PI从而围成圈,好处当然是氛围很随意,而且可以自由选择想听的老师,这个方向的学长们还很贴心地准备了零食,但是如果在一圈学生的最里面想出去会非常尴尬。

心理学和分子医学都是先介绍各个PI的方向接着提问,再然后是自由交流。这种形式好处是可以确保有机会提问题而不是PI一直讲,但是比较正式,所以气氛要到自由交流环节才活跃起来。我印象特别深的是因为心理学方向有一位PI是日本的,所以提问环节是中英混杂的,某种意义上也很考验临场能力。我个人感觉最有趣的交流形式是

---

① 在人才方面一般指学术带头人。——编者注

定量生物学方向的，因为是和定量生物学中心的夏令营一起进行的交流活动，而且定量本身对于纯生物背景学生的吸引力很大，所以参与的人数相当多。交流形式是中间一圈PI的椅子朝外，外面一圈学生的椅子朝内，以围坐的形式来提问题，之后是自由交流。定量中心的相当多的PI都在，但是几个大佬一般是在大圈外面喝红酒谈笑风生，实际回答问题更多的是年轻的PI，虽说问题很大一部分是纯生物背景的同学提出来的，定量是啥以及定量有啥用这样的问题。定量中心也准备了相当多的零食和水果，所以PI和学生们都是边吃边聊，气氛也是相当随意。参加这种交流不仅可以对各个PI的方向、性格等有更多的认识，同时也可以在面试前调整心态，更重要的是熟悉交流的各种形式，以备不时之需。

前五组全是传统的生物领域，被分到那里的应该都是纯生物背景，最终每组会通过5人，共计录取25人，而剩下的分别是神经生物学、分子医学、心理学和定量生物学，共4个组，每个组录取人数不一，最终9个组一共录取50人。分组的依据很可能是选择的交流专业方向以及自身的专业背景，我被分到的是第9组也就是定量生物学方向，面试我的老师全部来自定量生物学中心，根据那份文件最终会录取7人，约占本组人数的一半，同时会有2人待定。我所在的面试组对于生物物理专业或是纯粹的物理专业相当友好，因为面试的老师几乎全部是物理背景，提的问题也有相当一部分是物理问题。而纯生物背景如果选了定量方向的交流也有可能被分进来，有一位南大生科的同学也被分到了这个组，纯生物背景，但遗憾被刷，最后他去了清华。所以对于纯生物背景的同学是否友好是一个尚不明确答案的问题。

面试形式是一个学生面对一群老师的那种。首先是5分钟的结合PPT的自我介绍，主要集中在基本情况、科研经历以及研究兴趣等。我个人的建议是自我介绍一定要简单明快、重点突出，而且提到的一定是自己完全懂的东西，因为自我介绍和之前夏令营申请时的资料都会成为提问的靶子。提问往往是从自我介绍里提到的科研经历开始，老师们几乎会把提到的所有的点拷打一遍。我的科研经历主要是计算神经科学这方面，从参数怎么设置到与实验怎么符合，以及自己在整个课题组里面有过什么贡献，甚至是"你做这个方向，那你在北大有什么感兴趣的老师吗"这样的都会被问一遍。当科研经历这块没什么可榨的油水之后就转移到其他资料上面。比如说："你主要做的是理论计算方面，那有做过什么实验吗？哦，近代物理实验，具体都有什么？原子力显微镜的原理是什么？"或者是："你去伯克利交流的时候选了什么课？哦，有固体物理啊，来，能带是什么？"或者是："你学过系统生物学，知道蒙特卡罗啊，泊松分布有几个参数啊？"甚至是："你去年参加了北大物院的夏令营啊，今年呢？"总之在资料上的所有点都有可能经过几步演化变成专业问题的提问，所以在回答第一步演化的问题时一定要有主观预测，尽量回答自己知道答案的点，否则答不出问题可是要比老师问不出问题要尴尬不知道多少。最后是读一段文章并翻译，估计是会根据自己的兴趣来选择，我读到的就是神经相关的文字。这一块如果有不确定的词老师会鼓励去猜,大约是能猜对的吧,但还是要有一定储备为好。

北大的文件上是面试结束之后的几天内会收到拟录取通知,我是面试之后第二天收到的通知,同时需要在三天内签一个承诺接受预录取,此后就是等后续的北大推免和教育部系统登记的通知了。

除了北大 CLS 的夏令营之外,我还参加了中国科学院神经科学研究所的夏令营。这个夏令营同时招收大二和大三的学生,共 14 天,期间穿插着神经科学相关的课程以及实验室参观实习,等等,对于大二的同学可以说是一个非常珍贵的学习经历,也可以替换掉暑期学校。对于大三的想从事神经科学相关研究的同学,保研进神经所也是相当不错的选择,据称神经所的神经科学研究的实力是亚洲第一,所里的老师也表示如果申不上神经科学世界排名前 30 的学校还不如来神经所。神经所也是轮转制,研一课程直接在所里学习,同时也可以选择中国科学院大学的未来技术学院项目,研一课程相比所里要有趣很多,但第一年要在雁栖湖,而且需要提前定导。对于希望以后的主攻方向是神经科学实验的同学而言,神经所毋庸置疑非常强,但是神经所的理论或是计算神经科学方面坦率地说还是不如许多美国高校的,这也是我最终选择不去的原因之一。关于计算神经方面的出国申请,具体可以咨询姚明辰同学。

神经所的面试也是面对一群老师,因为我是物理背景的,所以并没有被问到之前听说的诸如设计实验之类的可怕问题,反而是你想做什么方向和怎么看待这个方向之类的,唯一被问到的专业问题是核磁共振成像的原理,最后还第一轮过了,总而言之就是被当成大熊猫招了进来。因此总的来说物理背景在神经所面试还是比较吃香的,而且夏令营时间足够长,也可以有时间好好思考是不是真的喜欢神经科学。

还有一个我参加的夏令营只有一天时间,是清华大学医学院的生物医学工程系举办的,虽然也有面试环节,但并不录取,只是提供一个交流的机会,正式录取要在 9 月份。如果是对脑机接口这方面感兴趣的话,清华生医工程是一个不错的选择。

以上就是我的保研经验,希望可以对后来人有帮助。

三、研究生阶段感悟

一个是仔细、认真考虑以后是否做学术;一个是轮转制度要以定导为最优先;还有一个是对于选生物物理专业的,要考虑清楚是主要做生物还是物理。

2. 北京大学前沿交叉学科研究院保研经验及感悟

夏 天

一、个人简介

本科阶段专业方向：物理学

本科阶段学术科研情况：2018 年 8 月—2018 年 12 月，杜克大学交换期间，Aaron D. Franklin 教授的纳米材料电子器件课题组。题目为：碳纳米管器件在生物探测环境中的稳定性研究(Electronic Stability of Carbon Nanotube Transistors in Sensor-Relevant Solutions)。研究碳纳米管器件在生物探测器方面的应用，设计制备碳纳米管器件并调试测试平台，探究其在生物探测环境即各类缓冲溶液中的稳定性。形成研究报告，并在杜克大学本科生独立课题研究展示中进行海报展示及讲演。

本科阶段获奖情况：南京大学人民奖学金、南京大学拔尖计划奖学金、南京大学第 21 届基础学科论坛一等奖、美国大学生数学建模竞赛 H 奖

夏令营参加情况：入营：北大叉院直博，北大信工硕，清华 TBSI[①] 硕，浙大电子直博，南大物院直博，南大电子、南大现工硕，上海微系统所，上海技物所

参营：北大叉院直博，南大物院直博，南大现工硕

录取：北大叉院直博，南大物院直博，南大现工硕

去向：北大叉院直博

联系方式：邮箱:1342629377@qq.com

[①] Tsinghua-Berkeley Shenzhen Institute(清华—伯克利深圳学院)。——编者注。

二、保研攻略

北大叉院夏令营

概况：北大叉院分为十个中心，涵盖的学科范围很广，我报的是纳米科学与技术研究中心，纳米中心的老师主要来自化院、物院和信息学院。夏令营报名时填写意向导师，材料会首先由意向导师筛选入营，意向导师没有选中的材料会发给其他导师筛选，所以推荐提前套磁。可以联系意向组的学长了解组里情况（读博期间的生活质量与导师直接相关，尽可能多方了解、慎重选择，过于 push 或过于放养都不是好事，要找适合自己的），学长帮忙推荐也可能对套磁起到积极作用。

数据：入营 54 人，录取 19 人。19 位导师，每位导师 2—3 个入营名额，1 个录取名额。

考核方式：综述报告＋综合面试，两者按比例计分，但主要决定权在导师，有的导师在面试前就基本确定了人选，有的导师看重面试表现。一般情况下导师在自己选入营的同学中择优录取，但允许同学自主更换导师，所以入营后可以尝试与其他感兴趣的导师交流（带上简历等材料）。

综述报告：每人 4 分钟，用 PPT 讲学习情况、科研经历、获奖情况等，老师和同学坐在下面听。如果口语好可以考虑用全英文，但没必要花太多精力。

综合面试：群面，根据学科分为五组，每组 10 人左右，所有老师全程参与。每人抽一道英语题和一道专业题，有一次换题机会（我开始抽到一道云里雾里的超纲题，换到了一道简单题）。英语题读一段话并翻译，个别单词不认识可以问老师，口语好据说挺加分。专业题难度不大，可以参考往年题目，重复性很大。答完两轮题目，每人有一次机会举手补充其他人的题目。之后老师随机出题，有举手抢答，也有老师指定同学回答。补充或者抢答期间，遇到会的题积极发言，但如果题目不会或者其他人已经答得很完整、没有补充的必要，就不要强答了，盲目的积极甚至攻击性会很减分。总体而言群面的形式压力不是很大。面试结束后老师计分和讨论，一般当天或者当场就会确定录取意向，2—3 天后出统计名单公示。不设 waitlist，之后如果有同学临时放弃，会补录。

题目回忆：

1. 天空为什么是蓝色的？（每年必问）
2. 直接带隙半导体与间接带隙半导体的区别？什么是激子，类比说明什么是直接激子与间接激子，它们的吸收光谱有什么区别。
3. 什么是声子？谈谈对声子的理解。
4. 玻色分布与费米分布，解释费米子与玻色子的区别。它们可以互相转化吗？
5. 激光产生的三个条件？
6. 一级相变和二级相变的区别？×××是一级相变还是二级相变？

由于是抽签,题目难度随机,但总体可答。遇到完全不会的题目可以换题,也可以尝试用补充其他人题目来弥补。重点在固体物理和量子力学,但老师随机出题可能就真的很随机(比如今年有一位光学老师比较活跃,问了一些光学问题)。

三、研究生阶段感悟

研究生阶段科研情况：

研究方向为柔性碳纳米管器件及电路。

研究生阶段科研感悟：

1. 本科阶段打下扎实的基础非常重要,尤其是构建起完整的知识框架,因为在研究生阶段主要是针对细分领域进行深入研究,没有太多时间精力拓展知识的广度。

2. 选择感兴趣的、适合自己的科研方向,如果感到迷茫、不确定也是很正常的,可以在本科阶段多尝试,多跟导师、研究生师兄师姐交流,不用着急做出具体成果,主要是了解这个方向实际在做什么。

3. 研究生阶段的科研生活质量与导师直接相关,课题组之间的风格差异性极大,一定要提前了解,尤其是与组内的研究生交流,选择适合自己的。

4. 研究生阶段有可能面临比较大的压力,要努力调节自己的状态,平衡科研与生活,遇到问题多与导师、同学、朋友、家人交流,保证自己的身心健康。

3. 清华大学物理系 AMO 方向保研经验及感悟

徐文昕

一、个人简介

本科阶段专业方向：物理学

本科阶段学术科研情况：跟听匡院物理方向吴盛俊教授的组会，并在老师指导下做一些课题的文献调研。

参与天文领域的大创项目——利用 XMM-Newton X 射线和 SDSS 光学数据库搜寻弱 X 射线辐射活动星系核，工作主要包括查文献、扒数据库、写代码、做 PPT 进行汇报等。

参加清华大学物理系主办的量子相关领域暑期学校（清华大学物理系的官网上可以报名，感兴趣的听一下还是不错的）。

赴 UC-Berkeley 交换一学期。

本科阶段获奖情况：2020 年度优秀毕业生、卢德鑫嘉奖、高能所奖学金、基础学科拔尖奖学金一等奖、郑钢奖学金、郑钢菁英奖学金、南京大学第 22 届基础学科论坛三等奖、2018 年国家大学生创新训练计划优秀奖、校级优秀志愿者、校级优秀学生干部

联系方式：邮箱：xwx20@mails.tsinghua.edu.cn

二、保研攻略

2019 年清华物理系的保研申请 DDL 在 6 月 15 日，夏令营时间为 6 月 27 日—6 月 29 日（有可能会撞车南大的期末考试），需要两封推荐信。院系排名 30% 以内应该都能拿到入营资格，夏令营全国 150 人左右，最后录取不超过 70 人，9 月推免会留 20 人以内

的名额,考研名额每年全国1—2个(别想考研去了,除非您是大佬)。

面试前一天,物理系安排套磁环节,最好能趁机提前联系几个意向导师,聊一聊做过的科研和成绩,并且了解一下老师做的东西,让老师对你感兴趣。当然,我自己是保险起见,在大三寒假就跑去套磁了。

我们这届有很多人遇到2019年新来的年轻老师反套磁的情况,可以先去了解一下给你发邮件的老师,并且做好很多人报这几位老师的准备(比如某位老师今年大面积反套磁,导致报AMO[①]方向的人异常增多)。

面试的话,首先有一分钟英文自我介绍。

关于之后的面试题,不少人都会被问到盲区,如果答不出来,老师会从各种角度引导你,最好对激光学和原子物理各方面有一定了解。

题目回忆:

1. 量子力学:无限深势阱的基态激发态波函数现场作图(注意边界点)。波在有限深势阱存在情况下的波函数作图。电磁场存在情况下的哈密顿量默写。——主要注意细节

2. 激光学:激光扩束的光路图。地球探测月球的激光为什么需要扩束?天眼为什么需要很大的口径?激光在传播过程中不可避免的发散和什么量子力学极限有关?伽利略开普勒望远镜的光路作图。——和你报的专业有关

3. 原子物理:塞曼能级分裂的原因。JJ耦合和LS耦合分别用于研究什么?——刚学过

我自己面试比较紧张,而且第2题几乎没答出来,第3题部分没答出来,以为没希望了,但是最后居然过了。所以请大家自信一点,尽量把会的都说出来,主要体现你思考的过程和你对这个物理问题、物理图像的解读,不要像我一样慌。

三、研究生阶段感悟

研究生阶段学习情况:

目前在清华大学尤力老师的RbBEC实验室,跟着师长做量子精密测量领域相关的实验,本领域科研进展相关介绍可参见:

https://journals.aps.org/prl/pdf/10.1103/PhysRevLett.111.143001

我们课题组非常佛系,因此人均延毕,尤老师本人和push这个词不能说是完全一致,只能说是毫无关系,平时科研全靠师兄师姐带飞以及个人自觉学习。实验室氛围很好,大家平时该严肃严肃、该轻松轻松,有什么问题也会直接相互提出来。不过我们实验

[①] Atomic, Molecular and Optical Physics(原子分子光学)。——编者注

室有两个明显的缺陷:其一,实验台只能允许同时做一个人的实验,因此一般要到大三、大四才能轮到独立做自己的实验;其二,实验系统年代久远,经常需要修光路、修电路、修水冷机、修空调,等等。

本科阶段如果没有跟着研究生的导师做科研,大概率是积累不到多少能够实际应用的知识的。但是本科做文献调研和大创计划过程中培养的耐心细心、总结归纳能力和协作精神永远是工作中宝贵的财富。当然,如果遇到 push 的老师和前辈,或者科研长期卡在瓶颈,本科某些课程培养的抗压能力也尤为关键。

疫情后选择读研的本科生比我们艰苦太多,不仅要权衡出国的健康风险,还要在更大的同龄人压力下疯狂内卷。说实在的,我不认为自己再来一次还可以保研清华,因而对目前的本科生相当钦佩。只希望大家能够保持好心情,不要被瞬息万变的工作和生活压垮,对未来始终抱有期待!毕竟,没有人知道疫情过去后我们的生活会怎样精彩。

研究生阶段获奖:

大物实验优秀助教,物理系小研之星。

4. 清华大学交叉信息研究院保研经验分享

王炅昊

一、个人简介

本科阶段专业方向：物理学

本科阶段学术科研情况：参加北京大学凝聚态暑期学校，杜克大学海外交流

本科阶段获奖情况：人民奖学金二等奖

联系方式：邮箱：wangjion20@mails.tsinghua.edu.cn

二、保研攻略

清华大学交叉信息研究院（IIIS）下属量子信息中心（CQI）和理论计算机中心，物理学科在量子信息中心，主攻量子计算、量子信息，本文的介绍也仅针对物理学科。叉院目前规模很小，但老师水平都很高。

叉院目前超导（孙麓岩、段路明）、离子阱（金奇奂）和金刚石（段路明）量子计算平台都已形成规模，并已稳定产出 Nature、Nature Physics、PRL 等顶尖期刊，在国内与中科大分庭抗礼，远强于其他机构。但是叉院目前没有光量子，应该是考虑到中科大在光量子领域的绝对优势难以竞争。理论方向有量子算法（马雄峰）、量子机器学习（邓东灵）和凝聚态与冷原子理论（徐勇），另外段路明老师是做理论的国际大牛，在量子算法和量子多体（凝聚态、冷原子）方面都有很有影响力的成果，但是他现在手下也有规模不小的实验组，而且近两年招的学生似乎都是做实验的，不知道今后会不会招做理论的学生。

叉院物理每年招收十几个人，全部为直博生，今年发放 12 封 offer，因一名复旦同学出国，最终录取 11 人，清华 2 人，北大 4 人，南大 3 人，中科大、上交各 1 人。招生完全通过 6 月初的夏令营进行，大约 3 月份就会在官网出通知，4 月份就要准备材料，应该是国内最早的几个夏令营之一，需要提早关注。

材料初审通过后可参加夏令营，共两天，第一天上午笔试，下午讲座，各位老师简要介绍自己的研究方向，第二天通过笔试的同学面试。笔试考察内容都是四大力学的基本功，不会为难人，但也需要扎实的基础，之前一定要充分复习。面试每人 10 分钟，理论上应该全英文，但是并不是太严格，老师有时候会用中文问。先自我介绍，然后老师问的都是一些比较虚的问题，想做理论还是实验，为什么，有几门课程成绩为什么低，有没有出国打算，等等，最学术的问题也不过是介绍本科期间的科研情况。几乎所有人都被问到了本科的科研情况，老师应该是对这一点比较看重的，但并不要求有什么成果，只是期望你对科研有较强的主动性和一定了解。注意一定要能把所做的项目整体的思路目标系统表述出来，如果只是学了一些技术，不知道自己做的工作是为了什么的话相当于没做。一定要明确表示没有出国打算，除此之外没有什么需要太注意的地方，建议在回答方向选择时多说几句，表达自己的学术热忱，对这个方向很感兴趣，以后想从事这个方向的研究。

笔试通过率很高，只刷掉四分之一左右，但是其实面试看不出什么来，所以猜测最终录取笔试成绩是很重要的，另外本科学分绩也很重要，录取的两名南大物院同学是物院参与保研的前两名。还有一点就是所报的导师，系统报名时会填写意向导师，面试时也会问，录取也是导师录取，所以实际的竞争对手是报名同一位导师的同学，竞争对手的多少和水平会对通过概率产生极大影响。对这一点唯一能做的是，如果不是对某一个导师有执念，面试的时候可以说了一个意向导师之后再表达对另一个老师方向的兴趣，比如要做实验的话说想做超导，但是对冷原子也有兴趣。但是面试一开始会要求先确定想做理论还是实验，所以最好不要说对理论和实验都 open。

总结一下，对叉院有意向的同学需要尽量刷高学分绩，提前关注叉院网站，及时准备材料并报名，参营之前充分复习。最好进入课题组接触科研，对自己做的东西有整体性的把握。

三、研究生阶段感悟

研究生科研情况：从事凝聚态理论研究，目前主要关注拓扑物态和量子多体问题。

文章发表：

[1] Wang J H, Yang Y B, Dai N, et al. Structural Disorder Induced Second-order Topological Insulators in Three Dimensions. Phys. Rev. Lett. 126, 206404 (2021).

[2] Li K, Wang J H, Yang Y B, et al. Symmetry-Protected Topological Phases in

a Rydberg Glass. Phys. Rev. Lett. 127, 263004 (2021).

[3] Wang J H, Tao Y L, Xu Y. Anomalous Transport Induced by Non-Hermitian Anomalous Berry Connection in Non-Hermitian Systems. Chin. Phys. Lett., 2022, 39 (1).

研究生阶段主要做科研,用在课程学习上的时间很有限,而做有深度的研究所需要的功底很高,所以本科的基础一定程度上决定了在科研道路上能走多远。如果要读博士,本科的第一要务就是学习,把主干课程学扎实。本科做科研,了解科研是什么样的对研究生阶段的入门非常有帮助,同时科研的过程把课上学的东西用起来,能获得更深的理解,也能有目的地去更高效地学习更深入的知识。科研和学业是相辅相成、相互促进的关系。

建议:课程学习要放在第一位,有余力的话可以进课题组开展科研训练。本科生科研学技术是一方面,更重要的是要全面了解自己做的课题,知道问题的来龙去脉,为什么要做这个问题。想做凝聚态理论的同学建议本科去认真学一些研究生课程,比如肖明文老师的"固体理论"、"高等统计",赵宇心老师的"群论"、"拓扑与量子物理",王强华老师的"量子多体理论",如果在国内读博,离开南大之后很可能就没有机会去上这样的课了。

5. 上海交通大学天文系保研经验及感悟

宋云葭

一、个人简介

本科阶段专业方向：天文

本科阶段学术科研情况：跟随天文与空间科学学院的罗斌老师参与了大创项目和早期科研训练。大创项目获得国家级优秀，另外参加了数学建模美赛，获得 M 奖。

联系方式：QQ：1104298354；E-mail：161240055@smail.nju.edu.cn

二、保研攻略

首先是报名，通知时间大概在 5 月中旬，物理和天文的夏令营几乎同时发布。李政道研究所两个夏令营都有招生。

2019 年的夏令营时间是 7 月 21—25 日，总共去了 26 个营员，最后合格者大概 15 个，正式推免了 10 个。宾馆体验跟南京大学国际会议中心差不多。然后每天上、下午有茶点时间，小蛋糕超级好吃，基本上所有天文系老师都会来做个关于研究方向的 pre，人均一小时。

考核设笔试＋面试，面试是 15 分钟自我陈述＋5 分钟提问（实际上是边讲边提问），笔试的话主要涵盖统计物理（概率部分），加上一些默写 ln 的泰勒展开公式、线性代数求特征值之类的，还有一些假设你没学过天文的天文计算题。

三、研究生阶段感悟

总的来说研究生阶段第一年大部分时间在上课和科研入门，从第二年开始正式进入全天候的科研。我个人目前处于博二第二学期的阶段，现在名下只有一篇已接收的二作，自己的研究课题主要是中微子宇宙学，但信号非常难找，看起来离发表文章还比较遥远。所以我只能勉强谈一些普通科研人的感悟和经验。

研究生阶段的一个重要感悟是自己本科和研究生阶段的衔接并没有做得很好，导致博一浪费了非常多宝贵的时间来打基础，主要原因就是本科阶段并没有理解为什么要提前进实验室做科研，我觉得很多人应该都有这样的经历，尤其在科研初期，经常容易被卡在一些看起来非常简单的问题上，导致很有挫败感。因为天文几乎不存在实验要做，我本科的时候遇到这样的事情，总寄希望于"突然开窍"，然后转而用学业繁忙麻痹自己，把问题放到一边，然后一晃几个月过去了，我实际上只干了两三天（间接证明了大创项目，哪怕觉得自己没有时间也一定要去参加下扩充自己的简历，我后来夏令营面试全靠这个支撑了）。但这显然是不对的，事实上哪怕你真的几个月每天都在干活，很可能也就抵得过导师两天的工作量，这在科研初期是非常正常的。进入科研首先得承认它有一个由慢渐快的过程，你需要先用几个月甚至一两年来适应读文献、理解科研思路、写代码、做实验等事情，而后才能做到用两三天来完成前几个月甚至一两年的工作量。这个初期的"打磨"阶段，最好是能利用本科的科研机会去完成。

所以说，如果未来有意保研，一定不能抱着课程学得多、成绩高，以后科研就一定能做得好的想法，要多参与科研。这样做的另一个好处就是，只有真正投入去做了，才会知道自己是不是真的喜欢科研、适合科研。如果怎么都不开窍，慢慢地失去了科研的兴趣，不如干脆放弃学术路线，尽早为自己谋划业界出路，也不失为一个好的选择。

2017 级

6. 北京大学物理学院保研经验及感悟

冀承志

一、个人简介

本科阶段专业方向：物理学

本科阶段获奖情况：校级拔尖奖学金、人民奖学金、南京大学优秀学生

联系方式：QQ：694445947

二、保研攻略

入营：北京大学物理学院；南京大学物理学院；南京大学电子学院；上海交通大学密歇根学院

参营：北京大学物理学院

Offer：北京大学物理学院

保研心路历程：

先说说我的保研心路历程吧，在匡院 2017 级中，我自我感觉一般，但是最终报名的夏令营还是都入营了。2020 年对于所有大三的学生来说都是艰难的一年，疫情的原因导

致内卷的情况有所加剧(从最终的结果看,我们这一届只有个位数出国的人)。但线上夏令营的形式也让我们有了更多的机会去参加更多的夏令营,这点对我们来说其实是一件好事。

  从我自己的经验来看,对于匡院的同学们来说排名在前30%左右你就基本上不存在初审不过的情况,所以请各位要有自信。但是也不能太过自信,我记得面试的时候同组的同学有两个都是有文章的,把我吓了一跳。这么说也不是想让同学们有过大的心理负担,毕竟最终那两个同学都没过,反而是同组同样没啥大的科研经历的南大另一个同学和我一起通过了面试,现在想起来,南大这两个字确实会在很多场合给大家带来便利和一些意想不到的收获。回想起当时的心态,其实就是想去看看面试是啥样的,回头好好地准备自己学校的面试,所以当时也没有套磁,就直接去了。当然最终过了北大的面试也就想去看看了,从而放弃了其他夏令营。

  北大凝聚态所夏令营:

  概况: 众所周知,北大物院跟南大物院一样是一个大大的学院,所以面试是具体的研究所或中心自己组织的,比如理论所、凝聚态所、量材中心等。而每个地方的面试或笔试的流程是不完全相同的,比如凝聚态所只有面试而没有笔试,面试的形式也是群面,五个学生面对一群老师。凝聚态所大概有6—7个方向,每个方向3—4个人(个人感觉,可能不精准)。录取的方式是面试排名+有老师想要你,你才能得到offer(所以可能你的排名稍微靠后一点点,只要差距不是很大,你就可能被录取)。推荐信需要两封,而且可能要交两次,一次是报名夏令营,一次是录取后。

  数据: 参营80人,录取23—24人,基本上每个老师只有一个录取名额。

  考核方式: 分组群面,每5人一个小组,面对一群老师(感觉10个以上,从视频看,会议室的圆桌坐满了),时长在一个小时左右。

  综合面试: 群面的时候分以下几个环节,先是抽题,一共三道,一道英文翻译、一道普通物理题、一道固体物理或者量子力学题(可以选固体物理还是量子力学),抽题有一次换题的机会。小组的5位同学全部抽题结束后,就开始按顺序自我介绍和答题,自我介绍没有明确限制时间,但是尽量不要太长,自我介绍用中文,因为有专门的英语翻译题。英语翻译题是先读后翻译,这个大家应该不用怎么担心。普通物理题、固体物理或者量子力学题在别的同学答完后可以补充(一定要补充,你不多说话怎么能引起老师的注意)。在这所有的过程中,老师都有可能打断你进行提问(尤其是自我介绍时针对你的内容提问),所以在自我介绍时一定要实事求是。题目的难度有高有低,这个看运气,但是一般计算量不会很大。你要准备的不仅仅是你自己的题目(当然你自己的题目是重点,因为你先说,能讲的点更多),所以考验在很短时间内的思考和反应的能力。补充回答别人的题目时候一定要注意正确性,不然会显得你很有攻击性。

题目回忆：

1. 简述声子的概念。

2. 为什么许多金属为密堆？

3. 将一个氢气球缓慢从地面移到高空，设气球表面膜中始终无张力，忽略重力加速度和空气成分随高度的变化，已知高空温度较低，问气球上升时浮力怎么变化。

4. 区域有相互平行的磁感应线，上面和下面的方向相反，且密度均匀相等，这个区域没有电流，分析这个磁场是否存在。

5. 结合日常简述热辐射特征和红外夜视仪原理。

……其他的不记得了。

可以看出有些题还是比较简单的，感觉普物的题反而更难，还是看运气，最后祝各位学弟学妹能取得满意的成绩。

7. 清华大学交叉信息研究院保研经验及感悟

黄泓伟

一、个人简介

本科阶段专业方向：物理学
本科阶段学术科研情况：参加匡院与杜克大学的交流项目
本科阶段获奖情况：人民奖学金二等奖、拔尖奖学金二等奖、大连化物所奖学金
联系方式：邮箱：huanghw21@thu.edu.cn

二、保研攻略

清华大学交叉信息研究院（IIIS）下属量子信息中心（CQI）和理论计算机中心，物理学科在量子信息中心，主攻量子计算、量子信息，本文的介绍也仅针对物理学科。叉院目前规模很小，但老师水平都很高。

叉院目前超导（孙麓岩）和离子阱（段路明、金奇奂）量子计算平台都已形成规模，并已稳定产出 Nature、Nature Physics、PRL 等顶尖期刊，在国内与中科大分庭抗礼，远强于其他机构。但是叉院目前没有光量子，应该是考虑到中科大在光量子领域的绝对优势难以竞争。理论方向有量子算法（马雄峰）、量子机器学习（邓东灵）和凝聚态与冷原子理论（徐勇），另外段路明老师是做理论的国际大牛，在量子算法和量子多体（凝聚态、冷原子）方面都有很有影响力的成果，但是他现在手下也有规模不小的实验组，而且近两年招

的学生似乎都是做离子阱实验的，不知道今后会不会招做理论的学生。

叉院物理每年招收十几个人，全部为直博生，今年发放 14 封 offer（其中两封 offer 为段路明教授课题组补录），清华 4 人，北大 2 人，南大 5 人，中科大 3 人。招生完全通过 6 月初的夏令营进行，大约 3 月份就会在官网出通知，4 月份就要准备材料（两封推荐信），应该是国内最早的几个夏令营之一，坏处是要推荐信会比较赶时间，好处是基本不会和其他夏令营有时间冲突。

今年通过材料初审的共有 60 人，我们匡院大概 GPA 前 40% 都能入营。由于疫情原因，夏令营以线上形式举行，为期两天：第一天上午举行 2.5 小时的线上笔试，内容涵盖四大力学以及线性代数，下午是几个课题组教授对自己研究方向的讲解，晚上会公布通过笔试的同学的名单。第二天全天是面试环节，同学们依次进入线上会议室，面试原则上为 10 分钟，但是我以及大部分同学实际上只问了 5 分钟左右就结束了。面试的问题比较简单，主要就是英文自我介绍，倾向于做理论还是实验，托福 GRE 情况，本科科研经历（甚至都没问到细节，感觉有就行），昨天的笔试情况和为什么想做量子信息。其他同学的面试问题也都非常简单，不需要做什么特别的准备。值得注意的是，叉院老师会很在意你有没有出国的打算，毕竟谁也不想当备胎，所以一定要明确回答。

对最后录取结果影响比较大的应该是简历和笔试两部分，面试看起来只是走个形式。简历包括 GPA 和科研，叉院对 GPA 应该还是有一些要求的，最终录取的物院和匡院的同学的 GPA 都比较靠前；科研好像只会大概问问，不会问及细节，应该是只要有科研经历就行，不相关也可以。笔试应该是占最大比重的，这部分可以好好准备，每年的题都会有些相似的部分，可以在夏令营前把四大力学＋光学从头到尾都看一遍，再做做往年题目（见附录），应该够用。关于套磁，我个人在夏令营前发了邮件套磁，但是最后来看感觉没什么用，还是得靠简历和笔试。关于志愿，在填报夏令营申请时会写两个志愿导师，但是最后的录取似乎和志愿关系不大（有个物院的同学志愿写的是超导实验，但是最后录取到了冷原子的理论组）。猜测录取程序是这样的：招生组按照简历、笔试面试成绩综合打分，由高到低排序，由高位次优先选择志愿，轮到低位次时若该同学的志愿课题组已经录满，会在邮件里告知只剩某某课题组可以选择，问是否接受 offer，若不接受则继续往下轮。

总结一下，叉院夏令营举办得很早，入营不难，最终录取所占比重笔试＞GPA＞科研＞面试，套磁不重要。欢迎感兴趣的学弟学妹们报考。

三、研究生阶段感悟

研究生阶段科研情况介绍：超导量子计算的实验研究。

研究生阶段学习感悟：本科的基础课程对于研究生阶段的科研非常重要，比如四大力学、光学、固体物理等。学弟学妹们要在本科时打好基础，这样读研后也能更轻松一些。

8. 从物理到上海交通大学管理科学与工程的感悟

张荣朗沐

一、个人简介

本科阶段专业方向：物理学

本科阶段学术科研情况：参与"中国CPI和PPI动态相关性"大学生创新训练项目；参加2019年北京大学物理学院"粒子与高能物理"暑期学校。

本科阶段获奖情况：江苏省优秀学生干部、国家奖学金、校级优秀毕业生

联系方式：邮箱：wangzitingyb@163.com

二、感悟

我目前就读于上海交通大学安泰经济与管理学院的管理科学与工程硕士项目，大的研究方向是金融工程，但具体来看我还是更偏好市场微观结构的相关研究。因为在保研夏令营中的考核成绩为项目内第一名，因此入校后顺利获得了优秀新生奖学金一等奖。因为是在经管学院读研，我的硕士生活中学术时间占比不高，除上课外基本在企业实习。

虽然没有从事基础学科相关的研究工作，但匡院的四年还是为我提供了不少的帮助。一是匡院相对较高的课程修读要求使得自己构成了比较完整的知识体系，我目前的职业规划主要是半导体行业的投资研究，物理和电子相关的基础是潜在的竞争优势；二是更宽广的交流平台使得我的视野相对开阔，如不同专业舍友之间的跨行业科普、暑期海外访学项目、长三角四校荣誉学院交流等。

如果说有什么建议的话，那就是希望学弟学妹们多读书、多思考，特别是社科类的，了解社会的发展节奏有助于更清晰地对自己进行定位；专业课一定要好好学，专业本身其实和你未来从事的职业没什么关系，但专注度的养成会使你受益终身；不要浪费时间在无意义的内卷上（比如长篇累牍的物理实验报告），GPA 的高低不会限制你的成功。加油！

2018 级

9. 北京大学物理学院量材中心保研经验及感悟

丁若轩

一、个人简介

本科阶段专业方向：物理学

本科阶段学术科研情况：2020 年 9 月起在南京大学物理学院张琦老师课题组做科研；

2020 年 10 月起作为第二主持人参与由南京大学匡亚明学院胡晶磊老师指导的国家级大创项目"幽门螺杆菌的流体力学模拟"；

2020 年 7 月参加 MIT 暑期人工智能课程并顺利结业；

2019 年 6 月跟随匡亚明学院赴香港科技大学和香港中文大学参观交流。

本科阶段获奖情况（校级以上）：南京大学五四评优"优秀共青团员"、南京大学人民奖学金、南京大学基础学科专项奖学金、南京大学运动会 4×400 接力银牌、南京大学社会实践"校级优秀团队"（负责人）

联系方式：QQ：1027085803

夏令营参加情况（直博）

入营：北大物院量材中心，物理所，清华物理系，南大物院，中科大物院，复旦物理系

参营：北大物院量材中心，清华物理系预录取资格

最终去向：北大物院量材中心

二、保研攻略

（一）前期准备

1. 预面试和校内推免

校内推免通过率相对较高，请积极参与，如能有一个能够保底的去向，会对心态有很重要的积极影响。物理方向的同学可以参加南京大学现工院、物院等院系的校内推免。此外，中科大物理学院 5 月底有一个预面试，如能得到 A 即可预录取，预面试通知请关注当年的科大招生 QQ 群。

2. 时间规划

寒假开始复习，3 月决定保研，5 月中旬套磁（我开始得有点晚了，可以三四月份甚至寒假套磁，如能保持联系则更好），然后按照各学校的申请流程递交材料、参加考试。

3. 知识点复习建议

如果选择凝聚态物理专业，需要复习四大力学、固体物理，其中，量子力学、固体物理、热统是复习的重点（如果有时间可以复习普通物理）。复习的重点是基本概念、图像，复习时，把各科目的知识点串联起来是很有益的。

如果某门课程掌握得不够好，可以安排好计划重新看 PPT、书本、网课等。一些优质的资源包括但不限于：量子力学——沈瑞老师的 PPT；理论力学——哈工大任延宇老师的网课等。此外，固体物理的开课时间与保研准备时间重合，所以在学习期间要注意及时复习总结。

（二）申请准备

1. 申请材料准备

申请材料主要包括：个人陈述、简历、推荐信、套磁信、证书等。其中，个人陈述的主要结构可以参考网络上比较优质的范例，但要注意尽量写得有个人特色一些。比如，对于科研经历，可以展开谈谈自己的收获，以及这些经历对自己未来学术道路规划的影响等。推荐信请尽量选择对自己比较了解的导师，使推荐信言之有物，真正起到推荐作用。

2. 导师选择

导师的选择是值得重视的事情，尤其对于直博生而言，这个问题需要多维度、结合自身去考虑。除了导师的专业水平，导师与你的工作模式、目标是否契合，导师的研究方向前景如何，该方向的研究更偏重科学问题还是更偏重工程问题，导师人品如何，导师火爆程度，等等，都是需要考虑的。在众多信息获取途径中，咨询自己熟悉、信任的，专业相关的老师，将会很有帮助。

（三）参营情况

清北物院的夏令营的活动丰富多彩，可能的活动形式包括：与导师交流，文献阅读总

结,讲座,等等。请把握住一切可能的机会。下面给出一些面试复习建议:

复习时多注意对基本的物理概念、物理现象的解释,比如热力学和统计力学基本概念、量子力学基本模型、重要实验、固体物理基本模型等(对凝聚态物理专业而言)。

能够应对由浅入深、步步深入、逐渐灵活的提问方式。不知道问题的答案是很正常的事,积极思考,在答题过程中呈现自己的思维过程也很重要。

如果有自己的科研项目,要了解得深入一点。

最后,对于保研,要保持信心,好好把握每一个机会,尤其对于排名暂不位于顶尖位置的同学,由于报录比、面试考题等因素均具有随机性,请相信自己,放手一搏。

祝愿大家都能去往想去的地方。

三、在校感悟

我将以时间顺序对我的本科学业与生活做出总结。

大一刚踏进这座神圣的学府时,我把学业放在首要位置。因为觉得自己的基础不如同班同学,害怕掉队而努力学习。在这个过程中养成了良好的学习习惯和生活习惯,认真听讲和完成作业,坚持早睡早起,积极参与运动。最终我也收获了非常不错的成绩:大一学年成绩排名 20,学分绩 90.16。此外,在社团活动和社会实践活动中,我在非物质遗产领域组织了丰富多彩的活动以及开展了走访调研工作,我的领导力和社交能力得到很大的提高,收获了丰富而宝贵的社会经历。此外,大一期间,我跟随学院赴香港的几所知名学府访学,对科研有了初步和具体的认知。

大二年级课程难度加大、疫情给学习方式带来巨大改变,在这一年我遭遇了成绩滑铁卢,大二学年学分绩 87.72,排名下滑至 27。大二上学期,多门专业课程学习遇到困难,但平时未能及时补上,而是待到考试前才突击复习,这使得后续课程的学习也多少受到影响。大二下学期,居家网课,我的生活都处于失控状态,游戏和社交软件占据了我的大部分生活。但在这种挫败中我也有很多收获,开始思考和剖析自己学习的动机、环境对学习效率的影响、如何平衡工作与娱乐,等等。这种思考持续至今,过程中我经历了非常多自我怀疑与自我否定。时至今日,我慢慢能够接纳自己,慢慢学会如何与自己的情绪、习惯相处。

大三学年伊始,我就下定决心在成绩上要有所逆转。虽然由于课程难度,很多课程仍然没能拿到满意的成绩,但这一年的成绩实现了明显的回升。大三学年学分绩 89.76,排名上升至 22。大三所学多为专业课程,在学习过程中我发现自己在大一大二学习基础课程的过程中有只重视成绩的倾向,导致很多内容的掌握并不牢靠。因此也对以前的部分课程进行了复习。除了课程学习,在大三这一年我开始踏上科研的道路,参与了大创项目,加入了课题组,并在过程中明确了自己未来研究生阶段的研究方向。在升学方面,由于疫情等因素,大三下学期终于决定保研,很幸运一路上得到了很多老师的鼎力帮助,一路上有很多同行的伙伴,自己的状态也很不错,最后获得了满意的 offer。

大四学年我投入到实验室学习当中,在实验室得到了宝贵的实践机会,以及老师和实验室同学的帮助指导。此外,我多次进行文献调研与汇报,对自己未来研究的领域有了初步的了解,为未来五年的学业打下基础。然而,大四学年学业压力小,因而自己有所松懈,花了过多的时间在娱乐上,学习状态有明显的下滑。在最后的半个学期,希望自己可以调整好状态,提前进入科研工作者的工作模式,进一步磨炼实验操作能力,继续阅读文献以了解本领域研究,并顺利完成毕业设计。

在匡亚明学院学习的这些年,学院为我们提供了丰富的资源,包括课程资源、国际交换资源、教师资源,等等。非常幸运遇到了胡晶磊老师,他作为我的学业导师和科研导师,在我的学习过程中给了我非常多有益的指导,带领我步入科研的殿堂,在我升学的关键转折点上提供了很有效的参考意见。在思想教育方面,非常感谢唐老师和司老师两位辅导员老师,组织了很多有益的讲座和班会,我对科研的认识、对学业与未来的规划、对自我的认知等很多重要问题上都受到了这些讲座和班会的影响。

在匡院,我结识了一群积极向上的小伙伴,这个集体有浓郁的学习氛围和友善的空气,与别的学院的同学相比也有更高的科研热情。

对于学院的学弟学妹,建议大家在学业上每一步都稳扎稳打,要以真正掌握知识来衡量自己的学习成果,而非以成绩作为衡量标准。坚持阅读与运动,积极发展健康的兴趣爱好与人际关系。积极把握每一次机会,全方位提升自己。尽早确定自己的专业,尽早进行职业规划。若打算未来从事科研,则应眼界更开阔些,积极寻求院内院外的科研机会,并尽快完成从本科生到青年学者的转变。若不打算从事科研,学校和学院也会提供很多讲座、招聘信息,可以尽早关注。

站在人生的路口,未来的道路已经逐渐清晰,但仍充满无限的未知与可能。我目前对未来的远期规划是在高校或科研院所从事凝聚态物理实验方向的科研工作。近期规划是在大四这一年熟悉研究领域和实验手段,实现观念和习惯的转变,在知识和思想上查漏补缺,为未来五年的博士生学业打好基础。希望在接下来学习的每一个阶段都能有收获与成绩,接下来走的每一步都能离目标更进一步。

10. 北京大学物理学院保研经验及感悟

林 天

一、个人简介

本科阶段专业方向:物理学

本科阶段学术科研情况:大二暑假在物院于扬教授课题组里了解冷原子相关,约一学期;

大三参加匡院吴盛俊教授本研项目"量子区块链";

大四在北大物院冯旭研究员指导下研究格点色动力学。

本科阶段学科竞赛:中国大学生物理学术竞赛特等奖(2019 CUPT);美国大学生数学建模竞赛 F 奖(2021)。

本科阶段获奖情况:拔尖计划奖学金、大连化物所奖学金、人民奖学金、高能所奖学金、招行一卡通奖学金、第十届中国大学生物理学术竞赛特等奖、2021 美国大学生数学建模竞赛 F 奖

联系方式:QQ:2963653453

夏令营参加情况:

中科院高能所理论物理硕博连读预面试(通过考核)

中科院理论物理研究所理论物理硕博连读夏令营(通过考核)

清华大学物理系粒子物理理论直博夏令营(入营未参营)

北京大学理论物理研究所粒子物理理论直博夏令营(通过考核)

个人经历：

我对物理的热爱从中学阶段就开始了。我非常享受物理给我带来的成就感与物理本身的美感，相信有很多物理竞赛生和我一样，在进大学前已经认定了读物理这条路。于是我凭借着自己学竞赛打下来的基础提前修习高年级课程，这样在高年级的时候就可以拥有更多的时间去进行科研、交换。大一时，我提前修了数学物理方法课程、近代应用数学。大二上学期，提前修了电动力学（如果理论力学、线性代数有基础也可以提前修量子力学），同时这也是一个很好的挑战自己的机会，学有余力的同学可以尝试。

我在大一下学期开始接触PT相关。我主要负责其中一个课题，最后坚持到暑假人也就不多了，自然而然地参加了CUPT竞赛，这段经历对我有很大的帮助，大概有两方面：首先来说，我交到了很多物院的朋友；其次，即使当时做的一些课题到现在还没有完成，但这确实是一个发掘创造力、锻炼科研能力的宝贵机会。

二、保研攻略

（一）升学准备

我从大三下开始准备夏令营。具体来说：利用这段时间将普物、四大力学（特别是电动力学，医院的同学可能掌握得不深）复习一遍，以及大三下的固体物理要认真学习。至于英语，其实老师并不大会刁难你，只要准备一份英文自我介绍即可。做足这些准备工作之后，应对夏令营自然也就胸有成竹了。

（二）申请项目

现在按照时间线讲一下具体的夏令营内容。

1. 中国科学院高能物理研究所

高能所的预面试在5月末，当时通知得很晚，大概只在面试的前一两天通知，不过需要的材料也不多：大概准备好证书扫描件、个人陈述、申请表就行了。高能所在上午举行了一次宣讲，晚上面试。面试时间为15分钟，全程中文，首先进行自我介绍，然后老师会进行专业知识提问。我在面试中遇到的问题为：

- 如何测量太阳温度
- 推导拉格朗日方程
- 从拉格朗日方程推导哈密顿方程
- 根据不确定关系推导谐振子最低能量
- 写出双电子波函数
- 解释吉布斯佯谬

总体来看，题目不是很难。从具体情况来看：南大参加高能所预面试的共有十人，最后全部通过面试拿到offer了，高能所会为你把offer留到7月初，这段时间可以去报其他夏令营,不过往年南大去高能所的只有 2—3 人。想要去高能所的同学可以留意预面试的相关信息。

2. 中国科学院理论物理研究所(ITP)

ITP 总体来看,科研实力非常强,特别是在弦理论、宇宙学方向上很强。itp 的夏令营在 7 月初。itp 的申请对排名的硬性要求比较高,但其实最后参加夏令营的 C9 高校学生很少(总共 4 个)。itp 夏令营预计参营 50 人,实际参营 37 人,最后发放 20 个 offer,我们的同学如果能入营,还是有很大概率获得 offer 的。夏令营有一场笔试(20%)、一场面试(专业面试 75%+英语测试 5%)。

- 笔试内容为电动力学、统计力学与量子力学,每个科目两道大题,每科至少选一道题,总共做四题,100 分钟。itp 的笔试的难度大概相当于大学物理。
- 英语测试:需要准备英文自我介绍,然后老师会问你的兴趣爱好,和哪些导师交流了之类。
- 专业面试:这个挺难的,不容易糊弄过去,下面的老师会追问到很深。

我遇到的问题:

- 什么是玻色-爱因斯坦凝聚。
- 给了一个波函数(平面波的叠加),计算平均动量、能量。
- 写出麦克斯韦方程组,指出电场和磁场的对称性。
- 写出理想气体状态方程。再写出实际的单原子气体状态方程。

3. 北京大学物理学院

北大物院的各个系所是单独举行面试的。我参加的是北大理论物理所。从参营人员来看,北大理论所是最"卷"的,就是说参营的同学都挺强的。总共有两场面试:综合面试+专业面试,一场笔试。总的来看面试无关紧要,笔试和简历占比很大。

面试

进行英文自我介绍,之后就是纯中文交流。老师会问你想去什么专业,想选谁为导师,这点很重要,你最好要对自己所选择的导师、专业有足够的了解。其余就是聊聊天(几乎每场面试老师都问我匡院是什么学院,为什么学生人数这么少)。

笔试

笔试很难。包括数理方法,四大力学各 20 分。我们这次是开卷考试,总共 3 个小时。数理方法与量子力学可能相对简单。理论力学考了计算隆格-楞次矢量的泊松括号,统计力学让你算了一个修正后的 Ising 模型的配分函数,电动力学让你给出四维协变形式的欧姆定律(匡院的同学要补一补电动)。我电动力学猜了一个答案上去,前面有两个小计算错误(老师说我整体做得还不错)。

专业面试

专业面试就是根据你的笔试情况提问(老师问我昨天没写出的那道电动力学题目现

在会不,我回答还是不会),然后再问你的导师意向,等等。

总的来看,北大理论所的导师都很 nice,如果能提前联系到导师,将会对你的面试有很大帮助。

(三) 写在后面

最后,我选择理论物理其实是一个既偶然又必然的决定。这并不是一条容易的路,但路边的景色绝对会让你惊艳。也感谢一直陪伴支持我的家人、朋友。愿与诸君共勉。最后,我平时会将整理的一些笔记放在个人主页(https://www.scigeek.cn/)上,希望对你有所帮助。

三、在校感悟

我是匡院物理方向的一名学生。回顾大学四年,成长是我一贯进行的主线。大学生最大的机会就是可以去不断试错。从小我就对自然学科有着浓厚的兴趣,高中时就参加了物理竞赛,在来到南大前,我就已经下定决心选择物理方向。但"物理"是一个很大的范围(并且很可能中学时期的憧憬在你被高数、大物、四大力学打击后显得十分苍白)。得益于自己的竞赛底子,并且保留着高三时候的那种拼劲,我大一的各门专业课取得了不错的成绩,还提前修了几门大二的课程。现在回忆起来,那段时期其实是在做些囫囵吞枣之事,基础并不牢固,同时课外生活也十分单调,重复着寝室、教室、图书馆三点一线的生活,好像读的书越多,自己懂的也就越多(其实真的读懂了吗?),我像是为了一个主干砍掉了自己的枝枝蔓蔓。后来我才发现:支线学习也是大学中不可或缺的另一部分。暑假时参加了CUPT,在这里我发现身边有一群很优秀的同学,不仅体现在GPA上,他们解决问题、分析问题、动手实验的能力更令我佩服,PT大概是我第一次以不同于高中学习的方式认识物理。大三时我参加了量子信息相关的本研项目,开始阅读相关领域的文献。不过我很快发现自己对信息学、密码学实在兴趣不大。经过深思熟虑之后,我决定转到粒子物理方向上(也许是被场论所吸引)。大三暑假,我成功拿到了北大理论物理所的优秀营员,并选择粒子物理理论方向上的直博,现在在冯旭研究员指导下从事格点量子色动力学的相关研究学习。未来预计继续从事科研工作,或在博士毕业后出国从事博士后工作。

在匡院学习是一件非常幸运的事情。我们接受了数学、物理、化学、生物、计算机、天文等各个方向的教育,我们在大理科的范围内自由遨游,接触到各个方向的同学。不过也应当提醒大家,匡院在大一大二确实课程很多,学习压力比较大。

物理方向的同学一定要打好数理基础,多问、多想、多推理、多讨论。求学最忌躁进,为学最忌随俗,处世最忌盲从。本科期间可以在多个方向上进行尝试,不怕错误,但一定不要"马马虎虎、差不多",要选择自己最感兴趣的方向,并注入持之以恒的热情,相信你最终会在其中找到自己的人生价值。

11. 物理方向保研经验及感悟

王 越

一、个人简介

本科阶段专业方向：物理学

本科阶段学术科研情况：参与匡院吴盛俊教授指导的"区块链与量子区块链"大创项目；加入现工院张利剑教授的量子光学课题组，尝试了HOM光学实验。

本科阶段获奖情况：人民奖学金、南京大学"基础学科拔尖学生培养试验计划"奖学金优秀奖、大连化物所奖学金、人民奖学金一等奖、南京大学本科生基础学科专项奖学金优秀奖、杨咏曼奖学金、社会实践优秀学生、南京大学优秀学生

联系方式：邮箱：181240061@smail.nju.edu.cn；微信号：wxid_sr9oqrt05afd22

夏令营参加情况：

入营：南大物院、现工院夏令营，清华叉院，物院夏令营，北大物院光学所夏令营，中科院物理所夏令营，中科大夏令营

参营：南大现工院的预推免面试，清华叉院、清华物院、北大物院光学所预录取资格，南大现工院，北大物院光学所

最终去向：北大物院光学所

二、保研攻略

（一）前期准备

1. 申请流程

三四月份根据想去的院校和专业选择心仪的导师，并发邮件联系交流，最好能有面谈的机会。了解导师的途径有官网、导师评价网（评价网的信息仅能作为参考），以及自己本科导师的推荐、与其研究生的交流等。官网上可以参考的信息有导师的教学经历、近年发表论文的数量和质量、毕业学生的去向等。

五六月份关注保研夏令营通知（各高校官网通知/公众号"保研派"/保研论坛 https://www.eeban.com/），整理保研资料，通过线上或邮寄方式提交报名资料。

六七月份参加保研夏令营。

2. 知识复习

普通物理、四大力学、光学和固体物理。若想报考原子、分子与光物理方向的夏令营，量子力学和基础光学（推荐清华大学蒋硕老师的光学课）是重点复习内容，还需复习原子核物理，如果有空，最好能对量子光学（推荐量子光学入门书籍：Mark Fox 的 *Quantum Optics An Introduction*，最好能掌握前三章，有时间可以看看最后一章）、激光原理与技术有所了解。

除了专业知识外，还需要清晰地了解自己所做科研项目的原理和展开思路。

（二）申请项目

1. 清华叉院物理夏令营

导师研究方向

七位导师，六位研究方向是量子信息、量子计算，有实验与理论；一位老师研究方向是凝聚态理论。

入营筛选

需提交个人资料（包括中英文简历）和两位意向导师（对后续导师录取影响不大）。入营人数在50上下。

夏令营流程与筛选

笔试筛选：夏令营第一天上午笔试，笔试内容涉及四大力学、光学和普通物理，每年题型相差较大，往年题型参考性不高。

导师介绍：夏令营第一天下午每个导师做研究介绍，可更详细了解每位导师研究内容。

面试筛选：笔试结果在夏令营第一天傍晚6—7点电话通知（未通过同学不会有电话通知）并告知面试时间，录取人数在35人左右。面试语言为英文，内容不涉及专业考察，有自我介绍、未来读研是出国还是留在国内、想做理论还是实验、意向老师有谁等问题。面试问题与后续导师录取有关。

最终录取：面试结束数星期内电话通知。根据南大同学的录取情况，我做出如下录取标准推测：录取分为三轮，第一轮主要按照笔试成绩高低进行录取，在夏令营结束后的第一周电话通知，确认学生意向；若第一轮录取学生未招满，则进行第二轮录取，第二轮主要按照学生学业成绩高低进行录取，在夏令营结束后的第二周电话通知，确认学生意向；若经过两轮录取学生未招满，则进行第三轮录取/补录，仍主要按照学业成绩高低，在夏令营结束后第三周电话通知。

注意：叉院夏令营公布时间较早，大概在四五月份公布，请感兴趣的同学提早关注。2021年叉院夏令营在5月底举办，为线下活动。

2. 清华物院夏令营

方向：包括凝聚态、原子分子与光物理、粒子物理与天体物理三大方向，理论和实验两个方面，共六种选择。

入营筛选：需提交个人资料（包括个人陈述）和两个意向方向，入营人数大约为200人。

夏令营流程与筛选

个人认为清华物院夏令营对于学生找到心仪导师是最友好的。

导师面谈

在夏令营开始前，可在系统预约与多位导师交流的时间，会有一天时间与多位老师交流，详细了解其研究方向。在面谈后，学生需在系统提交两位意向导师。

面试筛选

清华面试持续时间一天半，按照系统所填意向导师的方向，分为六组同时面试。面试语言为中文，英文考察为用英文回答物理问题，专业考察范围为四大力学、普通物理以及所填方向的专业知识，问题涉及基本概念与理解，不需要数学运算。时长约20分钟。

最终录取

面试结束当天电话通知，仅按照面试成绩高低录取。2021年物院共62位老师招生，每人招生名额最多为2人，总录取人数至多为124位，减去2021年清华物院留校读研学生，最终录取70人左右。

面试问题（原子分子光物理）

1. 用英语解释多普勒效应的概念、公式和例子。
2. 回答谐振子在经典和量子力学下的零点能，解释量子力学中非零零点能产生的原因。
3. 激光器的种类。
4. 除了氢原子以外，回答其他原子的能级能否严格求解并给出原因。

5. 解释精细结构和超精细结构。

注意：清华物院本校学生会提前校内面试，因此面谈时最好问清楚老师的剩余招生名额。

3. 北大物院光学所夏令营

预报名：发邮件提交个人资料（包括个人陈述）和两个意向导师（对后续录取影响不大），不筛选。

正式报名：线上和邮寄提交个人资料，入营人数100人左右，2021年入营人数为99人。

夏令营流程和筛选

导师交流：夏令营第一天上午开幕式，下午有2小时与导师交流，但由于是多位老师对多位学生，因此很难对多位老师有深入了解。

面试筛选：面试语言为中文，分为英文面试和专业面试。英文面试是读一小段专业论文并翻译。专业面试涉及四大力学、光学与普通物理，若老师对科研经历感兴趣，会深入提问。时长约20分钟。

最终录取：面试结束当天电话通知，按照面试成绩录取。录取人数30人上下，2021年录取29人。后续会根据学生选择的情况以及新来的老师招生需求，进行补录取，补录取可以一直进行到8月份。所以如果面试结束后没有收到录取电话，或者官网上夏令营录取正式名单上没有自己的名字，也有机会被录取上。

面试问题

1. 根据学生提供的科研经历，解释科研项目的原理等一系列问题。
2. 解释 EPR 佯谬。
3. 解释毛细血管中液体能自动向上流动的原因。
4. 解释普通光源和光子光源的区别。

注意：光学所在确定录取后需要尽快确定导师，因此如果想在光学所读研，最好在夏令营前就与意向老师邮件联系，询问招生名额，最好与老师有一次面谈，加深他/她对你的印象；在收到录取通知后，也要尽快与意向导师联系，完成双向确认。

4. 补充

现工院的预推免面试在期末考试之前，如果有心仪导师，可以尽早联系。清华物院夏令营和北大物院夏令营举办时间重合，如果同时参加这两个夏令营，面试时间可能有冲突，需要提前预设好个人选择。

（三）线上面试技巧

2021年大部分夏令营为线上，因此需准备线上面试。以下是线上面试准备技巧：

1. 线上面试为双机位，采用腾讯会议，需要两个会议账号。
2. 后机位放在人的左侧方略后一点的位置，摄像头高度与人坐下时头高度相当，使得后机位能看到人的后背和左右手；后机位应当关闭音频，仅开摄像头，防止与前机位之间产生回声。建议采用手机为后机位,购置一个可调高度的三脚架,将手机放在上面。

3. 前机位放在人的正前方,开启音频、麦克风和视频。建议采用电脑为前机位,面试时关闭其他应用,仅开启腾讯会议。

4. 在面试前一定要调试一次,使前机位和后机位摄像头都满足条件。

5. 保证面试时网络畅通。

三、在校感悟

大学最主要也是最重要的一件事就是学习,这也是我大学生活的大部分。我的学习进度基本按照我院教学规划的安排走,以下是我大学几年的学习经历与体会。

大一的课程多而杂,由于我院的交叉学科性质,除了要学习数学、英语等基础课程外,同时还要学习物理、化学、生物三个不同方向的理科课程,也正是因为涉及多个学科,所以课表塞得很满、作业量很大,整个学年都特别忙碌。虽然忙碌,但我大一一年的学习效果却不是太好。在较大的课程量下,我并没有把学习时间合理地分配,也没有额外拿出时间对较难的内容进行再理解与总结,同时也缺乏合适的学习方法,所以大一一年的学习效果一般,学分绩排名也不理想。

在大二、大三两次分流中,我先后选择了数理、物理作为自己的方向。大二大三的学习以物理,尤其以四大力学和相关数学为主,内容专业性更强,与大一时对于各学科浅尝辄止有较大不同,也需要不同的学习方式。大二期间,我逐渐探索新的学习方法,学习效果虽较前一年有所提高,但与优秀的同学相比还差一大截。大三期间,通过与同专业的同学交流学习方法,并对前一年的学习进行总结,我逐渐找到了自己学习物理的最佳方法:在每一阶段的学习完成之后,将知识通过自己的理解独立推导一遍,并自主建立知识之间的联系和总体的逻辑结构,方能实现融会贯通。因此这一年的学习效果尤为不错,同时也初步建立起了对于物理学科各个分支的不同认识。

除了核心课外,我学习了一些物理选修课,包括量子信息原理与运用等,并在大三上参与了吴盛俊老师指导的为期一年的"区块链与量子区块链"大创项目,这是我对科研的第一次尝试。面对这个完全陌生的领域,我和其他5位同学从文献调研开始,通过自身的搜集、整理、阅读,一步一步对量子区块链这一领域建立起自己的认识和理解,并在老师的指导下开始对其中不完善的各个部分进行创新探索;我选择了量子比特承诺协议作为主要研究对象,对该部分文献进行有针对性的研读,并在已有文献的基础上提出自己的量子比特承诺协议。通过这一年大创项目的经历,我对理论科研有了初步认识,并找到了自己感兴趣的研究方向,即量子信息相关的研究。同时,为了对量子信息相关的实验研究有所探索,我在大三下联系到了我校现工院的张利剑老师,开始了以光为载体的量子信息的研究,在半年左右的研究过程中,我初涉量子光学领域的实验操作与实验设计,也使我把量子光学作为未来研究方向之一。正是这些研究经历,让我在报名保研夏令营时以量子光学与量子信息作为主要方向,并最终在大三学年的暑假拿到了北大物理学院光学所的 offer,并以光频梳为研究生期间的方向。

明确研究方向后,我在大四学年有针对性地选修了光学相关的课程,包括非线性光学、量子光学等,同时研读光频梳相关的文献,为未来的研究工作打下基础。同时,我以大创中个人的研究方向为自己的毕业设计,进一步完善相关研究。

总体来说,在大学四年的学习过程中,我建立了对物理学科的基本了解,这是一个广博的领域,不同分支各有其学科特点。同时,我逐渐从一个学习者向一个研究者转变,在研究经历的探索中,我明确了自己未来的研究方向,并以此为目标,开始自己新的学习与研究生活。

除了学习外,大学期间我参与了许多社会活动,包括社团活动、志愿活动等。大一大二期间,我加入了校跑步协会,参与组织了"百人百天"等活动,在活动中也提高了自己长跑的热情和耐力。大一期间,我加入了我院学生会的办公室,参与了四校联谊之类的活动。同时,我也在闲暇时参与了我院组织的南京云锦博物馆志愿讲解活动,以及校小蓝鲸义工活动之类,在志愿活动中我收获颇丰,也感触良多。在大一暑假,我第一次组织并参与了关于家乡方言的社会实践活动,和招募的其他两位同学一起,通过发放问卷、走访调查的方式搜集了家乡方言使用情况信息,并最终整理成一份千字报告。在大二寒假,我参与了南星计划,返回母校给学弟学妹宣传南京大学,并提供学习上的意见和帮助。这些活动都给我的大学生活增添了不同的色彩,是人生中宝贵的经历。

在确定了未来五年的去向后,我首先计划用大四一年的时间弥补前三年物理学习的不足,并承接未来博士的研究,包括补全光学知识的学习、完善物理史的发展、增加量子光学方向的实验训练,等等。研究生阶段与本科阶段有着最明显的区别,就是对于独立的研究能力的要求,因此我希望在博士五年里逐渐建立起研究的能力,并在研究领域取得一定成果;毕业后,继续从事相关研究。

对学弟学妹的发展意见:

1. 对于选择物理专业的学生来说,在学习过程中要注重学科内在的自洽性,要训练自己能将每一个知识点通过逻辑自主推导出来,并掌握每一个知识点之间的逻辑关系,构建出每一门学科的逻辑体系。

2. 在学习和科研的关系上,个人认为如果没有打好物理的学术基础,就不必过早追求科研经历。只有在有一定的知识基础上的科研才是有效的、能够提升自身学术能力的,否则就是以牺牲大把的学习时间为代价来达到一个科研的目的,有点得不偿失。无论未来是否升学研究,我认为在大学期间参加一次科研项目也是有益的,不论最后收获如何,一段完整的科研经历可以锻炼个人文献调研、设计、论文撰写等各个方面的能力,它可以为毕业设计的完成提供帮助,也是个人履历上有力的一笔。

12. 清华大学交叉信息研究院保研经验及感悟

茅宇峰

一、个人简介

本科阶段专业方向：物理

研究生阶段专业方向：理论凝聚态

本科阶段学术科研情况：本科科研经历主要有两段：一段是在吴盛俊教授指导下的大创项目：区块链与量子区块链研究。研究量子信息在区块链协议中的使用。另一段是通过郑钢学长的海外科研计划，跟随尤亦庄教授对量子弱测量进行研究。

本科阶段获奖情况：拔尖计划奖学金、人民奖学金、卢德馨嘉奖

联系方式：邮箱：yufeng.m@outlook.com；QQ：1265273136

二、保研攻略

清华大学交叉信息研究院有物理和计算机两个方向。本文仅就物理方向进行介绍。叉院物理方向主攻量子计算、量子信息。具体的方向，实验有离子阱量子计算、超导量子计算、量子中继；理论有量子通讯、量子人工智能以及凝聚态和冷原子物理。

叉院夏令营在5月底进行，大约在4月底时官网就会发出夏令营通知。入营材料主要有中英文简历（建议提前准备）和两封推荐信。匡院的同学基本上GPA前30%都可以入营。去年的夏令营在线下进行，为期两天。第一天上午进行2.5小时摸底测试，主要

内容是四大力学和光学。下午各位教授会对自己的研究方向进行介绍。晚上 6 点左右就会有邮件和电话通知面试资格。第二天，参加面试。南大由于距北京较远，一般是面试的第一个学校。面试大约为 10 分钟，英文面试，包含自我介绍、简历相关问题（包括有关课程、科研经历、科研兴趣等），下午有参观实验室的活动，也可以直接回南京。之后在 2—3 个星期内，会按照录取顺序慢慢发放 offer。

以下为去年夏令营的个人经验。

本次夏令营共 53 名同学入营，35 人进入面试，发放 16 封 offer。其中南大入营 9 人，进入面试 7 人，录取 3 人。

线下考试难度、题量大于前两年，在 2.5 小时结束后又补充了半个小时左右。并且风格有所改变，由前两年的注重基础和概念的推导转向应用。建议考前复习一下四大力学和简单的光学，应该没有太大的问题。面试先有一个自我介绍，之后会提问想做理论还是实验，感兴趣的老师和研究方向（建议好好听前一天下午自己感兴趣的老师的宣讲，这样就有针对性一些），本科科研经历（能说出所以然和自己的想法即可）。老师都是英语提问，会鼓励用英语回答，当他觉得你用英语卡壳了，也可以用中文回答。总而言之，我觉得面试不是特别重要。

最后录取时，在夏令营结束后一周，物院的 GPA 前三和我们院的第一收到了电话。在物院前三拒了之后，我和我们院的另外一名同学接到了电话。所以，猜测录取流程是按照本科 GPA、笔试、面试成绩排名，再按照老师的志愿录取。当排在前面的同学把 offer 拒了之后，会依次填补以该老师为志愿的同学。总而言之，对叉院有意向的同学需要准备中英文简历、两封推荐信、尽可能高的 GPA 以及对未来的科研方向有较为清晰的理解。

欢迎想要报考叉院的同学和我交流。

三、在校感悟

如今去向已尘埃落定，我将在清华大学交叉信息学院继续学习理论凝聚态物理。我十分感谢学院能够在过去的三年给予我良好的学习环境和机会。特别要感谢吴盛俊老师、尤亦庄老师给予的科研上的指导，以及司老师和唐老师在生活、学习上的帮助。

回顾过去的三年，在出国与保研之间、理论与实验之间选择了一条折中的道路。在这样重大的决定面前，我无法给出完全具有说服力的答案，只有记录下现在的所思所想，等待时间的检验，正如大一时那样。

大一时，最困扰我的问题是专业的选择：物理还是计算机。大一时的问题求解，无论是之后选修外院系的课程，还是自己院里的课程，都没有问题求解带来的广度与一定的深度。我甚至觉得所有非计算机专业的同学都可以将问题求解作为自己计算机甚至大学学习的通识课。在一学期问题求解的学习中我成功地解决了专业选择的问题，这是最大的收获。

  大二、大三给我留下重大影响的应该是理论力学、量子力学和近代应用数学三门课，它们为我打开了理论和形式研究的大门，这些抽象但清晰的逻辑让我着迷。我渐渐对理论物理产生了浓厚的兴趣，我对学习理论和构建模型有浓厚的兴趣，我享受一步步充分了解某件事物的快乐。

  当然，三年本科期间还是有很多的遗憾，其中最主要的就是没有真正地和同方向或同大创课题的同学讨论起来。也许是因为物理方向的课程的问题都过于细碎和微小，以至于用不着大张旗鼓地讨论，也许是没有一个具体地讨论的硬件空间……

  最后希望学弟学妹们能够多和同学以及学长交流，无论是对消除信息差还是缓解压力方面都很有好处。

13. 北京大学前沿交叉学科研究院保研经验及感悟

邹暨捷

一、个人简介

本科阶段专业方向：物理学

本科阶段学术科研情况：跟随物理学院声学所徐晓东老师完成大创项目"3D触屏系统"；

参加北京大学前沿交叉学科研究院夏令营并被录取；

大一时由学院组织前往香港科技大学、香港中文大学进行交流。

本科阶段获奖情况：王老吉奖学金、南京大学本科生基础学科专项奖学金、人民奖学金、杨蓝云领导型人才奖学金、"基础学科拔尖学生培养计划"专项奖学金、江苏省优秀学生干部、南京大学优秀学生干部、美国大学生数学建模竞赛一等奖（Meritorious Winner）

联系方式：QQ：1170505165

二、保研攻略

写在前面

这篇介绍当中一部分是我自己对于大三一学年尤其是大三上学期几个月时间的回顾，也有对过去三年时间的反思（这是考虑到看这篇文章的你或许才大一），这部分内容是比较零散的，有效信息的密度不大，个人的主观感受占主导；另一部分是我对于保研流程的记述，这部分我尽量把最重要的部分写出来，以客观的角度展现给各位。请大家各取所需，批判性接受。

第一部分：大三一年的经历

1. 大三上

早期科研请趁早

我自己是喜欢物理的，但并没有狂热到非物理不可。尽管自己在大多数的物理专业课上的成绩都还不错，有机会进入更好的平台进行纯粹物理的研究生学习，但是自己一直都在纠结是否以后要从事物理方面的研究。这种状态本应该在本科科研实践当中就要结束，明确自己以后要从事什么，但由于疫情的缘故（疫情第一次爆发是在我大二的寒假，导致大二下学期上网课，不巧的是按照我的计划是打算大二下学期进行早期科研的），我直到大三上学期才开始进入实验室做科研，错过了一个学期的时间。现在看来，其实在基本知识体系建立后就可以进入课题组跟着学习了，个人认为的基本知识体系是大学物理＋微积分＋线性代数＋理论力学以及一点皮毛的量子力学（不得不说，卢老师的大学物理从难度和广度上来说一直是可以的），剩下的知识可以比较顺畅地边做边学；如果高中有比较好的竞赛基础，甚至大一就能操刀上马直接进行科研实践。

我个人推荐早期科研要趁早的目的，真的不是在于本科阶段的科研成果能多么成功或是直白地说可以发论文，而是在于能够去看看自己是否真的适合做科研，如果喜欢做科研的话，就进一步判断自己是喜欢做理论、做计算还是做实验呢，喜欢物理是喜欢做哪个领域的研究呢，是凝聚态、粒子物理、核物理抑或是光学、天文等？如果都不喜欢，就赶快准备转方向吧。毕竟本科生大部分时间是用在基础知识的学习上的，科研上的创新能力十分有限，除了少数人外，大部分本科生的科研还是停留在给师兄师姐打辅助的阶段，能发出文章当然是给自己的加分项，未发文章也不必遗憾可惜，因为最初的目的并不在于此。

方向的探索

我个人有两段科研经历，都是从大二暑假开始的：一个是和声学相关的大创项目，另一个是在电子学院的某位做器件物理的老师组里搬砖。大概各做了快一个月，我就很明显地感受到自己不喜欢做实验（其实大一做大学化学实验就有这样的感觉），在超净间里笨手笨脚地操纵仪器，把实验弄得挺糟糕的，而且长时间地站在黄光区内让我的心情很烦躁（大概是我对做实验实在没有兴趣的结果吧）；同时自己对于纯粹物理的探究缺乏应有的热情，能接受，却总是踌躇，这种状态让我不时担忧自己如果真读了物理的博士是否能做出好成果。

综上，我在大三开学后的两周内很果断地决定自己要做和应用密切相关的物理研究，当时对半导体器件、电路设计都有兴趣（大概和半导体产业这两年备受关注相关，耳濡目染），并且很坚定的一条是：不做实验。如此精确而且限制的选择条件导致我和很多实验室都无缘，选择少之又少一度让我绝望，拿南大来说，在物院、电子、现工三个学院中符合我限定条件的选择大概不会超过3个。这样也逼迫我必须把目光看向其他学校，心里做好了选不到合适的导师或专业就完全转行做数字电路设计的心理准备（拿着不错的学分绩和物理方向的"电子电路基础"课想要在南大找一位数电设计的老师读硕士还是机会很大的，毕竟匡院的 title 在 NJU 这儿绝对是大大的加分项）。

选课上的小聪明

因为在开学前两周就确定了自己大三的整体规划，之后的安排就顺水推舟了。这里要提醒各位一下，因为保研夏令营是在大三下学期 6、7、8 月份举办的，而报名时间会比面试时间早一个月左右，所以保研夏令营的面试老师手中拿着的是前五学期的成绩单。因此我一直觉得大三上学期的选课会比较重要（其实到大三下学期在课程上花的时间会较大程度地减少，更多的精力放到了实际科研中），特别是对于想要跨保其他专业的同学。相比于你口头说自己在某个课程方面的基础知识是多么扎实，成绩单上的白纸黑字更具有说服力。

也正是考虑到这个原因，我在大三上学期选修了固体物理导论和半导体物理学，事实证明这两门课对我的保研面试帮助挺大的。实际上，固体物理这门课在大三下学期匡院的课程安排当中是有的，但为了让它出现在我面试时的成绩单上，我在大三上就选了电子学院的固体物理导论，学完后在大三下学期学这门专业课相当于二刷，会比较轻松，并且又夯实了基础。

2. 大三寒假

选导师的黄金时间

寒假时间适合用来选导师。这里的选导师不是说就确定去哪个老师组里了，而是罗列出一张表，把自己认为合适的老师都囊括进来。

如上所述，我的最优选择关注半导体科学方面且做理论或者计算的课题组，次之关注做实验也做计算的半导体方向课题组，再次之是关注做实验也做计算的凝聚态方向课题组，次次之则是彻底转行做数字电路设计。具体方法就是通过对方学校的官网查找，了解老师的基本情况（教育经历、科研领域、代表论文等信息）以及一些侧面信息（导师评价网等，当然如果你在该学校有高中同学是最好的）。在学校的角度我关注了高考分数线比南大高的学校（不多，就几所）以及南大，毕竟我个人不是很建议保研到高考分数线比 NJU 低的院校，除非自己真的很喜欢。这是一个相当耗时的过程，需要把好几个学校相关学院的网页看一遍又一遍，并不辞辛劳地通过其他渠道收集更多信息。

这里说一段有趣的经历。去年 6 月份我对清华大学新成立的集成电路学院的一位老师的课题组非常感兴趣，只可惜学院刚成立，网页上的信息十分有限，在知乎上搜索也仅是找到了一位来自清华大学集院的学长。抱着试试看的态度就发了封私信给他，结果这位学长真的回信了！并把他认识的那位老师组里的一位博士生的微信给我了。

之后我便加了那位博士生的微信，对方也非常热情地（清华人真好）介绍了他们组的一系列信息。最后发现不太适合自己，也庆幸自己没有当时一股脑热情地直接联系那位老师。

那这么认真耗时的调研有没有成效呢？我当时也觉得自己做得有点过头了，但到5、6月份开始报名夏令营的时候，调研的成效才显现出来，在那几个月我成了一个小圈子里面的百事通之一，匡院物理方向的不少人都找我给一些建议；而我自己事先早已把国内做得比较好的老师都挑选出来列了个表，在报名的那几个月中相较于其他人来说是很从容的，也能为我节省出很多时间用来复习、准备面试。

这显然说明，确定方向之后尽早做课题组调研是利大于弊的。个人建议在寒假里做比较合适，不要高估自己在大三下会很有空（保研夏令营报名十分烦琐，请做好心理准备）。

了解一些教学计划外的专业知识

寒假的其他时间我用来强化自己半导体物理方面的内容。

虽说大三上学期选了半导体物理学这门课已是超出教学计划的内容了，但自己唯恐深度不够。毕竟我跨保的专业是"微电子与固体物理学"，对应的本科专业应当是电子科学，学的半导体物理学会比我所学的更深入些。所以我向在北大学习的高中同学要来了他们的半导体物理学的课件、参考书、课程作业。最后虽然没有做完，但是PPT是看完的，卷子也写了个大概。心里大概知道北大本科生是在什么样的水平，之后面试的时候更加从容些。

3. 大三下

大三下学期给我最直观的印象就是课程压力变小了很多，只有固体物理、粒子物理、原子核物理三门课，并且后面两门课属于导论性质，难度不大。再加上我之前已经学过了固体物理导论，对固体物理的基本概念了解得差不多了，因此学得比较轻松。

我从3月份开始一点一点复习，将量子力学和热统都认真看了一遍，本来打算完整地复习完四大力学，但是考虑到时间以及自己最想去的是电子科学方面的课题组，就很简略地过了一下电动和理论力学，把更多的时间放在了固体物理、半导体物理的复习上。此外，我还选了一门电子学院的专业课——半导体器件基础，是电子学院本科生的核心课，对我后面的保研面试有很大的帮助。

课程压力变小的另一大好处是自己有空去推进科研经历，虽然不可能在短短几个月内发一篇高质量的文章出来，但还是能在科研方面做出一定的成绩，让自己的简历更好看。

开始着手保研夏令营报名

上课＋科研的生活节奏一直持续到4月中下旬，物理相关专业的夏令营逐渐开始。虽然我们早已有心理准备，但是面对短时间内一波高校夏令营的开放通知以及每份通知不同的申请要求，还是有些懵。有几个办法比较有效，可以推荐给大家。首先是可以考虑关注一些保研公众号，它们会帮你整理好各个院校的夏令营申请DDL和准备的材料

（推荐信等），我关注的有保研派、保研人。关注公众号的好处是它帮你整理好了很多信息以及相应的DDL，不用担心自己是不是错过了提交的最后时间或是缺了推荐信。

同时我参照前些年学长们"保研攻略"当中的方法，把自己感兴趣的夏令营的信息用表格罗列出来，如下所示：

名称	报名截止时间	简历语言	需要推荐信	邮寄材料	夏令营开始时间	夏令营结束时间	提供住宿	其他	是否申请
上交密西根学院	2021年6月25日23:59前完成在线报名(http:/lxi.me/by4x2)	英文	是，两封（副教授及以上）	是	2021年7月(受疫情影响，未定)	受疫情影响，未定		荣誉博士计划/科研见习计划（5月6日前、5月15日前）	否
北京大学物理学院	2021年6月18日前	中文	否	正式报名需要	2021年7月9—11日	11日	是	预报名的材料（全是电子版的）：个人陈述、简历均有官方模板	是
北京大学信科	2021年6月11日	中文	三封	需要	2021年7月8日	10日	是	否	是

接下来关于保研的具体事项，我将另起一部分。

第二部分：保研夏令营面试

1. 基本情况

申请的夏令营

北京大学：物理学院、信科、叉院；清华大学：集成电路学院；复旦大学：微电子学院；南京大学：物理学院；中科院高能所

申请北大和清华的理由不用解释，而复旦的微电子一直是国内的王牌专业，而在请教了电子学院的朋友之后，发现大家普遍认为上交的微电子和南大电子是同一水平线的，因此权衡之下不考虑申请。

中科院高能所是一个很特殊的机遇，下面会细说。

成功入营

北京大学：物理学院、信科、叉院；南京大学：物理学院；中科院高能所

申请清华大学集成电路学院没有成功入营是在我意料之中的，毕竟自己本科不是电子专业的而自己申请的老师实力很强，也没和老师提前联系，竞争自然比较激烈。但申请复旦大学微电子学院没有成功让我郁闷了一段时间，后来听说复旦向来是夏令营入营卡得很死，而在后面的9月推免中名额较多，身边不少实力很强的朋友申请复旦也遇到了挫折。

参营并录取

北京大学叉院；中科院高能所

叉院是我的第一个夏令营,因为直接被录取了,我就没有继续参加其他夏令营。而高能所其实是在6月份就进行了考核,不算"夏"令营。

2. 中科院高能所

在大约5月中旬时,学校通知中科院高能所的老师会特地来南大面试,有兴趣的同学可以自发报名(似乎不是年年都来,所以这是个可遇而不可求的机会)。当时我没有参加过任何夏令营,之前所有的升学过程也都是笔试考核,不涉及面试,所以就想着借这个机会去感受一下面试(真是非常感谢高能所的老师能给这次机会)。

面试流程和感受

面试在鼓楼校区物理楼的一个会议室进行。当时全校有9位同学参加面试,4位匡院的、5位物院的。虽说是在南京进行,但高能所的老师只来了一位,通过连接在线会议和北京的众多老师们连线来完成面试。中科院高能所是中科院体系内的大所,人数众多,研究范围因此也非常广阔,提供的专业选择比我之前想的丰富很多,包括理论物理、探测器物理、凝聚态物理以及和生物医学相关的。

面试采用单独面试,每人大概在15—20分钟,问的问题和自己选择的专业有关,我选的是探测器物理。问的具体问题记不清了,大致有用狭义相对论分析电子在高速下的寿命问题(在对撞机的背景下提问的)、闪烁体探测器的基本原理、CMOS的基本原理,问一些对高能所正在实施的大型科研项目的看法(这部分我一点都不知道,场面一度十分尴尬)。当时自己回答得非常糟糕,本来并不难的题目在一时紧张下也糊涂答错了。尽管最后被高能所的老师捞起来录取了,但实在感觉自己的基础知识不太扎实。这对我6月份调整复习节奏和准备之后的夏令营面试有莫大的好处,再次感谢高能所!

3. 北大叉院夏令营

叉院基本情况

北京大学前沿交叉学科研究院由10个中心构成,包括纳米科学与技术中心、生物医学跨学科研究中心、生命科学联合中心、大数据科学研究中心等,涵盖的学科很广,有点类似于匡亚明学院,同样提倡交叉学科的研究。我报名的是纳米科学与技术中心,该中心的专业方向包括物理、化学、电子三个方向。

入营模式

叉院共有19位老师,分别来自物院、化院、信科,每位老师有2—3个入营的名额,1个录取名额。我这届共入营了49位同学,最后留下19位,每位导师一人。

套磁

这是很关键的内容,因此我单独列一节。所谓套磁,就是提前和心仪的导师取得联系(发邮件),在面试前就见上一面。我自己之前一直很轻视这个内容(大概是因为高考思维的延续），以至于在到北京之前并没有给老师发邮件。住下后一问同参营的室友，才发现他们早已和老师预约了见面，有一说一当时的心态有点崩，还好及时发了邮件和老师进行了电话交流，算是补上了见面。

这个环节为什么重要呢？首先，它能向你的导师释放一个信号：我是真心实意希望到您的课题组学习的，而不是随便报了个夏令营。因为导师们也担心自己招的学生会半路放鸽子，因此这个环节能让老师觉得你是很看重这次面试的，是有诚意的。其次，通过见面，能够让老师更加充分地了解这个学生，你也有机会表现出自己的优秀之处，因为在面试过程中面对诸多学生，老师是不可能很认真地看你提交的申请材料的，通过套磁并提前见面能够让老师有更多的时间看你的简历，这也降低了面试的时候发挥失常而被一拍子打死的风险。所以非常建议学弟学妹们在面试之前给老师发邮件套磁。

在叉院纳米中心，很多老师都是在套磁的过程中基本心里确定了学生的人选，到时候再看看面试时的发挥就能确定了。

尽管有疫情的影响，北大叉院的夏令营仍然是采用线下举办的方式，这在今年是为数不多的。日程安排如下表所示：

时间	日程安排	参与者
7月4日下午	报到	辅导员和研究生志愿者
7月5日上午	学科报告	19位导师中的2位
7月5日下午	招生导师、在读研究生和营员见面会	部分有空的导师、研究生学长、营员
7月6日上午	营员综述报告：PPT展示	营员
7月6日下午	面试	19位招生导师＋营员

学科报告：老师做汇报，将他们课题组的工作简要介绍一下，个人觉得重要性一般。

见面会：不是所有老师都会来，特别是大牛教授往往没有空参加；但是每个课题组一定都会有研究生的学长来参与，可以通过学长们来了解组内研究方向、科研氛围、老师性格等。

营员综述报告：PPT展示。每人在5分钟的时间内展示自己，一般包括学业成绩、科研训练以及一点点的课余生活。严格意义上，老师是会给综述报告打分的，但是私下里似乎很多老师不在乎个人展示环节，更加注重下午的面试情况。有些营员用英文进行个人介绍，但不用太在意这个，重要的是你的内容而不是形式。

面试：采用群面的方式，每组大概7人，面对大约10名老师（没错，老师比学生多）。每人两道必答题，一题是英文翻译题，另一题是专业知识题，专业知识题有一次换题的机会。进入面试间后每个人采用抽题的方式决定自己回答什么题目。

英文翻译题：会采用 Nature、Science 中文章的摘要部分，难度一般，没有奇怪的符号、单位；先读一遍，然后翻译，老师不太在乎口音是否纯正，但要保证流畅度；遇到不会的词，可以停下来问老师。

专业知识题：因为这 19 位老师来自不同学院，做的方向不一样，报考的学生自然也背景多样化。所以在分组面试的时候，会把背景相近的学生放在一起，今年把本科来自物理、材料、电子等专业的学生放在了一起，面试的老师由物理、电子专业的老师组成。

模式：每人回答完自己选到的问题后，其他同学可以纠正补充。所有人的专业题回答完之后，每位老师根据自己的想法都会提出问题，指定学生（一般是报考他/她的学生）或是请所有同学抢答。遇到自己会的，积极发言就好；补充别人的问题的时候，不要带着攻击性，而要委婉地批评指正。不会的题目千万不要瞎答，要说就一定要确定表述是基本正确的。

交叉的专业背景，导致问的问题是很灵活的，考查的不仅仅是专业知识，也关注你是否有想法（你看看下面的问题就明白了）。

面试题难度总体不大，可以参考往年题目，有很高的重复性。

题目回忆：

1. 基本上是固体物理和量子力学，有少量的统计物理知识。
2. 什么是直接带隙半导体？什么是间接带隙半导体？什么是激子？
3. 什么是费米子？什么是玻色子？这两者之间可以互相转化吗？
4. 超导现象包括哪些效应？从 Maxwell 方程出发，简单说明它们的机制。
5. 有大量的氢原子组成一维氢原子链，它们的波函数可以产生一定程度的交叠，请问一维氢原子链是导体、半导体还是绝缘体？（提示：从能带论的角度分析）
6. 请从能带论的角度说一说为什么会产生能隙。
7. 假设人体中有 50 万亿个细胞，若突然间其中 5 亿个细胞各失去了一个电子，请问会有什么现象？
8. 有一块钠金属块，将它不断切割成小块，在钠金属体积不断变小的过程中，它的光泽会发生哪些变化？
9. PN 结的性质。（具体题目忘了，但从 PN 结的基本性质出发就可以判断，会涉及 MOS 和 BJT 的结构，注意复习一下）

考察的重点是固体物理和量子力学。并且在回答一个问题的时候，可以把它涉及的相应知识点从原理上推导一下，讲清楚基本机制，会是加分项。因为抽签和老师的问题都是随机的，因此扎实的基本功是唯一的应对路径。

出结果：

所有人面试结束后在大厅中等待，老师们需要在房间内讨论一下（比如导师 A 很想要报考导师 B 的学生，而恰好导师 B 不是很想要这位学生，这样这位学生就被导师 A 录取了）。

讨论 10 分钟左右老师们就会陆续出来找自己想要的学生进行面谈，内容无外乎询问学生意愿、介绍本组情况、互加微信等；遇到心仪的导师，当场答应就好，如果不满意，最好当场就拒绝。

当场被面谈的学生即是被录取的学生，正式通知一般几天后在官网上公布。如果被录取的人里面有人放弃，那么后面的同学自动补上（由老师私下联系）。

在匡院 2018 级 Young 同学的帮助下收集到了一些北大物理学院凝聚态所的面试题目，详见附录。

三、在校感悟

在匡院学习与生活的日子快要结束，在这样的时间点写下一些个人的感受供各位参考，或许是不客观的，毕竟很多东西的长远益处只有经历了一段不短的时间才能显现出来，特别是教育。所以我就把自己处在这个时间点的一些想法记录下来，仅此而已。

过去四年的时间里自己在学习和生活两条主线上都做了很多尝试，虽然现在看来有些尝试略显幼稚，但还是带来了一段不错的回忆。大一的时候自己兴致勃勃参加了院学生会（当时还叫作团学联），冲劲十足地设计迎新晚会的相关活动，认识了好多同届朋友和学长，真可谓是贪婪呼吸着自由气息了；学习上还算不错，对每门数理科目都有着较强的好奇心，或许与大一阶段物理方向的课程压力不大有关，即使自己承担了很多学生会工作，仍然在成绩排名上比较靠前。

时间来到大二，带着大一给我的自信，我同时拉开了学习和学生会工作两条长战线，并坚信自己可以同时做得很好。这似乎是作死的前兆，按照常规剧本来说会有一个很坏的后果，然后又是一通学长苦口婆心地教诲学弟学妹要把精力放在学习上的经典案例。然而现实总比剧本要更加复杂些。大二一年自己担任了院学生会的主席，正如预期，学生会工作占用了自己大部分的课余时间，忙的时候会挤占学习时间；学习上自己面临的课程难度也更大，理论力学成为自己永远的痛，其他科目也并未取得很好的成绩，大二前半年下来自己的成绩排名落后了不少。让事情更加复杂的是，大二下学期的疫情暴发送来了一学期的网课，这样自己又失去了进入导师实验室进行科研的良好时间点，甚至也没有机会在大三申请出国交换来刷一刷自己落后的 GPA。大二一年下来，作为学生会主席，自认为还是负责地完成了自己该做的事，但学习这条主线的成果确实不太好看。

就这样，带着非常郁闷的心情，没有科研经历的我来到了大三并选择了保研留在国内。到了这个时间点，就要思考一下未来发展方向的问题，综合自身兴趣、行业发展、学长学姐建议等多方面的考虑，打算选择微纳电子领域的相关方向。大致确定了方向就能去找适合自己的实验室和导师，这时需要自己去翻阅各个学校学院的官网，以及有些课题组自己的网站来确定。这些内容在前一部分里面已经非常完备了。吸取了大二的经验，有些知"耻"而后勇的味道，大三的生活相对单一很多，在上课—自习—休息三种状态之间来回切换，少了不少"花里胡哨"的东西。在此期间，同级的好朋友邀请我一起完成大创项目,当时只是觉得单调的生活需要有些其他色彩便加入了,但未曾想到这个项目之后在我参加保研夏令营的时候起到了不小的帮助作用。因为选择的是微电子领域,有诸多课程如半导体物理、半导体器件基础等并没有在匡院的专业课范围内,自己在大三阶段需要选修几门难度较大的专业课程,因此大三过得非常充实,几乎是一晃而过。

写到这儿有些体会,说实话,到了大三,最考验物理方向同学的并不是课程的难度,而是是否能够继续保持学习物理的热情和好奇心。引用同级匡院物理方向一位大佬的原话,"好奇心是消耗品",所以,好奇心会消失吗?如果自己无法"生产",那么很遗憾,会的。物理方向很多同学在大三都会出现这样的症状,学习的动力匮乏几乎是流感,而天生拥有免疫力的人很少。自己有思考过为何会出现这样的问题,很可能是因为疫情改变了所有人的生活方式,生活中大家局限在自己的小空间里,缺乏应有的精彩和刺激,生活的无聊导致了心理的懒惰,这也难怪,从事具有高创造需求的工作就应当注重对自己心理状态的爱护,硅谷不正坐落于风景秀丽的旧金山湾吗?至于自己,也有时会出现好奇心枯竭而导致失去兴趣的情况,而在疫情下和繁重课业压力下,自己只能采取笨办法:硬扛。这也是和自己的心理作斗争的过程吧,这里也非常羡慕天生具有无穷无尽的好奇心生产功能的人。

在匡院的四年时间里很感谢学院的教导,无论是在学习上还是生活上。在这样一个以基础学科教育为核心的学院里,每个匡院人都会有自己的牢骚,但不得不说,匡院物理方向的课程设置在匡院众多学科当中是相当完善了。在前两年内的时间里自己其实对物理方向"不物理"而头疼,但到大三打算从事微电子领域研究时,发现匡院的课程设计对于想要转方向的同学来说更有优势,学习过电子电路基础等课程会让转方向变得容易许多。所以希望有心人能够利用好匡院的优势,即所谓交叉学科,这在国内保研时会变成自己的加分项,无论是在物理方向继续前进还是转方向都有好处。不用羡慕物理学院的物理,匡院有匡院特色的物理。

最后感谢能看到这里的同学,自己之后将前往北京大学前沿交叉学科研究院攻读电子科学技术的博士学位。如果大家有需要,可以联系我,请发邮件至181240085@smail.nju.edu.cn。

14. 在南京大学匡亚明学院的感悟

刘心怡

一、个人简介

本科阶段专业方向：物理学

本科阶段学术科研情况：参加大创项目"EMT调控肿瘤治疗抵抗性的动力学研究"；参加南京大学匡亚明学院夏令营。

本科阶段获奖情况：人民奖学金、基础学科专项奖学金

联系方式：邮箱：993951823@qq.com

二、在校感悟

时光匆匆而逝，以为四年很长，大一刚入学的情景还历历在目，转眼间已到了大四。回望过去，在三年多的时间里，我体会到了成功的喜悦，也感受到了受挫的失落；有迷失时的彷徨，也有忙碌时的踏实。

大一上的第一堂课就是军训。在18天的"风吹日晒"中，我们与同窗好友从相识到熟悉，从关心个人到关爱集体。"定向越野"让我们的足迹遍布大半个校园，"百团大战"让我们领略各个社团的风采。上大学之前好多人都说，大学很自由，没有老师的管制，可以随心所欲，这种自由让我们沉醉其中，没有了高中的按部就班，没有了父母的叮咛嘱咐，似乎学习被放在了第二位。直到大一的期中考试来临让我慌了阵脚，面对着书本上

陌生的知识，一阵懊悔涌上心头。只庆幸相对于我的四年大学生活来说，此时认识到自己的放纵还不算太迟。图书馆成为我常去的地方，那里很安静，身边都是认真学习的同学，大家都沉浸在知识的海洋里。在后来的学习生活中，我也许还经常会想到当时的自己，但能够笑看当年，继续拿起笔看着参考书，理解课堂上的知识点。按照每年的习惯，各大院系都会组织自己的迎新晚会，我也参与其中，和同学们一起排练，最终呈现在舞台上，那张大合照中，每个人都洋溢着灿烂的笑容。也许是运气使然，在这一年学院还有去香港地区交流的机会，对于大一的同学们来说，在刚入校一年不到就能有这样的机会是很难得的，所以我也立即选择报名参加。我们参观了香港中文大学和香港科技大学，听师兄师姐们介绍他们的科研项目，虽然听不太懂，但仍觉得收获颇丰，不虚此行。

大二的我不再是刚入学那个什么都不懂的女孩了，对于学习和课余生活有了自己的安排。上课的时候会认真听讲，有什么不懂的会查资料，反复去理解，偶尔会和同学讨论。大学学习必然是最重要的，但也需要一些课余活动来调剂。所以我参加了学校的公益类社团反哺学社，并竞选担任了宣传部长，参加了一些志愿活动，此外为社团组织的活动准备公众号的推送，感觉这是一件很有意义的事情。在参加志愿活动和社团集会的过程中，我结交了许多新朋友，拓展了自己的朋友圈，也提高了自己的社交能力。此外我还参加了林泉钢琴社，音乐也是让我放松的一种方式。这一年还爆发了新冠疫情，不管对个人还是国家还是世界影响都特别大。为了积极响应国家号召，我们减少外出，大部分时间都待在家里，学校也延迟了返校时间，所以半个学期都在家里上网课，和坐在教室相比总觉得少了点什么。

大三这一年好像大家都在为学分绩和保研的事情忙碌着，我也不例外。除了学习，我们还需要去经历一项极为重要的事——科研训练。有同学早在大二就有了明确的方向，找到了心仪的导师，进入了课题组，但现在也为时不晚。于是大三我申请进入了学院张小鹏老师的课题组，也自此与生物物理领域有了接触。在张老师的指导下我进行了一系列科研训练，当看到电脑中文件夹里的文献越来越多，心中油然而生一种成就感，成功复现出文献中的结果时也会有一种满足感，这就是科研的快乐吧。大三几乎所有时间都用在学习和科研上了，付出终会有回报。

转眼大四了，是尘埃落定的一年。学年初保研的同学都完成了最后一道手续，很高兴我也顺利保研，与南大再续三年之约。大四上学期，课题组组织去红山森林动物园游玩，和师兄师姐们更加熟悉了。在老师和师兄师姐们的帮助下我也顺利完成了大创项目的结题工作，这算是我完成的第一个项目吧，看着结题答辩PPT上每一页的内容，都是过去一年的努力。选择考研的同学在12月的考卷上写下了自己付出过的心血和汗水，选择踏上社会的同学也早早地开始了自己的实习生活。而我，在为就业困扰之前需要走完我的科研之路，这条路很长很难，但途中也会有鲜花与陪伴，时刻告诉自己不必太过焦虑，向前看。

作为还有几个月就将本科毕业的大四学生,我能提供给学弟学妹们的仅有一些不成熟的建议。首先要努力提高自己的成绩和绩点。身为匡院一分子,我们有着较高的保研率和更多的机会以及更多的奖学金名额,而这些需要以绩点作为支撑。大家在平时的课堂上做好笔记,期末好好复习,获得一个令自己满意的成绩,而不要把希望寄托于补考和重修上。大一是大学的开端,也是能够影响你大学其他三年的重要一年,在这一年中,你可以确定自己喜欢的专业,想想自己要如何度过大学四年。此外有能力多参加一些含金量高的比赛和课外活动,这个是我所欠缺的地方,也是比较遗憾的地方,但我特别鼓励学弟学妹们参加,既是一份难得且收获颇丰的经历,也能为你们的履历增光添彩。在大学里,你们还可以找到一项或者几项自己的兴趣所在,作为大学生活的调剂点,因为大学是自由的,学习固然重要,偶尔也需要给自己的学习生活添一点不一样的节奏,让大学生活变得丰富且有趣。对于想读研的同学,可以尽早去接触不同的项目,去和不同的老师交流,找到自己感兴趣的领域,开展自己的科研研究;对于想读完本科就工作的同学,可以提前去实习,丰富自己的经历,积攒更多的经验。也许这些都是纸上谈兵,实际生活与我所说的会有所不同,但我提供的一点建议仅供学弟学妹们参考。最后,祝愿学弟学妹们学业有成,前途似锦!

15. 从物理到南京大学物理学院氧化镍和钙钛矿材料研究感悟

习智原

一、个人简介

本科阶段专业方向：物理学

本科阶段学术科研情况：曾在明日青空社会实践团队中利用课程编程知识和实验知识，帮助团队完成数据处理和采样等工作，助力团队获得了 2019 年南京大学省级社会实践优秀团队。

本科阶段获奖情况：拔尖计划奖学金优秀奖、公益未来·玛氏箭牌"垃圾投进趣"项目环保策划大赛华东区域赛优胜奖、南京大学 2019 年省级社会实践优秀团队

夏令营参加情况：
南京大学推荐免试攻读研究生夏令营，并获得凝聚态方向硕士的优秀营员称号。

去向：在南京大学物理学院章建辉老师的课题组攻读硕士学位，从事氧化镍和钙钛矿材料的研究。

联系方式：邮箱：zyxi@foxmail.com；QQ：972536057

二、在校感悟

回顾本科前三年的大学生活，不由感慨时间过得太快了，从一开始的懵懂到现在的老练，这一段时光不管是激昂还是遗憾，都将成为我一生中最难忘的部分。依然记得大

一时读写课上和Johnson老师的紧张互动及头脑风暴，每次花费大量时间去做那些复杂而又有趣的作业，在当时或许还曾因为它们占用时间过多而烦恼，到现在却又对当时繁忙赶任务的充实十分留恋。也曾记得当时自信满满辅修化学专业时的满课周二，从上午的视听说，到后面的化学实验，再到晚上的化学原理，忙碌一日，对比本科后期，倒还令人怀念当时的充实。对我这一段时期的总结，如果仅仅是由印象和感受而谈，我想很难用寥寥百字概括下来，也难有客观评价，所以我接下来主要谈谈我本科三年后对比入学前有哪些变化。

首先是基础知识层面。毫无疑问，我对比入学前有了突飞猛进的变化，从大一的大物、大生、化原、微积分这些基础课程，到大二大三分出方向后数理专业层面的四大力学、线性代数、近世代数、数理方法、光学、电路、原子核与粒子物理、固体物理，这些中有学得明白透彻的，也有稍有困惑的，也有仅仅理解基本方法概念的，虽然成绩结果可能跟我学习预期略有差异，有自己没学明白但因备考充分成绩还过得去的遗憾，也有自认为理解到了一定深度但由于备考懈怠而成绩不理想的懊悔，虽然这些都已成定局，但最终推免成功的结果还是让我保留了很大的总结和改变的余地。

其次是技术性层面。在这方面，由于入学前大多都没有学习的机会，所以从无到有的变化就更显得是突跃性的。在大一学习的大化实验和大物实验，让我有机会见识到了很多实验仪器和实验方法，在此过程中，为了数据处理，还学会了诸多专业软件的操作，如 MATLAB、Origin、Mathematica 等运算或作图软件，在 C 语言程序基础上，我还了解了计算机编程的基本语言并学会用编程的方法去解决实验和计算中的一些复杂问题，这也为我后来能迅速精进掌握 MATLAB 打下了坚实的基础。在英语课上，视听说课程让我锻炼了基本的口语表达，并在作业过程中学会了 Audition 的使用，不过听力和口语能力没有太大的实质性进步，这一点让我颇为遗憾。读写课上 Johnson 老师紧张的课堂互动环节，让我有机会尝试去做一些口语上的复杂表述，课程内容的习惯树主题让我了解了很多道理，阅读书目和辩论中的思考也极大地开阔了我的视野，而复杂的作业环节，也让我学会了 PPT 的制作，提升了搜索和整理的能力。在大二的系统生物学和计算物理课程中，我对 MATLAB 的使用有了进一步精进，并了解了计算学方法的基本原理，同时也在应用中学会了非线性方程的计算方法。而大三的模电实验和近代物理实验也让我认知了电路实验的表征方法，了解了更多的实验仪器与方法。这一部分可能让我对本科学习的理解更深刻，不同于之前阶段纯粹的知识性学习和应试能力学习，本科总是能在学习知识的过程中培养相关学科的素养，在这方面我对自己还是很满意的。

然后是交际和实践能力。由于性格使然，我之前一直是极不擅长交际的，所以在入学后我便多次刻意尝试这方面的突破，也取得了很大进步。在大一我便加入了院学生会的媒体中心和学工处负责的公益社团自强社。在媒体中心，我学会了美编和推送技能，也多次做过摄影工作，文稿也有所涉及，虽谈不上专业，但在前辈的帮助下，服务了同学们，也让我有了足够的信心。在自强社，我有机会参加多种实践活动，在爱心包裹的街头劝募环节，我尝试和陌生路人交流，并有过劝募成功的暖心体验。在孝心课堂的社区服务活动当中，我组织志愿者并给社区孩子们做手工教学法，不仅尝试了新鲜的手工主题，也增进了对孩子们的了解。在大一末期竞选部门部长的竞选演说中，我锻炼了自己的表达和应变能力。在环保公益策划大赛中，我带领部门成员讨论和准备参赛作品，在此过程中我的组织能力和汇总能力得到了提高。而在通识课多次课堂展示汇报的体验，也都使我的表达和应变能力得到了提高。这些经历，都为我后来在夏令营面试中的稳重表现打下了基础。

　　提起对未来的想法，首先我找到了物理学院的章建辉老师做氧化镍薄膜电致变色项目的毕业论文，目前开题报告的实验方案已经通过，疫情结束后可以前往鼓楼校区开始做实验。而在这之后，我会同时尝试在章老师的组里做其他项目的尝试，并找到自己将来的研究生导师。

　　关于对学院的建议，我的主要意见是希望学院能提供更多的科研创新项目的机会，在大学前三年根据我以及我对身边同学的观察，本院学生了解创新项目的机会主要是从已加入的课题组或是已有课题组的朋友推介。其他学院的主页虽然也会有创新项目汇总表，但直到确认毕业论文选题前我都没有刻意关注过以至于不知道其存在，因而错过了提前科研尝试的机会，包括身边的人也是如此（夏令营期间了解到有科研经历的同学是少数），另外我在找毕业论文课题的过程中也发现物院那边的信息和匡院有差别（其实之前近代物理实验课程安排信息也有过传达不及时的情况，这属于话外了）。因此我希望早在大一就可以多进行这种其他院系信息的推广，让同学有更多了解信息和利用平台的机会。

　　关于对学弟学妹的建议，生活方面，尽可能坚持维持入校前积累下来的好习惯，如正常作息、正常饮食、锻炼健身。不要去做一些自认为影响不大的尝试，熬夜和不吃早餐这种尝试，一旦开始，往往就很难再做出改变了。以我自身为例，大一时基本每天都吃早餐，大二时基本一周吃三四天早餐，大三大四则几乎不吃早餐，有些潜移默化的事情，等回头发现，就已经很难再改变了。

　　学习方面，希望平时课上尽可能以获取更多知识为目标，而不要将考试这种下限要求看得太重，以免到头来感觉什么都没学到而遗憾懊悔，当然，考试依靠合理的复习备考很容易通过，而平时学习思考的知识内化才是将来自己能真正用到的，课程的意义也在于此。

　　课外活动方面，希望在前期多尝试一些社团和学工活动，一是能交到更多朋友，二是在活动中往往能学习到很多有用的技能，比如我之前提到的策划（对于将来写开题报告，这种逻辑是能通用转化的）、PPT、口头表达、领导力等，这些都是我越来越能感受到对我影响比较大的，比大部分因为我平时学习不认真而感到遗憾的课程带给我的帮助要大。

当然还有在知识积累渐进的情况下去尝试寻找一些科研项目,在各学院官网科研相关页面找到当年的创新项目,尽早地尝试,一是可以积累自己的科研素质和成果,二是可以在将来推免夏令营中有更多的履历可以表达。关于两者的平衡问题,如果本科重来一次的话,我会只参加一个社团的活动,深度方面,继续坚持到部长级以至社长级,不同层级的活动和体验是完全不同的,往往学到的会比多个社团平均用力要多,有余力的话我会从大二开始参加创新项目,锻炼科研能力。

最后祝学弟学妹们能够度过一段充实、进步、向上的本科生活。

16. 从物理到南京大学电子科学与工程学院的感悟

杨 立

一、个人简介

本科阶段专业方向：物理学

本科阶段学术科研情况：跟随物理学院朱信华教授进行实验凝聚态物理学的研究，在 Open Ceramics 发表文章"Crystal structure and magnetic properties of double perovskite Sr_2FeReO_6 ceramics synthesized by a combined molten-salt synthesis and solid-state reaction method"。

本科阶段获奖情况：拔尖计划奖学金、基础学科专项计划奖学金

联系方式：邮箱：577647772@qq.com

二、在校感悟

光阴似箭，如月如梭，恍然间我已在这人间行走 22 载有余，大学生活也已接近尾声，回想起 2018 年入学时，也曾信誓旦旦，要努力学习物理，为祖国的基础学科事业作出贡献，后来在大一寒假回家的火车上，看着 70 多分的大化实验成绩，也曾对自己有过质疑。后来便更发奋学习，成绩渐渐让自己满意。再后来积极联系老师、参与科研，从每周跑组会到自己主持大创项目进行凝聚态物理方向的研究，在阅读文献和烧了几个月炉子之后，也渐渐认识到科研仿佛不是如自己所想的那般，不是那么有趣，而是充满了很多重复

且无味的工作，就渐渐有了转专业出去打工的想法。也曾在暑假留在南京打工，尝到了一点社会辛酸，越发认识到知识的重要性。后来因为疫情在家待了一个学期，由于上网课和在家学习的因素，每每有课都是一边上课一边玩，虽然课是没怎么好好上，绩点也降了0.1，但自己也确实体会到生命的宝贵和待在家乡的快乐，也曾幻想过这世界上或有什么奇妙的法门，可以呼风唤雨、起死回生。后来也曾为了保研日日夜夜地学习，在一次次面试中获得了一些新的人生体验，自己乘火车去往上海参加夏令营，第一次觉得自己是个大人。现在经过快四年的时间，也渐渐明白了自己以后想要过上一种怎样的生活。

对于自己的学习感受，刚上大一时，确乎迷茫了一段时间，一部分是因为课程压力而每天忙忙碌碌，一边也按照高中的思维无脑地刷题，导致自己每天虽然过得很充实，却也没找到大学学习的意义，大一上的成绩也不太理想。后来发现理解好自己的专业知识才是关键，于是便开始好好听课，期末考试前整理一番知识点，练一点题目，足以通过考试了，但若是想要真正学到些什么，还是要多靠自己在课外拓展，参加科研项目，进行实践，或者阅读更多的课外书籍。确实是"纸上得来终觉浅"，课本看到的都要去实践一下或者自己推导一下，才能理解得更加深刻，也更有助于自己去创造一些新的东西。

三年走来，自己确实学到了许多，也成长了许多，渐渐了解到除了学习以外的世界。对于未来，或许自己只想好好地学习，在研究生毕业后回到四川，找一份工作，建设家乡之余，也追求一下自己喜欢的生活，也期望着自己能默默地为祖国的集成电路事业作出一份贡献，也感激着三年来帮助过我的人和事。

对于学院的建议，首先希望学院能继续保留一楼的两间自习室，于我个人而言，自己确乎在那里度过了美好的时光，在那里自习也是一件很舒服的事情。然后就是希望学院的课程安排能够更合理一点，一方面大理科的方式确实能够开拓同学们的知识面，但同学们进入大学学习时可能也有着自己的目标和方向，希望大一时的排课不要那么绝对，可以有较大的选择空间。另一个是希望数理方向能安排概率论与数理统计这门课，就我个人经历而言，这门课的知识不仅仅是本方向需要用到，转到电子这边之后也需要用到概率论的知识。大学物理这门课就个人看来还是拆分成细化的课程来上比较好，比如电磁学、热学、等等，课程安排也可以与南大自身相结合，安排声学的课程。也希望学院可以有更多的方式来凝聚同一级的同学，由于大理科的培养模式，不是同一方向的同学一般都不会很熟，班级也缺少凝聚力，可能大学四年读完，同学之间相互都没有完全认识。

对于学弟学妹的建议，一是要及时认清自己未来的方向，并早早地朝着这个方向努力，无论是找工作还是搞科研，都要尽量早做准备。一方面是有试错的机会，觉得不合适还来得及更改；另一方面是可以更快地走上自己认为正确的道路。二是该玩的时候玩，该学习的时候学习，不要浑浑噩噩地过完大学的几年。在匡院，一般来说，只要稍微认真一点，就能够保研。关于保研，一方面需要足够好的成绩，另一方面需要参加保去学校的夏令营。对于本科生来说，虽然有科研经历会锦上添花，但感觉老师更看重的还是你对自己专业知识的把握程度和面试时的表现。因此对于专业上的问题需要好好地准备,如果有科研经历,也应该尽量对自己做过什么以及其原理搞清楚,不要过度地包装自己。关于科研经历,可以通过学校每年组织的大创活动联系老师,进组进行学习,通过主持一个项目,对自己从事的方向可以有一个大致的了解,也能够很好地提升自己的专业知识。这也是一个试错的机会,觉得与自己的期望不符的话,可以在下一阶段寻找其他科研项目或者课题组。对于大创,一方面是要认认真真地做,能做出东西肯定很好,即使不能做出来也多了一次历练。

一晃自己就已经大四了,如今每天做着毕业论文的工作,2018年和爸妈一块来南京的场景仿佛就发生在昨天,虽然早已成年,可最近才觉得自己真正长大。如今的自己大抵是没了当年的豪情壮志,只想着能够好好地读完研究生,回四川找个工作,家里人平平安安,祝愿南京大学越来越好,伟大祖国继续繁荣昌盛。

17. 从物理到南京大学物理学院的感悟

周徐淅

一、个人简介

本科阶段专业方向：物理学

本科阶段学术科研情况：2019 年 11 月—2021 年 11 月参加物院的大创项目，基于硬件加速和并行处理加快光学衍射场的计算，在丁剑平老师的指导下，完成结项。

2020 年 10 月—2021 年 10 月参加匡亚明学院的大创项目，量子区块链，跟着吴盛俊老师阅读了大量文献，并完成了项目。

参加北京大学物理学院保研夏令营和南京大学物理学院保研夏令营，拿到优秀营员称号。

本科阶段获奖情况：人民奖学金、基础学科专项、2021 年美国大学生数学建模大赛 Finalist 特等奖提名

联系方式：QQ:1440215454

二、在校感悟

在南大学习生活了这么久，还是有很多话想说。

和很多南大学长的经历一样，我也算是考败来南，录进了生化大类，最后误打误撞通过二招进入了匡院，学习物理方向。

大一和很多同学一样，还是很认真地在学习，最后也勉强考出了自己能接受的成绩，但还是有那么一瞬间，我意识到这个世界上优秀的人还是太多了，做好自己就行了。如同南大2021年的年度词汇"寄"一样，大二我多少是寄了的，理力挂科，近代应用数学也不尽如人意。我也有痛哭过，觉得物理很难，我是不是不适合学，但我很快就将这种想法自我排解掉了。秉着再不努力，我大四肯定要考研的想法，我大三是使了劲在学习，同时也想尽办法去加绩点，借助美赛的Finalist，加到了0.07的绩点，最后以GPA 4.3079成功保研。在夏令营的时候，我也成功拿到了北大物理学院和南大物理学院的优秀营员称号，最后在思考未来道路和导师选择下，决定留校。

所以说万事皆有可能，一定要学会自我排解，遇到任何问题要学会看开点，万一就成功了呢？

除了学习，生活上，我收获最大的就是遇见了很多朋友，很多可能会是一辈子的朋友，他们在大学期间陪伴你，吃饭、学习、打游戏，等等，真希望大学的时光能慢点流逝。我也认识了很多老师，他们给我的学习带来了很多帮助。校园里，我也担任过新鸿基社规划部的部长，为社团活动写策划，主持过爱心书屋、策划大赛。我也参加过很多志愿活动，真的很有趣，有空可以多参加玩玩。总的来讲，大学生活也算是半圆满的，最可惜的就是没能找到女朋友，希望学弟学妹们能努努力。

接下来五年甚至六年，我还会在南大物理学院继续研读，我主要的方向是meta和光子神经网络，对于我自己的未来展望有如下几点：

1. 我希望能够在接下来的几年时间，重点关注光子神经网络领域，在老师的指导下不断提升专业知识，勤于思考，提出问题，解决问题。

2. 将理论知识和实验相结合，多进实验室进行实验，验证理论，发现创新点。不断培养自己的动手能力和实验数据处理能力。

3. 从即日起，培养良好的科研习惯，掌握必备的科研技能，关注各大会议与刊物，培养论文阅读与写作能力。

对于未来最终的选择是科研还是工作，还需要漫长的博士生活来检验，如果能出一些成果，我也是很愿意能够继续走在科研的道路上的。只能希望未来会更好。

在匡院的三年，很感谢学院为我提供这样一个优秀的平台。但还是有一些小小问题，我就只提两点意见。

1. 对各个方向的培养都提前进行，也就是大一的时候有部分通修课取消

从物理方向来讲，大学生物学、大学化学这种比较冗杂，且不是物理方向的课，与其说是增加交叉度，但其实增加了学生的负担，并且真的没有什么用。

我建议，一是将这些课取消掉，物理方向的同学也最好要将大学物理学（上、下）这门课拆回四大基础物理；二是，关于特色交叉，我觉得随着时代的发展，应该呈现另一种偏向，计算方向的交叉对基础学科目前最大的促进，我觉得是计算方面的模拟，包括加速，

所以匡院的交叉可以偏向这个方面，并且增设一些利用python、matlab，包括神经网络人工智能来进行模拟、处理实际问题的课程。这样的课程如果能够落实，能够极大地促使同学们对科研的进一步探索，乃至于对未来发展会有巨大帮助。

2. 进一步落实匡院同学与实验室包括课题组的对接

我觉得作为匡院的同学，应该尽早去接触真正的科研。在匡院其实也有很多同学大学前三年一点科研都没有接触，只有绩点高，如果申请国外的学校会落下风。同时我觉得论文的编撰这种课其实可以放入必修，这样同学们也可以增强写规范论文的能力，尝试去投一些。

对学弟学妹，我的建议不多，但也真心希望能帮助到大家：

（1）在大学的最重要的三年，要努努力、咬咬牙，好好学习专业课。就能省去大四上半年甚至说从大三下到大四上的考研之旅，还有一个更重要的点，当你大四进入实验室后，你会比别人多一年进入科研状态。真的会给你带来很大的优势。

（2）多找找老师，真的。给老师留下一个深刻的印象真的太重要了，老师可以为你写推荐信，有问题的时候也可以向老师多多请教。还有就是多多交朋友，好朋友在大学期间会给你带来快乐，也会促进着相互成长！

（3）这一点是生活上的意见，也是我认为最重要的意见。保持永远乐观的心态，学会自我调节、自我排解。这像是一句空话，但真的是我认为的自身最明显的特质。一定要学会多笑，多和老师同学们聊聊天，学习一会儿后，出门走走或者是打打游戏，啥事都能过去。心态一定要放好！另外要说的是，一定要少熬夜！少熬夜！少熬夜！重要的事情说三遍。健康是相当重要的，一定要注重自己的健康。

以上都是我的一些小小的感悟，最后真心地祝福匡院能越办越好，希望学弟学妹们也能越来越优秀，为匡院更为南大也为国家的进步而读书。

也许有人真的能看到这儿，很欢迎来和我交流哦！很期待能在未来相遇！

18. 从物理到南京大学人工微结构科学与技术协同创新中心直博感悟

马思颖

一、个人简介

本科阶段专业方向:物理学

本科阶段学术科研情况:2021年跟随匡亚明学院张小鹏老师参与大学生创新训练项目"EMT调控肿瘤治疗抵抗性的动力学研究";

2021年跟随物理学院吴兴龙教授参与科研课题"液态金属用于电催化分解水产氢";

2022年跟随物理学院吴兴龙教授参与大学生创新训练项目"柔性材料的表征"。

本科阶段获奖情况:南京大学"基础学科拔尖学生培养试验计划"奖学金优秀奖、人民奖学金精神文明奖、本科生基础学科专项奖学金优秀奖、2019年度中国扶贫基金会二星级善行100志愿者证书

联系方式:邮箱:519582038@qq.com

去向:直接攻读"南京大学人工微结构科学与技术协同创新中心"博士学位

二、在校感悟

时光荏苒,我已是一名毕业班学生。回顾过去的三年,我自认为在学业水平、待人处事等各个方面都有所成长。初入校园的我,对周边的一切都充满好奇;如今即将结束大

学生活的我,揣着对过去的种种回忆,又不禁对未来满怀憧憬与向往。

大学是一个充满惊喜与挑战的地方,在此期间,我加入过许多社团,担任过院系学生会部门副部长,参与过很多志愿活动,又结识了很多志同道合的朋友。大学校园生活远比我曾幻想过的精彩,我在承担责任的过程中成为一个善于规划、乐于交流、敢于挑战,真正可以独立行走、独立生活的成年人。

卸下高考升学的压力后,作为一名南京大学本科生的我仍然未松懈对自己学业的要求,但大学的学习毕竟与高中时期截然不同。入学后长达一年半的时期,我对自己取得的成绩非常不满意,在人才济济的匡亚明学院,这样的成绩毫不起眼,我心中产生了强烈的落差,也一度对自己产生了怀疑。可是,我从不是一个自怨自艾、自暴自弃的人,在短暂的失落与焦虑后,我主动与老师深入交流,找寻自己的问题,同时逐渐调整心态,改变过去的学习状态和方法。自大学二年级下学期起,我的学业水平稳步上升,并在大三结束后的暑假里成功获得保研资格。回忆在学习路上摸索的道路,我认为"天道酬勤"固然没有错,但合适的学习方法往往在大学时期更为重要。

匡亚明学院的培养模式与其他学院很不同,刚入学的学弟学妹们可能会像我初入大学时一样不太适应。第一学年我们会广泛学习各个学科的课程,这对我们来说既是机遇也是挑战。在对不同学科进行学习时,可以逐渐找到适合自己、自己真正感兴趣的学科领域,之后经过多次分流,我们最终在某一个专业扎根下来深入学习。多学科的涉猎会使我们掌握多种不同的思维与学习模式,这对后期自己专业的研学也有所裨益。衷心希望今后的学弟学妹们不要将刚入学时的多学科学习当成一种负担,应当用长远的眼光看待匡亚明学院的教学模式。学业之余,院里的老师们很关心同学,每位同学都会有一名学业导师、朋辈导师,在日常生活中遇到困难或者低谷期,都可以积极与老师、同学、学长交流,这样问题也会更容易解决。回顾大学几年,我学会的最重要的一个技能就是沟通交流,只有主动说出自己的想法,才能更好地看清自己所处的情境,不断提升完善自己。相信我们都常听闻这句话,"没有人是一座孤岛"。大学使我学会了与他人积极交流,从一个怯懦内向的女孩逐渐成长为一个善于沟通、开朗乐观的大人,这对于今后的科研学习、日常生活都分外重要。

作为匡亚明学院的学生,科研将会成为大多数人的未来选择。就在上个学期,我与研究生阶段的导师达成共识,在即将到来的人生的下一个岔路口选择了直接攻读南京大学物理学院的博士学位。大三学年我就已经走进实验室,提前开启科研之路,当下我能深深感受到自己对于科学研究的热爱,因此也无悔于当初的种种选择。就读于匡亚明学院,我们比其他人有更多的机会早日接触科研,因此也要紧紧抓住机会,多去尝试,勇于创新,发现自己的长处和闪光点,切忌得过且过、怀疑自己的生活状态。此刻的我也深知在未来的研究生生涯中,困难与挑战毫无疑问是存在的,但怀抱着此刻的决心与热忱,我也坚信自己可以披荆斩棘,走向卓越,实现人生价值,取得属于自己的成绩。

除了课业以及科研的学习,大学入学后,我早早递交了入党申请书,从此便一直以党员的标准严格要求自己。我能感受到党组织对于我的指引和帮助是无穷的,每每遇到困难,我会回顾中国共产党的先辈们在历史舞台上留下的英勇事迹,是他们的坚韧无畏鼓励了我,是他们使我相信即使是一个小人物,依然可以迸发出巨大的力量,冲破艰难险阻,完成一件件看似不可能做到的事。加入中国共产党是我从小就树立的理想目标,因此我也在递交入党申请书后加倍努力,希望早日符合入党的标准。就在2021年年底,我正式成为一名光荣的中国共产党党员,并感到无比的自豪。自那以后,我更是端正自己的态度,严于律己,向身边的同学、朋友展现身为一名党员所应有的形象。我希望未来的学弟学妹们也可以像我一样,把加入中国共产党作为激励自己前进的目标,积极向党组织靠拢,与优秀的党员干部们沟通交流,并向他们学习。

时至今日,我非常感谢大学期间为我提供过各种帮助的老师、同学,也感激匡亚明学院为我提供的指导和机遇。但是在过去的几年里,我与学院的老师、学长的交流并不多,这是令我非常遗憾的一件事。在此我希望今后学院可以多开展一些以院系为单位的活动,带着各个年级的同学一起进行一些文娱活动,例如走访名人故居、踏青郊游、观看文史电影,等等,让全院的老师与同学们互相熟悉起来,使每一位同学都能与他人紧密联系起来,这会更有利于未来学弟学妹的生活和成长。

最后,衷心希望匡院今后能为更多心怀志向的同学放飞理想,祝愿之后的学弟学妹们在匡亚明学院找到自己今后前进的方向,成为一个更加开朗自信、目标坚定的人,向着更广阔的人生舞台迈出属于自己的步伐。

19. 从物理到北京大学物理学院的感悟

李泽旭

一、个人简介

本科阶段专业方向：物理学
本科阶段获奖情况：人民奖学金、拔尖计划奖学金
联系方式：邮箱：1393809850@qq.com；微信号：lizexu1013
去向：保研北京大学物理学院

二、在校感悟

匆匆而过，刚踏入学校时的青涩少年，也慢慢适应了自由且充满激情的大学生活。回望四年的大学生活，感觉充满了丰富的回忆与不舍。

先说说我大学四年来的个人经历吧。进入大学时，刚从高中那样一个相对封闭且较为压抑的环境中解放出来，对社会还是充满了新鲜感与好奇。第一次住宿舍，第一次离开家独自生活，第一次感觉自己的生活是由自己完全掌控，对学校的各种活动也是充满激情想去尝试。大一时加入了一个公益社团和武术协会。之后，也是秉承着自己对于公益活动的热爱，大二时也担任了公益社团的公关部的副部长，大三担任社长，继续在喜欢的志愿活动上贡献自己的一份力。进入大学之后令我感觉到特别幸运是有几个特别好的室友。回想这几年的大学生活，刚进入宿舍时，四个人彼此都不太适应各自的生活习惯，为此不知道吵了多少架，也产生了很多矛盾。之后我们也经常为了一些比较无厘头的话题争论不休，甚至发脾气、大吵，但是我们之间总是保持着很铁的关系。后来我们四个人也都选择了物理方向，一起上课、一起考试，相互支持，一起奋斗，与同学们之间的友

情也许就是我在大学期间收获的最宝贵的财富了吧。

在学习方面，大学里面的学习我感受最深刻的就是十分自由。与高中的学习方式不同，大学学习的科目不需要面面俱到，而是在主要学习专业课程的同时，根据兴趣爱好来自己选择想要上的课程。同时，大学也不会有人督促或强迫自己学习，学习的动力可能就要自己去寻找。学习的时间和地点也相对自由了很多，这也大大激发了自己学习的主观能动性。从踏入匡亚明学院开始，身边都是一些十分优秀的同学。记得大一刚上微积分课程时，当我还在苦恼老师所阐述的概念时，身边大部分同学就已经能够自如解答大部分习题了，这对刚踏出高中、踏入大学的我来说无疑是一个很大的打击，认为身边的同学什么都会而自己什么都不会。虽然由于基础的原因，刚开始和很多同学之间都有差距，但是这也成为我学习的动力。最终虽然成绩不是特别好，但是这种学习以及追赶的过程确实给自己带来了很大的满足感和乐趣。凭借高中时期的英语功底，在大一的上、下学期分别考过了英语四、六级考试。在大一结束时，到了选择之后学习方向的时刻，因为自己对其他方向如化学、生物、计算机等都不太感兴趣，就选择了物理方向。既然选择了这个方向，就要一直坚持走下去。物理方向的课程确实充满了难度与挑战，在学习的过程中免不了要多询问老师和同学，但同样免不了经常思考题目到半夜，头发也随着学习越深掉得越多，实属一大遗憾。

另外，在未来规划方面，本身我不是一个喜欢把未来生活计划得面面俱到的人，所以只是稍微提一下大概的规划。在大三下学期的暑假，我成功通过了北京大学量子材料中心的面试，保送到北大量子中心，今后也会从事关于二维量子材料方面的研究。大四下学期会先去导师的实验室实习三个月，同时在那里完成毕业论文。未来在多阅读文献的同时，学习更多的实验上的操作。希望今后会在自己的研究方向上做出一定的突破。

最后是我对学院以及学弟学妹的发展的一些粗浅的建议。首先就是学院的课程安排方面，希望学院能够将一些比较基础但是对以后很重要的课程尽量安排在大一学期，方便之后学习更加困难的专业课时能够更容易理解。其次，希望学院能够给学生安排更多的自习空间，满足学生日益增长的学习欲望。另外，希望学弟学妹们能够德智体美劳全方面发展，在学习方面越来越卷的同时，也要多多参加其他的课外活动。同时也要多多关注自己喜欢的发展方向，多关注有哪些自己喜欢的课题组，可以适当尝试加入课题组进行一些初步的科研训练。这些对今后夏令营以及日常课程的学习都会有一定的帮助。

20. 从天文到南京大学天文与空间科学学院超新星遗迹物理方向直博感悟

涂天宇

一、个人简介

本科阶段专业方向：天文学

本科阶段学术科研情况：参加大创项目"快速射电暴的起源机制"，指导老师为戴子高；

天文与空间科学学院早期科研训练"超新星遗迹中的电离分子谱线分析"，指导老师为陈阳；

参加了南京大学天文与空间科学学院保研夏令营。

本科阶段获奖情况：王老吉奖学金、南京大学优秀共青团员、南京大学优秀社团骨干

联系方式：QQ：951628488

二、在校感悟

2018年8月底，我来到了南京大学，第一次独自生活在另一个城市，心里还有一点忐忑，不知道会遇到什么样的人，发生什么样的事，遇到什么样的困难。

在学校最先遇见的就是我的舍友，虽然我们来自四个不同的地方，性格、爱好也大多不相同，但还好我们都比较随和，彼此之间如果意见不合也很容易调节，每个人都会谦让一点。于是三年多以来，我一直拥有着比较和谐的宿舍环境。

刚上大学时，虽然课业确实比高中轻松一些，但还是与想象中"上了大学就轻松了"大相径庭。第一学期的两门实验课和生物课上得都比较"摸鱼"，一时间不知道自己应该

做什么,因为生物和物理、化学实验确实是我不太能提起兴趣的东西,但又不得不学。于是,在上课摸鱼和不清楚大学考试的模式的情况下,生物期中考试我考了很差的成绩(大概勉强及格)。我开始思考在大学到底应该怎么安排时间复习,以及如何应对考试,在期末获得了不错的成绩。在大一时,我还报了新东方的托福课和考试,每周末要上一整天的课。但事实上,当时上课有一半多的时间在摸鱼,尤其是到了冬天,教室里的空调比较"催眠",天黑得也早,再加上有些老师讲得确实没什么意思,所以上课的效率很低。但我花了很多课余时间学英语:每天背一些单词,看几页《国家地理》杂志,做一些托福的题。这些习惯保持到了寒假,最终我在寒假之后参加了托福考试,取得了不错的成绩。现在回头来看,觉得托福考试并没有多难,但上课的帮助不大,主要还是靠自学。

在第一学期末,我坚定了自己想学天文的决心,因为我跟一些学长和老师交流,觉得按照自己的兴趣走就好,而且天文的老师确实比较友好,增加了我对天文的好感度。

第二学期,我开始更多地参加天文爱好者协会(天协)的活动,并且通过南京高校天文联合会(南天联)认识了很多南京其他高校的同学,其中很多都成为关系不错的朋友。认识这些来自不同学校、不同专业、不同地域的朋友,让我得以接触到各种各样的人,认识不同人眼中的世界是什么样的,而且由于他们都是不同学校天文社团的成员,我可以从他们那里借鉴一些管理社团、组织社团活动的经验。同时在这个学期,我进入了南天联的管理团队,负责写作一些科普文章。科普也是我觉得非常有意思的一个领域,在其中我也一直在改进自己的写作方法,一方面要保证自己写的文章没有科学性错误,另一方面要尽量把复杂的知识讲清楚、讲得有意思。

第三学期,看到天文的同学好像都倾向于在大二做大创,所以我也想参加一个项目。但是老师们放在大创网站上的项目我好像都不太感兴趣,于是我决定自己联系老师,看看有没有我感兴趣的方向能有适合我的题目。最终我联系到了老师,也找到了一名队友(也是在天协认识的同学)。现在回想起来,觉得当初选题目的时候有些草率了,与老师还没来得及充分了解选题的内容就草草决定了题目,而且后来由于课业压力比较大,项目也一直没有进展,与老师的交流也很少。最终在延期了一学期之后,我的大创项目在第六学期结束,没有做出什么成果,但当时的评委老师表示理解我们的情况,这也是天文的老师比较友好的一面。总结下来,我觉得我们的问题主要还是当时与老师的交流太少。如果能坦诚地交流题目的可行性、自己的时间安排,适时与老师交流进度并向老师提问,还是可以有一定的收获的。

同时,在该学期我成为天协的会长,组织了一些活动,取得了不错的科普效果,前来参加科普讲座和中秋赏月的同学、老师非常多。但我并没有成功地让社团成员之间熟悉起来。我认为部分社团成员之间如果能形成朋友圈,对维系社团的组织很有帮助。在南京各高校的天文社团中,办得比较好的社团,其内部成员往往关系比较好,除了社团活动之外还会组织一些私下的聚餐或出游活动。但在我们天协,这样的活动似乎比较难组织。

  第四学期新冠疫情暴发，迎来了前所未有的在家上课的一学期。虽然在家的学习效率并不高，但我还是尽量保持在学校那样的学习劲头。而且由于这学期学的课程都比较难，所以每天晚上写作业、复习和刻苦钻研的过程中，能感受到弄懂这些知识的快乐。而且这学期的期末考试推迟到8月，有了更充分的复习时间，我取得了比较好的成绩。

  随着疫情的到来，以及考虑到我在前几个学期中的学习成绩，我开始思考自己对未来的规划。在新东方以及学院的宣传下，我感觉本科毕业之后出国是一个比较好的选择，之前考托福也是考虑到可能要出国。而如果想出国，在本科期间应该有一些出国交换经历和科研经历。但在疫情的影响下，出国交流变得十分困难，而且我几乎没有什么科研经历。所以我决定还是走保研的道路。

  第五学期学的知识是大学以来最难的，课程的数量也不少。同时这学期我报名了天文的早期科研训练项目，研究超新星遗迹中的分子谱线。在和导师交流之后我选择了课内的知识优先，把科研训练的内容先放一放。我的导师比较重视课程基础，每当我的基础课程与其他事有冲突，他都让我优先学好基础课。这学期由于量子力学和球面天文的期末考试确实是太难了，我没有取得理想的成绩，但感觉这学期确实学到了很多。

  第六、七学期的课程很少，我的主要精力放在早期科研上面。此外，我还从这段时间开始重视锻炼，跑步、去健身房、打球。虽然效果并不是很明显，但是运动能很好地缓解长时间学习带来的疲劳，而且坚持运动给人的影响应该是长期的，在未来的学习和工作中会有更显著的体现。

  大三结束的暑假我参加了南大天文的夏令营，并且在学院获得了推免资格，最终选择直博，继续超新星遗迹物理方向的研究。选择直博而不是学硕的主要原因是我觉得天文这个学科，在学硕的三年期间大概做不出什么有意思的结果。直博的五年时间更长，可以长期坚持做固定一个方向的研究。此外，在早期科研训练的过程中，我也觉得目前的研究方向很有意思，在读博的过程中可以坚持下去。如果毕业后不想从事天文科研，拥有博士文凭也更好找工作一些。

21. 从天文到南京大学天文与空间科学学院星系物理方向直博感悟

周宇凡

一、个人简介

本科阶段专业方向：天文学

本科阶段学术科研情况：大创"空间站X射线日冕仪观测方案设计"（李志远老师指导）；

早期科研"仙女座星系中心光学波段观测研究"（李志远老师指导）；

参与导师项目组的卫星轨道设计、成像模拟工作。

本科阶段获奖情况：大创国家级优秀项目、基础学科论坛二等奖、人民奖学金、拔尖奖学金

联系方式：QQ：1029171989

二、在校感悟

不知不觉，大学本科的四年时光只剩下最后一学期，依稀记得 2018 年 9 月刚进入南大校园时的那份好奇与欣喜。仙林校区一组团学友超市对面的商铺似乎总是难以开得长久，几乎一年一换，而 2018 级学生的最初印象中，那儿便是一家名为"朝花夕拾"的超市。这个名字取自鲁迅先生的散文集，商铺更迭后它依然时常被高年级学生谈起，所以

我也选它作为个人总结的标题。我想从在南大经历的五彩生活谈起。

大一刚入学时，我对于班级职务、学生会、社团、志愿活动都是非常热心的。首先是加入了匡院2018级的班委会，担任宣传委员一职，直到现在；在学校层面，我通过了校学生会的面试，担任了一年的文化发展部干事（之所以选择这个部，很大程度是因为它在组织的活动中曾经邀请过我非常喜欢的古风歌手，也是我们的校友——银临），参与组织了新生文艺汇演、校园十大歌星赛、草地音乐节等活动，每次活动前复杂的海投、定点、调试、彩排以及学长为制订计划而熬的通宵都给我留下了深刻的印象。值得一提的是，那一届校学生会文化发展部的面试，由于要考察报名者的抗压能力，所以第二轮面试气氛十分紧张，面试官的提问也较为尖锐，我们一众小萌新真的几乎要哭出来……但那次面试大大提高了我的心理素质，是大学生活中极其难忘的一次经历。

2018年国庆节期间的百团大战招新时，出于兴趣，我加入了九歌国风音乐社（虽然几乎没有参加过九歌的活动，但是至少拥有了一张制作非常精良的社员卡）和动漫社，在社团里度过了很多时光，尤其是在动漫社。新冠疫情暴发之前，大一上、大一下、大二上连续三个学期，我都参演了动漫社编排的舞台剧并且两次担任主演，参加过校内的动漫晚会、校外的"南京高校联盟"比赛，赴南京审计大学和万达茂商城进行过比赛演出；疫情爆发后，一方面是大型的展台活动难以举办，另一方面是大三的课程压力重，我在动漫社的活动也越来越少，不过依然参与到了演出当中（当然挑了一个戏份非常少的角色）。晚上在动漫社排练的确是辛苦的，但那些欢笑与汗水都已成为我生命中珍贵的回忆。

我还做过南京云锦博物馆的解说，这也是我的第一次志愿活动；参加过南京玄武区的"孝心课堂"，教社区里的小朋友做手工；回高中母校进行过南大的宣讲，并且获评"南星梦想计划"优秀志愿者……这些志愿活动都大大丰富了我的大学记忆。

说完丰富多彩的活动，我们说学习。非常高兴的是，最终的结果令人满意——获得了学校的保研资格，半年之后将攻读天文与空间科学学院星系物理方向的博士学位。在大一刚刚进入匡亚明学院时，我就十分明确自己的兴趣方向，毫不犹豫地选择了天文，如今这一兴趣之火依然在燃烧。其实回顾这三年多以来的学习经历，感觉自己也并没有特别的紧张或压抑，反而时常感到舒适与安闲（我与部分同学闲聊时也就这一观点达成一致），究其原因是匡亚明学院的保研名额相对较多、压力相对较小。当然一味地躺平或乐不思蜀也是不可取的（并且学院里前几名的同学真的很努力，甚至不亚于高中时期的学习强度），在享受学院提供机会的同时也要规划好自己的学业发展。（然而据了解，院里面比我们低两三级的学弟学妹似乎压力要大得多，这样他们当然会比我们2018级的学长优秀，不过我们认为他们也应该适当放松一点）。

我选择了天文，未来的目标也就是科研。前段时间，一位学数学的舍友（也是保研南大）去上海实习，刚去没几天他就告诉我们："我感觉上班还是无聊，没有获得什么（除了工资），但科研一天，你获得了知识呀……以后还是不上班了，要搞科研。"这句话显然不是对每个人都适用的,毕竟各行各业的从事者都是相当重要的。然而如果喜爱基础学科并且乐于探索未知,科研一定能够让你的内心获得极大满足。

我觉得自己科研方面的经历还是较为丰富的。在大二的时候,试着报名参加了一个天文方向的大创项目并担任第一负责人(平心而论,最初真的是糊里糊涂随便参加的)。在这一项目中,我第一次接触到了科研是什么样的,锻炼了搜集信息、解决问题、探索未知的能力;而且由于导师课题选择的巧妙以及项目组所有成员的努力,我们的大创项目被评为国家级优秀项目,这也让我对进一步科研有了更浓厚的兴趣与更强的自信心。后来,导师也继续让我参与了几项简单的科研任务,在这些过程中,我面对未知的问题,逐渐变得更加有条理与自如,之后的早期科研(天文系的一个课程)和毕业论文也都能更加顺利地开展。我对于自己未来的展望,就是读完五年直博,接着去国外读三年博士后,丰富自己的见识与科研水平,接着在国内的高校或者科研院所任职,用自己的一生去探寻宇宙的美妙与神奇。

写到这里,我发现大学四年的生活真的无法用言语详尽,也无法在短时间内回想起一切精彩的时光。除了以上这些,在南京大学,我还拉过小提琴、学过希腊语(哲学系开设的一门选修课)、跑过运动会3000米长跑、与从香港大学来的同学进行过交流、在国际会议中心听过学术报告……

我发现我的大学生活是如此的丰富,纵然我心里知道其中也存在很多不足。既然走过的路已经十分精彩,那么未来的生活一定要更加多姿。

22. 从天文到南京大学天文与空间科学学院天体物理专业直博感悟

张佳畅

一、个人简介

本科阶段专业方向：天文学

本科阶段学术科研情况：大创项目"快速射电暴的统计研究"，早期科研训练"仙女座中心的发射线点源探测"，毕业论文《仙女座星系中的周期性 X 射线源探测》。

本科阶段获奖情况：拔尖奖学金、人民奖学金、2020 年美国大学生数学建模竞赛一等奖、全国大学生数学竞赛省二等奖、基础学科论坛三等奖、国家级优秀大创项目、卢德馨嘉奖

联系方式：QQ：2111356438；邮箱：2111356438@qq.com

二、在校感悟

我是数理方向天文专业 2018 级的一名学生。大一军训期间通过二次招生考试，由数理大类考入匡亚明学院，并且分流到天文专业。后保研至南京大学天文与空间科学学院天体物理专业直博。虽然在高考和保研中都当了"清北落榜生"，但是南大也是一个不错的选择。在南京大学的本科生活，为我打下了坚实的知识基础，也让我逐渐从青涩的高中生成长为相对成熟的大学生。

自从大一考入匡亚明学院，我受到了良好的科学知识的教学，打下了坚实的数理基础，也对化学、生物、计算机等学科有了更深入的了解。匡亚明学院的大理科教学模式在理科方面有其他学院难以比拟的宽广基础。这些丰富的基础知识帮助我在日后的学习

和科研工作中有更广阔的视野，让我能够运用更丰富的工具。尤其是基础的数学课，让我受益匪浅，在天文数据的处理过程中能连接和利用很多数学知识。

但是我发现，我在人文方面的知识并没有明显长进，这可能和我的选课习惯有关，只选"有用的"专业相关课程，而对文学、社科方面的课程完全忽视。仅有的较为文艺的课是名师讲堂中少量的历史类讲座和经典阅读课。这让我感觉，在读完三年书之后，虽然专业能力有很大提升，但仍然算不上是一个"文化人"。在写各类的读书报告以及文字性的作业时，"没文化"就更加明显了，写的过程极为艰难，写出来的文字也经常语句不通、文字粗鄙，这给我带来了很大的困扰。我认为，学院可以在名师讲堂中邀请更多的人文社科老师，这样即使学生自选的课程文科部分不够充沛，也能够通过名师课堂的平台弥补回来。当然，如果能有一门专门的文学艺术素养课，对匡院的全体理科人来说将会在很大程度上拓宽视野。

在学习方面，由于早早联系了天文专业的老师，做了大创项目和早期科研，我并没有和天文学院的同学有很大差距。这应该感谢匡院灵活的选课制度，能够通过教务员老师直接调整课表，获得个性化定制的课程安排。但是由于天文往届的学长过于稀少，我们能获得的信息也是少之又少，课程选择也是一起讨论，逐渐摸索，才完成了专业课较为合理的安排。2017级的某位匡院天文学长，就因为没有在大二选足专业课，造成了大三专业课大量堆积，我吸取了教训，在大二就选了很多天文的专业课，让大三课程密度降低了很多。但是由于选的专业选修课太多了，仍然有较大的课程压力，也因为精力不够且过于分散，成绩在大三学年一落千丈，不过幸好大一大二成绩还行，还能获得宝贵的保研资格。希望你们能以我为戒，清醒认识自己的能力，做好时间分配，课程学习不仅要保量还要保质呀！

对于未来的规划，我的建议是趁早排好优先级，明确目标并且开始努力。大一大二的课程比重大，而且十分密集，对成绩排名有很大的影响。如果刚进入大学忘记了努力学习，到了后期再去弥补要付出的就是几倍的精力了。无论是出国、保研还是考研，或者是就业，都需要大量的前期准备，才能获得相对满意的结果。如果没有提前规划，很可能在后续的一系列过程中慢人一步，甚至一步慢步步慢。相信进入匡亚明学院的同学都是有理想有志气的拔尖人才，能够对未来的道路做出清晰明确的规划。

在课外活动方面，匡院也有很强的学术氛围。匡院在数学建模竞赛方面的热情是其他学院难以比拟的。我也参加了多次数学建模，感觉受益匪浅。不仅使用代码工具的能力有很大提升，而且数学建模解决问题的思路也深深印入我的脑海。这不仅是建模知识的竞赛，更是解决问题思维的竞赛。建模分享会是一个很棒的活动，我在分享会中了解了数学建模，并且参与到其中，享受到了很多乐趣。除此之外，学长们还会举办各式各样的分享会，比如出国分享会、保研分享会等，多了解他们走过的道路能够吸取很多宝贵经验，减小实操中的试错成本。当然，如果有任何疑问，都可以在群里寻找有相关经验的学长，大家都很愿意为学弟学妹答疑解惑，提供经验。辅导员老师和教务员老师都具有多年经验，遇到困难时及时求助也是解决问题很重要的一步。十分感谢教务员老师和辅导员老师不厌其烦地为我解决问题和提供指导帮助，让我感觉是被在乎和关心的。

我并没有参加很多的班级活动，可能只包括运动会、冬至包饺子、电影放映，实在是非常有限（不过这也可能和我比较宅分不开），学弟学妹们可多参加一些。其实大家除了大一的部分课程在一起上，其余大多数专业课都不在一起，甚至有同学（比如我）到了大四还没认全人。如果能有所有同学一起上的文化素质提升课和艺术体验课，也许就能弥补这些遗憾了吧。建议彼此多多联系，珍惜和同学们相处的宝贵四年，一起留下珍贵的回忆，甚至收获甜甜的爱情。不过在社团和团建的时候，还是要做好精力分配，不能顾此失彼，因为过多的玩乐挤压了学习时间，从而得不偿失。但如果在自身的规划中成绩并不重要，确实可以分出较多的时间用于学习之外的事情，毕竟学习之外的世界还有那么大。但话又说回来了，要毕业的嘛，至少不要挂科。

以上仅代表个人在大学生活中产生的一些想法，是我作为普通匡院人的一点感悟，如果有值得参考的地方我感觉很荣幸！

数学方向

2016级

23. 数学统计方向保研经验

叶梦婕

一、个人简介

本科阶段专业方向：数学—统计学

本科阶段学术科研情况：由于读的是统计方向，能做的科研较少，所以本科阶段没有太多的科研经历。但是申请到了大三上学期去美国杜克大学的交流机会，在那里进行了 independent study（一门可以找导师进行一对一学习的课程，前提是可以联系的导师愿意带你），导师的方向是统计学习，和机器学习差不多，当时更多的还是学习一些统计学习的概念与原理推导，有一些编程的锻炼，为之后学习机器学习等知识奠定了基础。

本科阶段获奖情况：南京大学新生奖学金、南京大学拔尖奖学金、中国科学院大连物化所奖学金、人民奖学金、南京大学国际交流奖学金

联系方式：邮箱：lethe.mj.ye@gmail.com

二、保研攻略

Current Offer：人大统计、复旦数学、交大数学、上海高金、北大汇丰

因为我们院学统计的同学一直比较少,大多数也都是出国或者留在本校了,所以我基本没有学长报外校夏令营的经验,是一路自己申请下来的。期间也跳过很多坑,有一段很艰难的时期,目前夏令营基本也都告一段落了,自己总结了一些经验教训,希望可以给匡院统计方向有意向保研的学弟学妹提供一些参考。

写在前面

在具体写夏令营的回忆之前,有些保研期间的感受想分享给大家:

1. 保研还是出国

这个问题其实我在大三上的时候还在考虑,因为匡院出国比例还是很高的,身边的朋友很多都选择之后在国外读 Master 或者 Ph.D,所以我当时也很纠结。大三上学期去了杜克大学交换,就感受了一下国外的生活,自我感觉还是更喜欢国内的生活氛围(好吧,其实就是因为我和外国朋友玩不起来,毕竟不会跳舞、不会喝酒、不去 party)。加之感觉自己的条件可能保研会更有优势一点(其实是英语太菜,不想再花时间考 T 和 G),也不想之后离家太远,就决定选择保研啦。这个还是根据自己的情况而定。

2. 专硕、学硕还是直博

不知道现在大家对于这三个概念有没有清楚的了解(一般保研公众号上都会讲的)。简单来说,专硕就是就业导向比较明显的,读完研究生基本也就去工作了,学制一般是两年,少部分三年,特点是学费贵,统计的话一般是选择应用统计专硕或者金融专硕这一类。学硕一般三年制,偏研究性一点,学费没有那么贵,但是据说毕业要求会比专硕高,当然学硕夏令营考核也会比专硕难一点(比如一般专硕数学是考研数学三的难度,学硕就是数分高代的难度了),读学硕的话之后可以考虑工作或者继续读博。直博的话就是博士了,以后一般就是留在学校或者研究所之类的。

我申请的都是专硕,因为想好了以后就是找工作,也不会做科研(其实就是太菜了,研究什么的还是算了吧)。关于申请的夏令营之后会有详细的介绍。

其实选择专硕、学硕还是直博就是你以后到底是去学界还是去业界,这一点还是在报夏令营之前就要想好,毕竟是决定你以后去向的,个人觉得还是不要想着"两个都行吧,有学上就行",因为读博士没想象中那么简单。引用当时去人大统计夏令营时一个业界优秀学姐的一句话,"有的人就是一边不死心,一边不死心塌地",希望大家可以选择一个能够死心塌地走下去的方向。

3. 保研前期准备工作

马上大三的同学们都可以提前准备了,不然就会像我一样,大三下学期发现自己简历上啥也没有;目前马上大二的同学,你们还有一年多的时间,那就加油学习,刷绩点吧!然后多学一点不水的统计方面的课,不然之后面试会像我一样被 diss 成"也没学过什么统计课啊"。马上大三的同学呢,大三上也是要认真学,我记得统计大三上的课应该给分还行,数理统计好好学!没事多练练编程能力!

申请专硕的同学还是建议有时间的话搞一份实习,至少简历好看点,像我只有两份在家里那边比较水的实习,去金融专硕的时候就被diss了(可能我们理科同学对这个确实没怎么关注过),申请学硕或者直博的一般都是要有一篇论文之类的,具体要求我也不是很清楚,主要就是充实你的简历(简历里面一般就是实习经历和科研经历,像是美赛或者基础学科论坛,也都可以写上去。如果没有,你就会像我一样对着一份毫无内容的简历极度焦虑,并陷入失学的恐慌)。

关于夏令营考核的准备,我希望你们大三的寒假就抽时间看看之前学的数分高代之类的,因为真的忘了好多(大佬可以忽略),不要想着大三下夏令营前还有很长时间给你复习,我当时就是这么想的,然后发现自己太天真了!因为大三下也有课程要学,还有考试,还要忙着申请夏令营(申请夏令营,简历、ps、推荐信,有很多东西都要准备),所以留给你准备笔试的时间很少(当然可以修仙学习的大佬也请忽略)。

夏令营具体情况说明

下面是我申请的夏令营以及参营的具体情况说明,主要按照时间顺序:

中国人民大学
- 统计学院应用统计专硕——5月底——参营——优秀营员

人大今年夏令营开得很早,我报的统计专硕,报名材料不多,不需要推荐信。一共三四天的样子,考核就是笔试加面试。

笔试回忆:

人大笔试3小时,两张卷子(数学+统计),各100分。数学的部分就是考研数学三的难度,有意向的同学可以提前刷起来,某宝上都有辅导书的。最好在夏令营之前两三周开始看吧(反正我当时是没刷完)。统计部分,请务必把人大统计教材(贾俊平的)看完,我感觉人大统计风格和我学的不是一类(我是在杜克大学学的数理统计,讲得太少了),导致我统计部分写得不忍直视。

数学部分:

1. 积分,利用积分区域的对称性。
2. 算特征值和特征向量。

时间太久,想不起来了,反正数学部分不是很难,基本都是计算,也没有曲面积分什么的。

统计部分:

1. 均匀分布,最大统计量(这个特别喜欢考,我好像三个笔试都碰到了)。
2. ANOVA的三个基本假设。
3. 回归分析:一次的和二次的系数表达式推导,还有个证明它们的方差大小的。

面试回忆：

面试一人 20 分钟，前一天会告诉你时间安排，一共三个老师。开始就是自我介绍（中文的），可能因为是理科专业，所以没有问简历，直接让你抽题目。

1. 变异系数是什么？为什么要用它？
2. 怎样比较一个班级男女生的成绩？（就这一句话）
3. 读一段英文，并说说它讲了什么。

在我面试的时候，可能是压力测试，有一个老师"扮黑脸"，时不时就 diss 我。这是我第一个夏令营，面试也没什么经验，出来觉得没希望了。但可能我笔试发挥得还不错，所以也就过了。（所以说笔试专业课复习还是很重要的！）

清华大学

- 统计中心直博——和人大一个时间——入营未参营

因为和人大冲突了，考虑到不想读博也就没去清华统计中心了。

北京大学

- 统计中心直博——6月中旬——被拒了
- 北大光华 BA——6月下旬——仍旧被拒了

估计是我太菜了，北大看不上我，申的两个都被拒了。据我了解，北大统计中心入营三四十个，最后也就要几个。有笔试和面试，笔试没过你第二天也不用来面试了。

复旦大学

- 数学学院金融专硕——7月7—8日——参营——优秀营员

复旦金融专硕在五个学院都有开设，管院、经院、泛海、大数据和数学，复旦是只给报一个夏令营的，因为考虑到数学学院只考数学，一点金融都不考，我就报了数学的。数学学院的专硕夏令营日程很直接，7月7日下午报道，晚上1.5小时考试，第二天面试。

笔试回忆：

笔试内容就是高等数学，没记错的话没有考概率论和数理统计（我也不知道为什么），有考重积分和利用 Gauss 公式求积分，但也不是很难。同样也考到了均匀分布里面的最大统计量问题。

面试回忆：

进去后用英文自我介绍，然后老师开始问一些专业问题，我被问到的有：

1. 中心极限定理和大数定理，以及它们分别是依分布/概率收敛，还有这两个收敛的意思。（这个一般都会问）
2. 因为简历上面写了在杜克大学学过金融数学，所以就被问了学的内容（然而我并没有复习这个,就讲得很结巴),可能有个老师是搞这个方向的,所以问了很久,我就根据记忆讲了,提到的有二叉树、BS、GBM,等等。

3. Green 公式,以及积分与路径无关。

复旦的这个是当场出结果的,就是面试当天下午六点多会公布优秀营员名单。

上海交通大学

- 数学学院应用统计——7月9—12日——参营——优秀营员

上交的夏令营虽然是四天,但日程不是很紧,基本第一天报道,第二天考试,第三天开营(我也不知道为啥开营在笔试后面),第四天面试。

笔试回忆:

上交数院笔试不管哪个方向(数学/统计直博,数学/统计硕士)好像都是十几题里面选十题写,应用统计是 12 选 10,由于最后两个我看了一眼感觉不大会,就直接写前十题了。前面六七题都挺简单的,基本是很顺利地写下来的。

1. 考了均匀分布的最大统计量的分布函数,写出 n 很大的时候最大统计量的渐进分布。

2. 概念解释:

(1) 充分统计量的分解定理

(2) 参数估计的置信区间

(3) Neyman-Person 准则

(4) 最大似然估计的统计量

(5) (忘了……)

3. 后面两题:

(1) 求正态分布 μ、σ 都不知道的情况下 μ^2 的 UMVUE,并证明。

(2) 求二元正态分布的相关系数 ρ 的假设检验。(感觉这两个都很麻烦,我就没写了)

面试回忆:

面试一共六个老师围着你,进去给了简历之后,一个老师开始问:"Can you introduce your school? Kuang... kuang yaming?"他们估计是不知道我们院,就现场用英文编一编吧,大概这个部分是考英语吧,有的人会被问到"introduce your school/hometown"这类,或者英语叙述定理之类的。然后是专业知识:

1. CLT 知道吗?依分布知道吗?依分布是每个 x 都成立吗?(间断点应该不行)

2. 学过应用随机过程吗?还记得马尔可夫性吗?

3. 微分学基本定理是什么?它重要吗?你怎么理解的?(好吧,我并没有反应过来这是牛顿-莱布尼茨公式,所以被嘲笑了),可积一定有原函数吗?

4. 数理统计里面重要的定理是啥？三大分布是什么？

5. 常规问题：你去了哪些学校(这个就实话实说吧)？给你 offer 了吗？为什么不去其他几个(原因你就自己扯吧)？上交结果大概一周之内会出，在它的系统里面会显示你的分数，是不是优秀营员。(但是很坑的是，它统拟招收 19 个推免生，但是有 45 个优秀营员，所以排名靠后的基本也就是 waiting list 的感觉了)

上海高级金融学院

- mini 营——5 月中旬——参营——夏令营 offer

夏令营 fintech——7 月 13—16 日——参营——意料之中会失败——最后补录了

考虑到高金是两年制，入学等于找工作，课程很满，节奏比较快，比起上海，更喜欢深圳等因素，最终还是选择了汇丰。

高金有两个金融硕士，general track 和 fintech track，前面一个一般是有金融背景的人去申请的(我记得我们学校好像有个电子的男生在 mini 营就拿到了 general 的 pre-offer)，后面的偏爱 stat、math 或者 cs 背景。高金的项目应该算是上海地区最好的了(复旦这两年开了和高金模式差不多的泛海，有兴趣的都可以了解一下)，所以申请的人超级多，而且参营的有一大半是清北复交，并且简历都很厉害，完全被碾压。

夏令营之前有个 mini 营，可以参加一下，提前了解一下，也有机会拿 pre-offer 或者夏令营入营 offer。mini 营和夏令营考核方式都差不多。

活动：

因为是商科学院，所以日程比我之前参加的数学学院要充实很多，破冰各种活动，公司参观，等等。而且在学院老师做讲座的时候，提问、回答问题都会有 bonus(不过你会发现基本都是 general 的在问，fintech 理科生参与度就比较低了)。夏令营里面还有 mock trading game，说是不计分，谁知道呢。

笔试和机考(一般 90 分钟)：

fintech 的笔试一般是两道题，mini 营的问题是：

1. 一间房子里面有 n 个人(你在内)，你要怎样知道大家的平均工资，且保证没有人会知道除自己以外其他人的工资。

2. 列举你知道的多元分布还有 copula 函数。

夏令营的问题：

1. $f(x)$ 是 x 的 n 次多项式，系数是 a_n，计算 $f(x)$ 的值，使用不多于 n 次乘法和 n 次加法。

2. 利用贝叶斯公式和全概率公式算一下。

笔试一般不难。

机考： 两次都是处理金融数据的问题，先求变化率，问是否正态。mini 主要考了 pca，夏令营考了布朗运动。

pre：给你30—45分钟小组讨论，之后要画一个poster上台做pre，老师在Q&A环节会问一些问题（反正我是不大会）。

面试：

小组群面的形式，穿正装，fintech一般是中文面试，会根据简历问你问题，基本都会问的有：

1. 讲一个你印象最深的定理（cs、stat等都可以），说说它的应用（在金融里面的应用）。

2. 你最擅长的课和最不擅长的课。

3. 可能会再问问兴趣爱好、关注的公众号之类的。

反正商科面试和理科面试还是有区别的，如果有意向报这方面的同学需要做好准备。

总之，高金的夏令营就是让我认识到和大佬们的差距的，去参营的很多人都超级优秀，各种硬实习，编程也都比我强很多。如果有意向去这类学校的同学就要加强这两部分，做好充分准备吧。

北大汇丰商学院

- 预录取活动——8月底——参营——offer

汇丰商学院有两个项目会比较适合我们院的同学，一个是数量金融，一个是金融科技，后者只招收数学、计算机相关背景的同学，所以优势会比较大一点（后来发现基本都是学统计的）。

汇丰也有夏令营和九推（就是我参加的预录取活动），夏令营必须交一篇全英文论文（可以不是金融相关的，美赛论文据说也有人直接拿来用），然后主要考核就是面试官对于你的论文进行提问，这要求你对交的论文理解得很透彻，很可能会问一些小细节。但是夏令营通过率很高，所以如果有论文的话，不妨试一下。不过夏令营如果入营但没过的话是不可以报名九推的。

九推（预录取活动）以往都是放在9月中旬的，然而今年放在了8月底。且以往是在北京面试，今年变成了两场，8月底的深圳场，9月初的北京场（北京场只给北京的学生报名，且可能被调剂到深圳）。九推没有夏令营的各种活动，就只有20分钟全英文面试，因为面试官很多是外国人，你说中文人家也不懂。面试的形式因人而异吧，有简历面（比如我），也有专业知识面（我一个朋友好像被问的全是专业知识，但我觉得问的都挺浅的，就大数定理、CLT、切比雪夫不等式证明，等等）。当然20分钟面试还是有很多东西要准备的（因为不知道会问到什么，所以什么都得准备），写好英文稿子，背下来，面试的时候自然地讲出来效果最好。

面试回忆（以下全英文）：

1. 穿正装，简历等资料最好搞个文件夹夹着，一共五个面试老师，所以要准备五份。

2. 进门面带微笑，给老师发简历，开始自我介绍。（3分钟，我是重点提到了出国交流的那段经历）。

3. 老师提问：

（1）匡亚明学院是啥？（请务必准备这个问题，被问了无数次）

（2）为啥要来 fintech？

（3）简历上面的各种项目提问。

结果大概是过了半个月出来的（已经挺快的了），然后拿到 offer，确认的话，再过个几天会告诉你奖学金的情况（太菜只拿到了很少的奖学金，大佬们都直接13万全奖啥的）。

说实话，虽然只去了20分钟面试，但是汇丰是我体验感最好的一个学校（很大一部分原因是汇丰的楼好看吧），老师也很温柔。这一届 fintech 方向推免生一共27个，南大两个（另一个是数学系的），生源的话，只看本科学校确实不如高金好（毕竟一半清北复交），但接触下来感觉都是大佬。然后，汇丰是三年制，新生入学是有军训的，平时也有体能训练（说是建设商业军校），研一不给实习，研二只能本地实习（这个是抱怨比较多的点），其他情况还不清楚。

小　结

今年保研似乎比往年竞争要大很多，我好几个朋友原本有的夏令营感觉都是稳的，结果入营都没给，而且出国的人也变少了。

大概像记流水账一样把我从决定保研到现在夏令营结束做的一些工作还有感想都记录下来了，也不知道有多少学弟学妹坚持看完了我这篇大白话的经验总结。

还是希望大家能够想清楚自己以后的目标吧，然后提前做好准备，不要抱侥幸心理，脚踏实地地准备材料、复习专业课、认真参营。

以及，在保研前期大概3—4月份的时候会有一阵子焦虑期（心态超好的朋友请忽略），请坚持下去，选一个适合自己的方法解压（比如吃辣）。

理论上时间不冲突，夏令营都可以报，海投海投，不过也得考虑一下自己的身体素质和精神状态，比如我连着十天三个夏令营，结束完之后整个人都很不好了。

三、研究生阶段感悟

当时保研的时候误打误撞进入了商学院，所以并没有什么科研经验可以分享了，以下内容是我作为一个金融边缘人的一点点感受。为什么说是金融边缘人呢？因为我也并没有做传统意义上的金融（投行、投资或者二级行研，相关概念可以百度），当时申请金融硕士也是因为了解到了量化投资这个方向，其实就是把"构建一个预测模型"用在金融数据上，只是考虑到金融数据的低信噪比，也需要有自己对于市场结构的理解。所以这样来看，我还是一直在和数据打交道，日常实习的内容也都是在 coding。但我个人对于这个方向是很有兴趣的，这也是比较幸运的一点。在北大汇丰的这一年多，我加入了量化社团，在这里遇到很多志同道合的朋友，我们一起学习量化知识，一起 pair-coding，我觉得这是我在研究生阶段最宝贵的财富了。虽然量化在金融领域仍然不算是主流，但是近几年这个名词频繁地出现在大众视野中，也证明了量化的热度在不断上升（意思就是越来越卷）。

  关于对学弟学妹的建议，因为我也没有走科研的道路，所以只能分享一下比较感性的一些建议了：首先，好好享受大学生活，多参加一些活动，如果你是个有点想法的人，那么研究生阶段一定会比你大学更累，那个时候你会无比怀念大学生活。其次，好好学习基础课程，尤其是数学课和编程课，前者会在潜移默化中培养更为理性的思维方式，后者就不用说了，干啥都得会点编程。如果你是大三大四的同学，我建议这个时候可以思考一下以后的发展方向，是想去学界还是业界，然后进行对应方向的尝试。学界的话我不太懂（可以问问其他大佬），如果是想去业界，例如互联网或者金融，可以利用寒暑假申请一些实习，去体验各种方向，那样在硕士阶段就不需要再花费那么多时间纠结职业发展方向了。最后，我觉得是最重要的一点，一定要保持一个良好的心态，不论是做什么事情（考试、保研、找工作甚至平时打个排球比赛），心态崩了什么都没了，可以允许自己有一小段时间很丧，但之后一定要调整过来，尽量做到在一个浮躁的环境中仍旧保持自我，冷静思考，我觉得这是一个人这一生的历练。

24. 从统计到 LAMDA 组保研经验

刘旭辉

一、个人简介

本科阶段专业方向：数学（统计）

本科阶段学术科研情况：本科大三下学期跟着人工智能学院俞扬老师做科研，参加了南京大学人工智能学院的夏令营。

本科阶段获奖情况：拔尖奖学金、人民奖学金

联系方式：邮箱：Liuxh@lamda.nju.edu.cn

二、保研攻略

流程

如果仅仅是想保送到人工智能学院或者计算机系，只需要参加 7 月份举办的计算机系 & 人工智能学院开放日即可。如果想要去 LAMDA 组，则要在 6 月份参加一个 LAMDA 的面试，之后再通过开放日的考试。

LAMDA 组的面试信息通知发布在 LAMDA 组的网站上（www.lamda.nju.edu.cn），发布时间较早，大约 3 月份就会发出。开放日的通知比较晚，大约要到 6 月份。

考核方式

一般来说，开放日的考核是比较简单的，开放日有机试和面试。机试的题目和

leetcode 的中等难度的算法题差不多,这一部分是开放日的主要内容。面试主要看老师,不同的老师会有不同的面试风格,这一部分不会拉出多少分数。而 LAMDA 的面试相对就难通过一些。

从数学系的角度看,LAMDA 的面试的通过率是很高的,问的问题也主要是数学问题,不会涉及很多计算机的内容。对于计算机同学而言相对简单的机试就成了数学系同学淘汰率较高的部分。

我的保研过程

我是在寒假之前联系的导师,并在大三下学期跟了组里的一个博士生做项目。提前进组的好处是第一关 LAMDA 面试被免了(但是这个要看老师,我们老师免了他比较满意的这些提前进组的人,但是其他老师应该没这么做),而且也可以提前了解一下组里的研究情况。

之后就主要考虑机试的问题了,机试就刷 leetcode 的算法题就行了,但是这几年机试题目的趋势是越来越难的,之前我问过我学长,说的是看 leetcode 简单和中等难度的算法题就完全没有问题,但是就我的考试经历感觉还是要看看较高难度的题目才比较有底。在机试过程中因为不熟悉那里的电脑、软件和系统,数学系的同学开始会比较慌,所以这方面准备得充分些准没错。不过也不必过分担心,300 分满分的机试题 130 分左右就可以过硕士线,五六十分就可以过直博线。

研究组简要介绍

我跟的导师是俞扬,这个小组的主要研究方向是强化学习。强化学习应用的领域比较广,内容相对机器学习的其他领域有趣一些。这个方向偏应用一些,想做应用相关的话这个方向是很好的,但是做理论这个方向有点难,因为应用的环境比较复杂,贴近真实的环境,所以理论结果都很难看,完全没有数学所追求的简洁的美。其他老师我了解得并不多,就不做过多介绍了。

总　结

总的来说 LAMDA 组保研难度并不大,但是这里面是有很多大神的,也有很多的学长可以帮助你。从保研角度说,老师主要看的还是成绩,成绩在前 30% 希望就很大(差一点也有希望,这一届就有计科拔尖前 60% 入组)。从跨专业角度来说主要问题在机试,若机试 0 分,即使老师想要你都没用了。机试得 0 分的可能性还是有的,我这次就差点翻车,主要问题在机房的编程软件上(被 VS2010 坑了),建议用 dev,虽然功能差一些但是至少不坑。这里主要就是强调机试,当然我这个强调是针对像我这样之前只学过程序设计基础的人,最好要留两个月的编程学习时间。

三、研究生阶段感悟

对于研究生来说，课程成绩就变得不重要了。而且从人工智能这些课程来说，研究生的课往往和你真正要做的东西关系不大，要在保证及格的情况下尽量把时间安排在其他事情上，例如科研、比赛、项目、实习。这四部分无论是评奖评优还是找工作都是比较看重的。我在研究生阶段主要做的是科研，目前有一篇 NeurIPS 2021 和 TPAMI 2021。本科提前进组让我的科研在研究生阶段有了更快的启动。

合理安排时间是很重要的，最好提前就对毕业后的工作有所规划，选择正确的事情去做，方向比努力更重要。这是因为研究生期间可以做的事情很多，但是不同的目标需要的成果又是截然不同的。

此外，要用发展的眼光看待行业变化，最好可以提前做好行业经历寒冬或者进一步发展的准备，不要等到真正开始的时候才措手不及。也就是要把握好核心竞争力，找到行业的痛点，盲目追逐热点往往是徒劳无功的。

25. 从统计到科大 ML 的经验

匡宇飞

一、个人简介

本科阶段专业方向：数学—统计学

本科阶段学术科研情况：无系统科研产出。

本科阶段曾和南大计算机系俞扬老师（强化学习方向）有过一些科研交流。

借助学校 C9 交流项目到复旦大数据学院魏忠钰老师组（自然语言处理方向）参与过一学期科研工作。

本科阶段获奖情况：人民奖学金、拔尖计划奖学金

联系方式：QQ：1114976730

二、保研攻略

写在前面

作者是匡院 2016 级统计方向的 KYF，最后去向是科大信院多媒体实验室，方向为机器学习相关。这篇文章我会以时间为主线，对保研过程的经历和心路历程做一个简单的梳理，作为后来同学的一个对比参考。也祝之后的你们无论出国、保研还是就业，都能收获自己满意的去向。

方向选择

我们院统计方向的同学这几年虽然在逐年增多,但相对基数仍然很少。本科毕业后的去处也主要是以下三个:

- 继续统计学相关方向,以出国读统计 Ph.D 为主。毕竟统计这个学科国外发展远远比国内成熟,所以无论是学术导向还是就业导向,可以说申请国外统计都是最好的选择。
- 转商科相关方向,如金融/金工等方向。这一块我不太了解,但国内的话感觉基本得冲着清北复交人去,其他可能都不是好的选择。
- 转计算机相关方向,比如去人工智能相关的方向。而南大的 LAMDA 组在国内的名声还是非常强的,所以留本校本身就是统计方向同学的一个好选择。

这里提醒一下:

- 关于统计:国内"概率统计"和"统计"并不是同一个方向,两者的关系类似"概率论公理化"和"贝叶斯统计"的关系,前者偏数学,后者偏统计,在国内两者往往也开设在不同的院系。
- 关于金融:虽然这个方向的推荐学校只有清北复交人,但具体到下设的院系的话其实非常多。比如光是复旦开设金融/金数/金工等专业的院系就有经院、管院、数院、大数据院、泛海金融学院等非常多个学院;北大也有光华、经院、汇丰、软微等很多院系下有金融相关专业(所以我猜广撒网多少总是能中一个的)。

我最后选择了转到机器学习方向,主要原因有:

- 对商科不太感兴趣,继续统计的话出国 GPA 竞争力不够。
- 机器学习早期就叫统计学习,和统计的关系非常密切,可以说这门学科里计算机和数学各占半壁江山。
- 近几年来是机器学习发展的黄金期(当然也可能是黄金泡沫期)。成熟的学科里往往会出现"够得着的果实全被摘完了"的情况,而这个领域目前还处在"大佬四处挖坑,民工跟进填坑"的阶段,科研民工和学术大佬不构成直接竞争关系,很适合有一定学术理想又担心被大佬吊打的部分同学。
- 整个大方向的产学结合比较好,即使发现自己真不适合科研,也不耽误跑路找工作。

时间线

这一部分里,我会以时间为线索整个梳理一遍保研季我的经历和心路历程。

前前前准备:机考准备

因为我在大二上开始就有了比较明确的目标,所以截至保研前已经完整修过计科的数据结构、算法设计与分析、数据库、人工智能导论等一系列课。这些课大多都相对硬核,整套上下来确实对代码能力以及对写代码的理解会有一个很大的提高。而且上课有同学交流、有 DDL 的 push，效率也会比自己看书刷题高很多。

因为很多学校（包括南大的 LAMDA）都是有上机考的，所以提前打下一个好的代码基础挺有必要，会让你在保研期间减少很多的焦虑（否则要一边上课，一边复习数学专业课，一边刷题准备机试，可能会比较痛苦），至少我保研前是没有太过纠结代码能力的问题的。

关于 C9 交换

大三下之前我把复旦作为第一选择，一是因为大三下统计方向课不多了（想摸一个学期鱼）；二是想提前考察，找到靠谱的实验室或者老师，所以我申请了学校的 C9 交换，跑去复旦待了一学期。

学校里申请 C9 这个项目的同学不多，但据我观察这绝对是外保（特指华五，清北另算）的一个好途径：

- 对于想要外保的同学，由于信息不对称，容易选到不满意的导师或实验室。
- 读研/读博导师非常非常重要！从而保外不如保本校靠谱，交换到目标学校一学期则可以实地考察目标老师或者实验室，从而把风险降到最小（但这样也会耽误大三下进本校实验室的机会，所以只推荐给在仙林待久了想换个环境的同学）。
- 对于外校老师和实验室，华五一级算是最好的生源了。所以只要你成绩不差，那么大老远跑来，老师肯定是非常欢迎的，毕竟老师也希望招到好的学生和扩大优质生源的范围。

另外，我大概说说我到复旦后的情况：我在复旦选修了一门人工智能导论，感觉老师讲课逻辑非常清晰，就借这个机会联系上并在组里待了一段时间。老师是做 NLP[①] 相关的，人非常 nice，属于年轻有为的类型，组里氛围也非常好。但后来我还是"鸽"了老师，非常非常惭愧（所以如果有对 NLP 感兴趣的同学，我私戳推荐给你）。

我最后改变想法的主要原因有：

- 实地考察后感觉复旦的整个氛围非常偏金融，几乎在任何一个教室自习都能看到有人在看金融的书，尤其以数院风气最盛，我个人不太喜欢这种氛围。
- 复旦计算机的地位给人的感觉比较边缘。大数据学院很多人是做金融的，计算机系甚至不在本部……
- 最重要的一点，真正体验之后感觉 NLP 不是我喜欢的方向，还是希望做更偏机器学习理论一点的东西。

前准备：复习计划

我在大三下学期开始前制订的计划：

- 信息搜集方面：3—4 月在复旦专心套磁、实地考察，同时搜集其他学校可能的实

[①] Natural Language Processing（自然语言处理）。——编者注

验室和导师信息。
- **数学方面**：5月份复习完数分、高代、数值计算；6月份复习完概率论、数理统计、随机过程。其他的诸如实变、近代之类的因为和目标方向关系不大（主要是复习门槛太高），就没有考虑复习了。
- **代码方面**：6月20日—7月10日这20天刷刷题找感觉，靠着之前一年的底子，应该也能好过绝大多数转行的同学了。现在回过头看，复习计划整体定的还是晚了。如果我不是在6月初就已经定下满意去向的话，那么在6、7两个月我将会非常仓促。所以建议你们制订计划时，在我计划的基础上提前一个半月左右。

3—4月准备

我3—4月的时候除了在复旦广撒网蹭课找感兴趣的老师以外，剩下的时间都和同学在五角场吃吃喝喝（复旦周围是真的繁华）。但这是非常不对的！我当时看别人的介绍都说5月才陆续开始夏令营预报名，但后来发现有一大批非常不错的项目的预报名都在4月底之前！这种情况最多的是金融、统计相关的夏令营，金融甚至3月底第一批报名就截止了，我认识的不少同学4月中旬就拿到了预录取。虽然我是主申CS，但有一些学校统计是强势学科院，里面会有许多机器学习做得非常不错的老师。有一些我想参加的，结果一看报名已经结束了，也算是错过了一些很好的机会。

所以，一定要从3月初开始就密切关注保研论坛和目标学校的官网动态！

5月准备

5月开始基本很大一部分自招简章都已经放出来了，这个时候更要时刻关注保研论坛的动态。提前准备好成绩单、排名证明、个人简历这些基本信息。如果没有特别大的把握，可以采取广撒网的策略，遇到感兴趣的项目就先投着，确保入营后再做取舍（我就认识一个上海某211的同学，当时只投了上海的三所985，结果最后全没入营，又不敢赌9推，最后留本校了）。

我个人的话就是在5月中旬无意中看到了我现在所在组的招生广告，然后试着发了封邮件过去，才机缘巧合来到了科大。

我们组的整个考核流程很长，老师很注重对录取同学的全面考核，从收到回复邮件到确认录取有整整两周时间（我们组的情况介绍我会放在最后）。所以我整个5月1/3是在准备这个，1/3是各种广撒网，剩下的1/3时间把数分（主要是多元微积分部分）和高代教材看了一遍。

6月2日我正式拿到了现在组里的预录取。因为在整个的考核过程中，也对实验室情况和研究方向有了比较全面的了解，感觉和我想要做的方向非常契合，老师和组里师兄的水平也都很高，所以拿到预录取的当天晚上我就完全决定去那了。

接下来的时间我一半在开始接触我实验室的研究方向，一半继续和准备出国（没有保研压力）的同学在上海吃吃玩玩，计划里剩下的复习和刷代码也就没有继续下去，南大这边 LAMDA 的后续面试通知也就鸽了，复旦那边也和老师说了自己的后续意向（再次非常惭愧），再之后复旦那边的期末考试随便考考就和高中同学溜出去旅游了。

所以严格地说，截至 6 月 2 日我的整个保研经历也就结束了。

个人体会

- 理工科方向个人感觉还是非常看重本科学校的，所以即使排名不高的同学也不要太过担心。在匡院而且成绩不差，就已经是非常高的起点了，招生老师是非常喜欢好学校的生源的。
- 我 5 月广撒网的那些申请除了清华叉院的其他基本初审全过了，所以有意向保研的同学不要因为担心不过初审就嫌麻烦而不投，多试，大概率会得到意想不到的好机会。
- 千万不要因为害羞而不敢提前联系老师。保研本质上是一个双向选择的过程，老师也需要优秀的学生来到组里，才能做出好的工作（所以老师们其实暗地里也很重视"抢"学生的）。而夏令营短短几分钟是很难了解一个人的，所以主动联系老师绝对是老师和你的双赢。而且绝大多数老师人都非常好，发邮件过去一般都能得到很善意的回复的（尤其是本校老师）。

我现在的实验室老师信息见：

http://staff.ustc.edu.cn/~jwangx/

http://staff.ustc.edu.cn/~jwangx/papers.html

组内成员信息见：

http://staff.ustc.edu.cn/~jwangx/group.html

欢迎有兴趣的学弟学妹和我联系。

最后的最后，祝你们都能顺利升学，收获自己满意的去向！

三、研究生阶段感悟

目前研究方向为强化学习、机器博弈、运筹优化。研究生阶段产出一篇 AAAI 2022 一作论文、一篇 NeurIPS 2020 和一篇 ICML 2021 学生二作论文，均为强化学习方向；担任国防安全项目核心成员，完成机器博弈系统搭建并产出专利两项；目前实习于华为诺亚方舟实验室，协助基于 AI 的运筹优化求解器研究（应用于华为云天筹求解器）。

研究生阶段学习感悟（仅针对 AI 方向）：

我向 AI 领域多位业界学界的专家学者（从技术公司 CTO 到国家重点实验室主任）请教过，大家一致认为 AI 领域从深度学习兴起以来的第一波红利（即以计算机视觉、自然语言处理、搜索广告推荐为代表的 AI 在基础服务业中的落地应用）已接近顶点，后续 AI 的一个重要发展方向应该是 AI 技术（或者说 data driven 的技术范式）下沉到各个传统行业和传统学科。例如我现在所在实验室和微软亚研院合作的 AI for Science（举例：

Deep Mind 的 Alpha Fold2 为代表的蛋白质/分子结构预测），以及和华为诺亚方舟实验室合作的 AI for Combinatorial Optimization（应用于供应链优化、芯片设计等，仍然是 Deep Mind 行业领先）。与在基础服务业（目前绝大多数互联网公司的本质是服务业公司）落地的核心差异是，AI 在这些方向的落地需要很多相关学科的背景知识的嗅觉。因此，学好本科时候为大家开设的每一门课，抓住匡院给大家提供的大理科培养机会，为自己未来在 AI 领域研究的着力点寻找和大众差异化的能力定位，为 AI 后续 20 年的发展趋势提前布局，在匡院的学习经历未来必定会给大家带来丰厚的回报。

2017 级

26. 思政预备计划＋南京大学工管金融学院保研经验及感悟

杨若辰

一、个人简介

本科阶段学术科研经历：大二上开始辅修金融专业，大二暑期入选南京大学与香港大学首次通识课程合作项目，与香港大学同学开展为期三周的交流，入选匡亚明学院暑期海外交流项目，走访 UCB、OSU、DUCK 等高校各大实验室，参与了多场学术讲座，与教授们一起探讨交流，同时也参观硅谷 Facebook、Linkedin 等企业；大三作为团队第一负责人主持国家级大创项目"基于 DCC-GARCH 模型探究 CPI 与 PPI 的动态联动性"，构建模型并撰写论文投稿南京大学第 23 届基础学科论坛，获得三等奖；疫情防控期间参与"基于改进的 SEIR 模型探究新冠肺炎全球传播模型及社会影响"，负责收集模型和数据，并作为代表队受邀参与了南京大学首届学术科创月开幕式；大四学期加入工程管理学院俞红海教授团队参与"基于 LDA 算法探究注册之下的信息披露"和"基金经理意见分歧与股票市场投资回报"项目的研究。

大四入选南京大学第二批思想政治预备人才培养计划，未来会在学校工作两年后再继续研究生学业，目前在新生学院有训书院工作。

本科阶段获奖情况：奖学金：新生优秀奖学金、拔尖计划奖学金、人民奖学金

荣誉称号：校级优秀学生干部、南京大学优秀共青团员、南京大学优秀共青团干部——新生团学工作专项、卢德馨嘉奖、匡亚明学院团委与学生联合会"优秀部长"称号、第二届江苏发展大会暨全球苏商大会志愿活动"江苏省百佳志愿者"称号

其他：作为长三角四校荣誉学院联盟"遇见凉山"支教团社会宣传组组长，参与"对大学生短期支教现状调查及对其科学模式探索"的调研，荣获院级"十佳实践团队"、校级"社会实践优秀团队"；2018 年南青梦想计划社会实践荣获"优秀个人"称号；匡亚明学院微党课比赛一等奖；匡亚明学院生涯规划大赛一等奖；党史校史知识竞赛三等奖。

联系方式：QQ：1270403150；微信号：Ruochen_nju；邮箱：171240010@smail.nju.edu.cn

二、保研攻略

写在前面的话：

受邀介绍一下学校的思政预备计划（俗称行政保研），也借此机会分享一些自己保研阶段的感悟，希望能够有所帮助。

我应该是院里第一个选择思政预备计划的人，最开始决定选择一条和大多数人都不一样的路的时候还是有些忐忑的，人在面对未知的风险的时候总是胆怯的。但是现在我慢慢发现，结合自己的规划选择自己喜欢并且也适合的道路的感觉也很棒。

关于为什么选择思政预备计划：

我是在大三的时候就有毕业后想当辅导员的想法，也和自己认识的一些辅导员老师交流过，包括暑假在联系心仪的研究生导师——俞红海教授的时候也聊过关于自己的职业规划，导师也很尊重我的想法和规划。

诚然，这个计划也是对学生活动经历比较丰富、排名没那么靠前同学的一个机会。当时我的保研排名是候补一，自己一方面有想当辅导员的想法，一方面又在候补名单，所以在和导师沟通过后，就报名了思政预备计划。后来就顺利通过选拔参与面试，然后接到电话问我"候补上了是否还继续参与思政预备计划"，我觉得自己当时在面试过程中说的话都是真心话，所以就回答了"是"，然后就此踏上了打工人的道路啦。

关于入选思政预备计划的条件及待遇：

最基本的条件好像是排名在 70% 之前＋党员＋学生工作经历。今年对成绩排名的要求更高，所以如果位于保研边缘又对学生工作比较感兴趣的学弟学妹们可以根据自己的规划考虑一下。相关的计划还有支教保研，但支教保研对于各方面的要求我就不太清楚了，应该也可以参考往年的宣讲会及文件。

思政预备计划是全职工作两年＋研究生全日制学习，保研的申请流程和正常保研流程一样，需要自己参与学校的相关夏令营或九推面试取得接收方的 offer。我是在暑假的时候就拿到了工管的 offer，所以之后关于接收方方面就没有操心。如果入选了学校的思政预备计划还没拿到接收方的 offer，可以再去参与相关院系的九推面试，应该会有政策倾斜。

在递交思政预备计划申请表之后会经过一次筛选,最后会通知大概20人进行面试答辩(这次面试答辩主要是学校考察你是否可以入选思政预备计划,并不代表取得保研名额,也不代表研究生接收方的offer),和奖学金、荣誉称号答辩差不多,3分钟自我陈述+场下老师提问。我当时主要是说了自己的经历、规划、特点以及自己对高校辅导员这个角色的理解,当时场下老师问的问题也很友好。

今年最后入选了五个人。(去年第一批是十个人,最终入选人数感觉不太固定,主要是看个人特质是否符合吧。)

入选之后,在大四可以根据自己的时间安排提前实习,毕竟毕业之后就要上岗,可以提前做准备、了解一下,提前适应一下从学生到老师这个角色的转变,补贴按照学生助理的补贴发放。全职工作两年期间的待遇:全职工作的两年是作为学校编制外聘用人员工作,五险一金都有,工资按照学校编制外聘用人员薪资标准发放,免费提供宿舍。

在实习的这一学期以另一个视角感受到了大学生的不同状态,越发觉得做一名优秀的辅导员是一件很有意义和价值的事情,也越发清楚了自己的规划。建议学弟学妹们不论选择哪条路都要根据自己的兴趣和规划来,因为任何工作都不轻松,但兴趣会让我们觉得所做的任何事情都有意义。思政预备的工作也不轻松,甚至会有些琐碎,而且我们同时可能还要保持学习的状态。虽然说不像以前助理辅导员是半工半读,但我觉得自身需要保持持续学习的状态,要是两年完全不学习,进入研究生阶段的学习可能需要很长一段时间调整状态。这两年也确实可以看作一个机遇,为以后的学习、工作打基础(当然,任何机遇也都需要自己好好把握)。

工管夏令营经验介绍:

我参加夏令营比较佛系,因为大二就开始在修金融的二专课程,再加上比较确定自己以后想留在南大的想法,也提前联系了心仪的导师,不想给自己太大压力,所以只报了工管的夏令营。当时觉得自己研究生毕业之后就会工作,以往专硕和学硕的区别不大,所以就报了专硕(结果现在专硕没宿舍了,确实自己觉得当时有些过于佛系,谨慎参考)。

复习准备:

准备中英文自我介绍+一些常见问题的回答,学科方面主要是针对概率论基础、数理统计、机器学习科目的复习,行为金融等课程的学习。

夏令营形式: 听讲座写报告+面试

面试环节:

首先抽取题目,总共是三个题目,数学+经济+金融各一个。数学题感觉特别基础,我抽到的是洛必达法则;第二题好像是有关宏观经济方面的题,第三题是有关投资者情绪的问题,具体的内容都不记得了,但印象中比较基础。

然后是1分钟自我介绍,老师会根据你的自我介绍进行英文提问,问我的问题是"谈一谈金融科技的应用"(听朋友说也会有介绍你的家乡、兴趣爱好之类的英文问题)。之后老师们会根据你的表现深入提问(中文),问我比较多的是我的大创项目模型上的一些问题。为什么选择这个模型、算法是怎么实现的之类。

写在最后：

我觉得在面临选择的时候最重要的是弄清楚自己想要什么,明确自己的目标和规划,然后脚踏实地地去准备。认真准备的过程也是认识自己、发现自己最真实想法的过程。祝大家不论选择什么方向都能有一个明媚且欢喜的未来。

三、在校感悟

大学四年感触最深的就是：不要给自己设限,不要害怕试错,抓住机会多去尝试,选择尝试了就要全力以赴。

得益于匡院的平台,自己在本科期间可以灵活地选课、进行专业选择,也有机会参与海内外交流活动拓展自己的视野,学习到很多课本之外的知识。我选择的是数学—统计学专业,后来在意识到自己可能不太适合在数学领域深造以后就开始辅修金融专业,报名郑钢证券行业研究训练营,也积极组织申报相关大创项目、邀请商学院教授进行指导,后续也拿到了工程管理学院金融专硕的 offer。而我在对行业学习了解的过程中,对自我的认知也是不断完善的,我逐渐发现其实自己相比于在电脑前对着代码分析处理数据是更喜欢做人的工作的。自己在一次次学生工作中、在与低年级学弟学妹接触中发现了对于学生工作的擅长与热爱,也因此萌生了想要成为一名基础学科辅导员的想法。我从基础学科中来,也想要到基础学科中去。非常感激在迷茫的时候得到了很多老师的帮助,也受此启发,想充分发挥自己的优势与能力,成为像曾经帮助过我的老师们那样的人,从另一个角度帮助到学习基础学科的同学,为基础学科的建设添砖加瓦,故而后续也申请并成功入选了思政预备计划。

目前工作快一年了,有和之前想象相似的地方,也有和想象中有差别的地方,相似点在于原来真的可以接触到很多可可爱爱的"小朋友",也希望自己真的能够对他们有帮助；差异点在于原来工作比想象中的更烦琐,意外情况也比想象中多很多,也在工作实践中一直提醒自己"莫忘初心"。我的经历可能和匡院很多同学都不一样,但是可能也具有一定普适的"参考价值"。我们在进行专业选择、生涯规划时都不是一锤定音的,大学是不断开拓视野、不断增强自我认知的阶段,我们不要轻易给自己设限,也不要害怕试错,匡院的平台真的非常好,一定要多去主动抓住机会,不论是科学研究还是就业实习,只有亲身实践过了才知道其与自身能力、兴趣和价值观的匹配度。

27. 中国人民大学统计学保研经验

马宇恒

一、个人简介

本科阶段专业方向：数学

联系方式：邮箱：mayuhengkarl@gmail.com

二、保研攻略

选校目标：想读博。（未注明的均为博士项目）

时间线：

港中深数据科学硕士

4月3日入营

4月9日笔试

4月28日面试

4月29日 Offer

笔试考 pandas 的基础知识，GRE 式的逻辑和概率论的一些简单计算。面试大部分是对着简历提问，还问到了线性代数基础知识和对货币政策的看法。

这个项目属于保底款，能够保证真的不至于本科毕业去工作的那种保底。可能因为出路确实不错，毕业30w还是有不小的吸引力，所以一些冷门学科的同学也会来申请，这几年 bar 也是水涨船高。

复旦管院 DSBA 硕士

4月5日入营

4月17日面试 waitlisted

6月8日退出 waitlist

题目回忆：

1. 微分中值定理是什么？
2. 大数定律和中心极限定理是什么（几种形式，分别是什么收敛）？它们的联系。
3. 什么是参数模型？
4. 极大似然估计的思想。
5. 均匀分布的最大似然统计量唯一吗？
6. 勒贝格积分是怎么定义的？
7. 介绍简历上写的研究经历（英语），对所做模型的理解。
8. 匡亚明学院是什么学院（大部分夏令营都问了，务必准备一个一两句的、比较好的回答牢牢背熟）。

这个营的意义在于告诉我们不复习真的不太行，上面几道统计相关的题基本都是说错或者磕磕绊绊说对的。从这个营之后把数分、高代、概率论、数理统计、实变函数看了一遍。好多问题都是经典问题，基本上老师问吐了，同学也答吐了。

一些拒信

很多营初审就没过了，懒得找时间线：北大、清华数学（当时实在是不想写个人陈述，也没交排名证明），北大光华 BA（我理解），北大统计中心（不意外），上交高金（有点可惜），中科院计算所（后来才知道，是夏令营开始得太晚了，但那个时候已经有 offer 了就没去），清华深圳研究院人工智能项目（为什么 QAQ），人大人工智能学院（没套磁）。

清华统计中心

6月16日入营

6月19日报告＋笔试＋数据分析项目准备

6月20日 pre

6月21日拒

营里同学们水平基本都够高，在接下来的各个营的优秀营员中都能看到熟悉的名字。19号上午听研究方向介绍。下午3小时笔试，难度不小。笔试结束后给了一个数据集做数据分析，没有问题，能分析出多少信息就是多少。重点考察对数据的直觉和选择方法的能力。笔试题和数据分析题都可以找我要。

清华工业工程

6月24日入营

7月7日笔试

7月8日实验

这个营水平也蛮高,能入营都还是蛮侥幸的。笔试考分析+数理统计+优化,难度不高,题目可以找我要。我因故退出了第二天的实验考核,所以啥也不知道。

复旦大数据

7月13日入营

7月14日面试

7月15日口头offer

夏令营为7月13、14日两天,第一天听讲座,第二天面试。笔试放在了面试环节,现场做题。面试大概有25分钟,取决于做题速度。

题目回忆:

1. 3分钟用英语谈论一下对统计机器学习的理解。

2. $AB=A+2B$,证明可交换。

3. 常数变易法的推导。

4. 判断一个函数是不是分布函数。

5. 有限有向无环图至少有一个点入度为0。

6. 优化的一堆问题(磕磕巴巴说了知道的一点)。

7. 数据结构的一堆问题(排序算法扯了一点,cpucache啥的是真的不会)。

8. SVM的原理。

9. 科研项目是干啥的。

总体而言数学的部分很简单。老师们还不错,帮我从题库里多要了一些数学题,最后数据结构的部分看我实在不会了就开始面简历。面试结束的晚上收到了老师打来的电话。

上交数学

7月1日官网查看入营名单

7月15日面试

7月17日优秀营员

夏令营三天,第一天讲座很短。上交不愧是国际化的先锋,没说那么多有的没的,简单明了介绍研究内容、招生政策、毕业薪资(夸夸)。15号的面试大概20分钟。

题目回忆:

1. 牛顿莱布尼茨公式。

2. 正交变换的保范性。

3. 正态分布的各阶矩是否存在。

4. 简述什么是随机变量服从 $F(m,n)$。

5. 顺序统计量的联合分布函数。

6. 求似然比检验的统计量。

7. 强弱马尔可夫性质。

8. 什么是测度？

9. 可列可加和上连续等价吗？

10. 下连续和上连续比要多加一个什么条件？

11. 举一个反例证明这个条件必须。

12. 随便给一个证明 $f = g\,a.e.$ 的方法。

13. 英文讲讲去交大的 motivation。

14. 讲一讲我对高维统计的看法（因为之前跟一个做高维统计的老师套磁了，他给我讲了一堆，还给了本书，问我这个问题可能是想让我表现一下。结果我啥也没听，啥也没看，于是回答的时候他脸都绿了。对不起啊!!）。

这是所有统计项目里最"数学"的，所以感觉还蛮不错。

人大统计

7月4日官网查看入营名单

7月18日笔试

7月20日面试，晚上口头 offer

人大这个项目是我最想去的，因为和老师聊得很好。夏令营总共4天，开营一天，讲座加笔试一天，面试两天。笔试题可以找我要。问题都不难。

题目回忆：

1. 做一个英语的自我介绍。

2. 用英文说一下中心极限定理。

3. 什么是 SVD 分解？

4. 说一下做的科研项目。

5. 什么是鞅？

6. 什么是 PCA？

7. 什么是测度？

8. 什么是 Radon-Nikodym 定理？

9. 这个定理和条件期望有什么联系？

材料

要准备的材料还是蛮多的,前期需要早一些开始。有些学校需要单独盖章,不要怕麻烦教务员老师(但要记得好好说谢谢,教务员老师好辛苦)。

胡乱罗列如下：

成绩单

身份证、证件照、生活照(对,没错)、学生证扫描件

个人展示视频(看学校要求,一般需要英文)

排名证明

奖学金证明

推荐信(早找老师,拿到签好字的通用版本,有些学校需要用它们的模版,可以灵活操作)

四六级、托福雅思 GRE

个人陈述(憋小作文真的很痛苦)

教育部学籍验证报告

科研成果的展示(最好做个 slides 随时用)

别的中介别找

交流

多和数学系的人交流。自己院里的人相互之间的申请情况大可不必遮遮掩掩,面经和进展都多交流交流,对大家都有好处。

夏令营之后

在夏令营轮次结束之后,随着不断的放弃,大部分项目都能轮到 waitlist 甚至没进 waitlist 的同学,所以别停、继续冲。

28. 南京大学数学系保研经验及感悟

缪铭昊

一、个人简介

本科阶段专业方向：数学与应用数学（基础数学）

本科阶段学术科研情况：参加过南大数学系朱富海教授组织的代数讨论班；

参加过南大数学系石亚龙教授组织的几何讨论班；

在 Duke 大学交换时参加过 Duke 大学 Aspinwall 教授的弦理论 reading course；

参加过四川大学几何与拓扑暑期学校；

参加过复旦大学代数几何的暑期学校；

参加过北京大学微分几何的暑期学校。

本科阶段获奖情况：华为奖学金、拔尖奖学金、校级优秀学生、校级优秀学生干部、南大基础学科论坛数理类二等奖、美国大学生数学建模比赛 M 奖、丘成桐大学生数学竞赛几何与拓扑优胜奖

联系方式：QQ：469383932

二、保研攻略

我的录取项目：南大数学系学硕（＋北大国际数学中心联合培养）

导师：田刚（北大国际数学中心教授，每年在南大有招研究生）

研究方向：代数几何

保研流程：5月份从南大数学系石亚龙教授那里得知此项目——南大数学系6月提

前招——7月与田老师单独面试后确定导师。

对于基础数学方向,有如下几个重要的时间节点:

1. 大三下4月到5月:北大、清华等学校直博申请开始(有笔试与面试,主要考察基础课:数学分析、高等代数、常微分方程等)。需要好好复习一下大一大二学过的知识,面试的时候会出一些很细节的知识点,例如请举出一个ODE,不满足解的存在唯一性定理。

2. 大三下6月:南大数学系提前招,由自己意愿选择学硕/专硕/直博,今年只有面试。(10分钟内当场回答1个问题,我抽到的题目是:$[0,1]$,$[0,1)$是不是彼此等势的?)要注意南大数学系的规定:一旦录取提前批,若你不选择放弃,就要签订如下协议:本人郑重承诺,确认接受南京大学数学系推免生预录取,承诺不参与其他任何推免考核活动,放弃其他学校及本校其他院系的推免生录取机会。

3. 大三下暑假:各个学校的夏令营开始。

4. 大四上9月:最后的保研机会,清北等学校可能仍有少量的博士名额,需要你主动发邮件给心仪的导师询问是否仍想要招生。

需要注意的是,学硕名额往往都会留给本校,如果确定在国内读博,4月到5月的直博招生是最好机会,像今年清北基本没有给外校硕士名额。

由于我参与保研的过程相对比较简单,我就再谈谈关于研究方向、导师的选择:

1. 做排除法,删除掉自己不喜欢的方向并了解目前仍然活跃的方向,可以从每天Arxiv(https://arxiv.org/)上该分支的发文数看出来。

2. 根据你擅长的思维方式,例如:分析——烦琐但有力;代数——抽象但简洁;几何拓扑——直观但难以严格化。

3. 不断充实自己的背景,例如很棒的GPA,或者上过相关的研究生课,或者做过相关的小研究,对说服导师选择你很有帮助。以我自己为例,我在Duke交换的时候和Robert Bryant教授做过关于非阿基米德几何的小研究,后来老师跟我说现在他从事的KE问题近些年的突破用到了很多来自非阿基米德几何的想法,我做过相关课题是很大的加分项。

4. 年纪大的导师可能更有经验,能给你合适的课题;年纪轻的导师可能更有活力,精力十足。(做数学虽然是脑力活动,但也很靠体力!)

5. 搜索导师的个人主页,去Arxiv上阅读导师之前发过的论文,去mathgenealogy(https://www.genealogy.math.ndsu.nodak.edu/)搜索一下导师的师承;去搜索引擎上看看能不能找到导师学术报告的录像。

6. 主动一点,直接给导师发邮件表明兴趣(记得附上你的成绩单/CV/写过的小论文会更好)。

如果有其他问题,欢迎加我QQ询问。

三、研究生阶段感悟

我现在就读于南大数学系，导师是田刚院士，目前有机会受田刚院士邀请，到北京国际数学中心访问。我的研究方向是复几何，主要关心 Fano 簇上的典范度量的问题。北大这边有一个很大的复几何团队，有很多博士、博士后和年轻的教授可以交流，而田刚老师又是复几何这个领域国际顶尖的专家，如果有学弟学妹对复几何/几何分析/几何测度论/复代数几何感兴趣，都可以考虑来跟田刚院士读博，加入我们的团队。

回顾我在匡院学习的四年，非常感激匡院良好的学风和安静舒适优质的学习环境给我打下的良好数理基础。本科阶段我实际上没有跟某个导师去做某个具体的科研问题，唯一可以称得上的某种科研初体验，是在 Duke 大学交换期间做实变函数课的一个大作业，当时花了两三个月间断地思考这个问题，一开始自己毫无想法，直到最后期末复习的时候我意识到书中关于某个定理的证明可以应用到这个问题，但尝试后失败了，经过几次从有想法到失败的周期性过程，我最后成功地给出了自己的解答，解答出那道题的那一刻我得到了极大的满足感，使我对能在未来从事科研充满了自信。本科阶段我更多地把精力放在打好数理基础以及提前学习一些研究生的基础课上，我当时纯粹是因为喜欢数学，所以想要多学一点，没想到当时的积累使得我一到研究生阶段就可以着手攻克一些科研问题。由此，我对基础数学同学的建议是：

1. 把数学分析和高等代数两门课扎实地学好。例如我目前的研究课题，很多时候都是把问题化归到微积分和线性代数的问题，很多高深的理论最底层的东西其实还是像 Jordan 标准型、分部积分、Leibniz 法则、行秩等于列秩这种本科一年级就学到的东西，所以不要小看目前自己所学的基础知识！它们很重要！

2. 本科阶段学有余力的话尽量早点开始研究生课程的学习，例如分析可以学复变、泛函、实变，几何可以学代数拓扑、微分流形、黎曼几何，代数可以学抽象代数、Galois 理论、表示论、李群李代数、同调代数、交换代数。要学的东西太多了，所以要尽快开始！记得利用好南大的资源，如果你想要了解某个领域的大致想法的话，数学系很多老师会很乐意跟你聊聊，你也可以去参加别人组织或者自己组织的读某本专业书的讨论班，大家一起制订一个计划，然后分工每周报告，这样会让枯燥的学习变得有趣，也能结识很多志同道合的好友！如果未来要从事基础数学的科研的话，这些理论都是要过一遍的，可能未来你只从事某一子领域的研究，但提前建立一个数学上的大局观会相当有帮助，至少你可以和不同领域的人流畅地交流，大概知道他们会关心怎样的问题。

3. 做研究和学习是两码事。每门课考 100 分的人不一定擅长做研究，擅长做研究的人也未必是考试高手。科研过程实际上充满了直觉的猜测与遐想，并非一上来就是严谨地从头推到尾。我从这个学期开始做一些科研，与学习时吸取知识不同，做研究时需要你非常主动地提出问题，以及创造新的办法解决问题，有时候过多吸取别人的想法反而会限制自己的思维。另外,学会与人沟通也是很重要的科研能力,与我之前想象的科研不同,实际上科研也像社交一样需要彼此传播知识,彼此获得信息,哪些东西很有趣、值得做,哪些东西有坑,都可以在与他人的交流中得知。科研也充满了合作,两人或者多人共同提出想法,一起讨论、共同解题,也是我在本科阶段不曾获得的乐趣。

如果学弟学妹有任何专业上的问题,都可以来联系我!

29. 从统计到上海交通大学上海高级金融学院的感悟

宜浩男

一、个人简介

本科阶段专业方向：统计学

本科阶段学术科研情况：大二暑期参加了杜克大学创新创业训练营暑期项目，有幸到杜克大学学习了半个月左右，对于一些商业模式以及企业创新管理有了新的认识；

大三上参加了UCB的秋季交换项目；

大三下参加了工程管理学院张莲民老师的大创项目"数据驱动的选址运输优化问题"。

本科阶段获奖情况：南京大学优秀毕业生、南京大学校级优秀学生、南京大学优秀共青团员、中国科学院大连化学物理研究所奖学金、南京大学"基础学科拔尖学生培养实验计划"奖学金优秀奖、周大福奖学金、中国大学生数学竞赛江苏省一等奖

联系方式：QQ：1533816131

二、研究生阶段感悟

我本科的时候是统计学方向专业第一，保研到上海交通大学上海高级金融学院读金融硕士，专业是金融科技，入学的时候拿到了金融硕士项目新生奖学金。高金的课业压力很大，课程设置上需要一学期修完40学分的专业课，我第一学期总共上了17门课

（C++编程和金融科技、数据库及其应用、金融数学、机器学习、宏观经济学、微观经济学、公司金融等）。本科的大理科教育给我打下了不错的数理基础，所以研究生阶段在上一些比较难的数学以及计算机课程的时候，会很容易和本科的课程联系起来。比如金融数学这门课，和本科阶段学习的随机过程有着高度重合的地方，BSM模型的推导也涉及很多概率论的知识，在知识串联之后会发现原本晦涩的概念也变得通俗易懂起来。当然，除了金融、数学，其他很多课程都和本科阶段上过的基础学科课程有着千丝万缕的联系，在匡院学到的数学、计算机知识不管是在研究生学习还是找工作、实习上都很受用。因为我所在的项目是专硕，所以研究生阶段的重心除了上课之外更多的是放在找工作上面，我本科阶段已经在基金公司和券商做过四段实习，也是在实习的过程中初步确立量化投研作为自己未来的职业发展方向，所以研究生阶段的实习更多的是在延续本科阶段的探索。匡院大理科的培养模式也让我能很快适应新的教学环境和知识体系，让我在初入金融科技这个全新的领域的时候不会感到特别陌生和慌乱。当然，匡院的课业压力会比较大，但这种压力确实在促使我们成长，希望学弟学妹们好好学习专业知识，基础学科的熏陶对日后的科研以及工作都会有很大帮助。

2018 级

30. 复旦管院硕博连读统计学方向保研经验及感悟

苗 子

一、个人简介

本科阶段专业方向：统计学

本科阶段学术科研情况：参加院系组织的点集拓扑学、Fourier 分析、泛函分析、非参数统计等研讨班；

本学期正在参与数学系王立洪老师组织的统计学研讨班；

大三下学期参加过复旦大学管理学院博思营。

本科阶段获奖情况：人民奖学金、拔尖计划奖学金、基础学科专项奖学金、国家奖学金、校级优秀学生荣誉称号

联系方式：QQ：1020786488

二、保研攻略

复旦大学管理学院与统计相关的保研项目主要分为两类：一类是专硕，包含 DSBA 等商务专业硕士项目；另一类是学硕，主要是硕博连读，包含管理科学与工程、统计学等，

硕博连读的统计学包含数理统计、商务统计、应用统计三个方向，可以自主选择。

（一）基本情况

硕博连读的夏令营分为博思营一营和二营，一营申请比较早，5月初截止，需要提前准备好相关材料。二营申请在6月底截止。有些专业在一营可能会招满，所以如果想申请的话最好先申请一营。

（二）材料初审

博思营的申请需要两封推荐信，还需要一段一分钟的英文自述录像上传，要提前准备、练习。成绩在院系排名20%以内应该都能拿到入营资格。硕博连读项目最后录取总人数不超过50人，如果在一营录取人数差不多，二营基本就没有名额了。

（三）笔试情况

我参加的博思营笔试形式是线下，因为疫情原因，单独借用一间教室，需要两台设备，双机位，一台设备登录复旦专门的考试系统（考前老师会发详细的讲解与使用说明），开启前置摄像头，另一台设备在侧面拍摄进行监控。考试前自行打印答题纸（老师会发送模板），考试结束后拍照上传。正式考试前，老师会发考前须知，一定要仔细阅读。笔试题型主要涉及微积分、线性代数、概率论与数理统计，基础题为主，但也会有一两道难题，考前注意复习和知识巩固。一周内会接到笔试是否通过的通知。

（四）面试情况

因为疫情，我参与的博思营的面试为线上，关于统计学的面试，复旦管院统计学的老师大多数都有很强的数学背景，统计这一块建议大家对高等数理统计的内容预先有一定了解，管院对于统计学基本概念很重视，也注重学生对于统计学某一概念的理解与认识。数学基础这方面，主要涉及本科阶段学的微积分（或者数学分析）、概率论，建议面试前多回顾复习。中间会穿插一分钟的英文表述，主要涉及未来的规划等。到时会有超过六个老师一起面试，每位老师会根据自己的专业领域询问一个问题，根据解答情况进行打分，然后六位老师进行总分合计，一周内会接到面试是否通过的通知。

（五）其他事项

夏令营期间，管院老师会组织一系列讲座，包括心理学、思维方面，等等。管院师生氛围很活泼，线上讲座的互动非常活跃。此外，管院师资力量很雄厚，前身是复旦商学院，可以满足不同专业的需求。硕博连读一共是六年，第二年正式选择导师，因而夏令营期间可以不必提前选择导师。

欢迎学弟学妹参加复旦管院的硕博连读项目。

三、在校感悟

光阴似箭，岁月不居，转眼间我从最初进入大学校园时的萌新渐渐地变成一名大四的"老学长"。大学近四年的学习与生活,带给我的不仅仅是对外面的世界的零距离接触与感知,更是一种对自我精神与灵魂的滋养和充实。下面,我将对自己大学阶段的学习与生活作一番总结,分享自己的心得体会。

大学第一年:我以一个懵懂的心态进入了大学校园,认识了新同学、新老师,见识了很多新事物,再加上生活自理能力较为薄弱,一系列的"新"在最初也给我带来了很多不适应,不论是生活上还是学习上。生活上的不适应可以通过多次的练习,通过向他人请教交流等,由生而熟,而学习上的不适应不仅仅是在知识的层级上,更是在思想的层级上。那个时候对以后学什么专业都还没有明确的目标,更别说以后的规划和打算。最初的时候想学习计算机,但学院要求凡学习计算机专业的学生要必修"问题求解"和"微电子与电路基础"两门课,后来才知道,匡院开的这两门课是针对拔尖班的学生,基本有一定的基础。听了几节课之后,我体会到了自身与其他同学的巨大差距,以及由于前置知识严重欠缺,导致自己后来越来越跟不上,并且已经影响到了其他课程的学习,有一门课的期中考试勉强及格。因而我在反复抉择后选择放弃,及时止损,虽然心有不甘。

大一上学期主要学包括微积分(一)、大学生物学、物理实验、化学实验等大类基础课程,有助于在期末考试前进行专业分流时根据自己的专长和喜好选择。大一下学期,直接学习数分二与高代二,跳过数分一与高代一(需要自学)。那个时候自己学习很努力,可是总感觉没有找到门道和方法,往往事倍功半,走了不少弯路,很多东西学起来懵懵懂懂、一知半解,一度使我内心崩溃,还好在老师、同学和父母的帮助下,我慢慢调整了自身的状态,挺过了这一学期。所以在专业分流中,我从自身的兴趣出发选择了数学。

类似的情况一直持续到大二才开始慢慢调整过来,在反复的体会之后,我渐渐意识到,学习数学不能光靠死记硬背,不能仅仅为了做题而做题,需要结合不同领域的知识融会贯通,深入理解,慢慢找到自己内心的兴趣所在。当自己找到了某种说不清道不明的感觉,开始拥有了某种模糊的兴趣,那么在思想上才会努力追求进步,在进一步的学习中才会有更多的驱动力,感觉有充足的后劲。当然,随着学习的深入,课程的专业化程度将会越来越高,大二就需要修读大类的平台课程,大二下学期和大三,就需要在已有的大类基础上最终决定自己的专业意向,进而学习本专业的核心课程,从而课程学习的难度也逐渐变得越来越大。不过当内心的自信与兴趣在经历过去一年两年不断的培养与磨炼之后,再面对一个又一个选择与困难就会更有一些底气了。

到了大三,除了学习专业核心课程与其他必修课程以外,就要面对保研的压力,就意味着我需要对即将到来的未来选择迈出第一步,经过了两年的沉淀的我,似乎也更有勇气、更自信地应对了。大学三年以来,我通过自己的努力,除了渐渐适应了大学的生活,结识了很多热心的同学与老师,感觉自己无论是生活上还是学习上都有了显著的进步,受益匪浅。我在努力学习各种科学文化知识的同时,也曾积极尝试参加竞赛,比如全国大学生数学竞赛与数学建模比赛;同时,为了提升自己的英语口语,积极参加英语俱乐部社团。另外,为了提升自身的价值和回报学校,大三成为有训书院的新生朋辈导师,尽自己努力为学弟学妹服务,锻炼自己的工作能力。对于参与这些竞赛和实践活动,我认为,不必太在乎结果,只要参与的过程能够让自己内心感觉很充实也就够了。

进入大四,顺利进行了保研,自己的课业压力减小了很多,主要是准备和打磨自己的本科毕业论文,当然也选修或旁听一些自己感兴趣或以后读研需要的知识储备的相关课程。为了感恩老师对我的教诲,感谢学校对我的教育,我再一次报名成为有训书院的新生朋辈导师,同时参加学工部和书院组织的数学基础课程辅导,在为学弟学妹辅导课程的同时,体会到了为他人服务的快乐与愉悦,也锻炼了自己的工作能力。

对于未来,我还没有非常具体而翔实的规划,目前打算继续深入从事学业,进一步打好自己的基础,在努力钻研自己感兴趣的领域的同时,争取积极进行各种生活上和社会上的锻炼,进一步提高自己的生活能力与社会适应能力。同时,作为党员,要更加努力学习党在新时代的指导思想和精神,积极发挥先锋模范作用,积极服务他人、奉献社会,让自己成为一个更加全面发展,比之前更加进步的奋发向上的人。回溯过去,有进步,有不足,自己需要更加不忘初心,坚持理想信念,积极学习,锤炼修为,弥补不足。

对于匡亚明学院,它见证了我从大一到大四的转变与成长,是我大学生活的精神家园。匡亚明学院注重学科交叉,大力培育创新的土壤,在各个重要学科都取得了举世瞩目的成就。现在南京大学实行了书院制,我觉得匡亚明学院可以借助书院的平台进一步发展创新型人才的教育模式,帮助书院新生进一步体会科研与学习的魅力,深入感受诚朴雄伟、励学敦行的校训。书院和学院可以让老师、学长、学弟学妹之间通过线上线下等各种方式,针对学习与生活等各个方面积极互动交流,导师与学生之间可以进一步缩短距离,可以通过一系列科普讲座或沙龙,让学生进一步接触科研,进一步领悟科创精神,从而为之后的深入的创新型思维与交叉学科思维的培养打下更坚实的基础。对于学弟学妹,两次担任朋辈导师,与他们接触和交流的过程中,我从他们身上看到了自己的影子。我想告诉他们,任何时候,都要尊重自己内心最真实的想法,尊重自己的兴趣,更要尊重自己的志向。对于课程的学习,要重视基础,在把握教科书的基本理论的基础上,根据自身实际进行深入与提高。在进行专业与未来的选择和规划时,不必盲从,要学会独立思考。大学里学习与生活中的每一个经历,都是一次成长,每一个认真对待的日日夜夜,都是一种充实。把总结交给昨天,把汗水交给今天,剩下的就交给明天。

31. 统计学专业保研经验

于明汇

一、个人简介

1. 简历信息

本科阶段专业方向：统计学

实习：华泰证券研究所金融工程组、东吴证券研究所金融工程组，量化私募

科研：加入工程管理学院教授科研团队，最后发表C刊论文一篇（三作，前两位作者是导师）

社团：学生会活动策划部副部长，南大金融俱乐部（NFC）

竞赛：全国大学生数学竞赛省一等奖

其他获奖：南京大学优秀学生标兵、拔尖计划奖学金特等奖、人民奖学金、南京大学社会实践优秀学生

联系方式：邮箱：minghuiyu2021@163.com；微信号：yu15830183980

2. 申请情况

北大数学科学学院金融专硕九推（通过考核，最终去向）

北大汇丰商学院金融专硕数量金融方向九推（通过考核，一等奖学金）

北大光华管理学院商业分析专硕（未入营）

北大前沿交叉学科研究院大数据科学研究中心数据科学学硕(未入营)

清华经济管理学院金融专硕(未入营)

清华数学系应用统计专硕九推(通过考核)

复旦大学管理学院数据科学与商业分析专硕(通过考核,70%奖学金)

上海交通大学上海高级金融学院金融科技方向迷你营加夏令营(waiting)

上海交通大学数学科学学院应用统计专硕(入营未参营)

中国人民大学财政金融学院金融专硕金融科技方向(通过考核)

中国人民大学统计学院应用统计专硕(通过考核)

二、保研攻略

(一) 前言

首先说一些基本的申请常识。对于本科阶段的学生,升学的选择有硕士和直博两种。硕士分为学硕和专硕两类,前者在研究生就读期间需要跟随导师做科研、听组会,算是博士的后备军;后者则更侧重实践、重视就业资源上的倾斜,并不会有很多的学术训练,也就是说专硕是为了找工作做准备。另外一类就是直博,国内一般是5年,比硕士3年+普博4年要快一些,想走学术路线的学弟学妹可以早做准备申请直博,节省时间。

我自己是早早打定主意想要工作,所以不太考虑博士项目,主申专硕。无论大家想申请什么类型的项目,想出国还是国内升学,请大家做到理由充分,除了在面试中可以流利回答motivation的问题外,更多的是为了说服自己。如果一个人说自己想转金融、数据科学、咨询、快消,或者倾向于出国,却说不出个一二三来,是非常危险的。所以平时多多思考,想清楚自己对未来的期待和目标,并坚定地走下去。

(二) 前期准备

我主申商科,辅申统计避险,下面主要聊一下金融方向的申请准备。

申商科属于转专业,所以要准备的资料还挺多的,我主申量化类的项目(金融工程、金融科技),原因是有理工科基础比较对口且竞争压力较小,算是转向传统金融的一个跳板。

转专业的准备是一个系统的工程,从课程安排、科研训练、实习实践、比赛竞赛等方面着手。第一部分是专业课程,商科的基础课程包括经济学原理、管理学原理、微观经济学、宏观经济学、财务会计等。对于量化金融来说,需要选修数学(统计)、计算机、金融三个部分的课程,其中金融的要求最低。据我的体验来看,编程能力强的同学往往更有优势一些,量化的岗位(无论是researcher还是developer)都会要求有扎实的编程基础,所以大家可以多注重编程能力的锻炼。金融方面可以选修商院或工管学院开办的金融工程学、金融经济学、金融数学、固定收益,等等,和衍生品相关的课程都可以参与;编程方面可以选修计算机、人工智能学院开设的算法与数据结构、机器学习等编程类课程;数学和统计方面可以选修概率论、数理统计、多元统计、时间序列。

第二部分是实习经历，对想申国外金融工程硕士的同学来说，这一部分更为重要，详情可参考数学系的飞跃手册（没有的小朋友可以来私我）。国内没有那么看重实习经历，往年有很多没有实习经历的学长学姐也拿到了清华经管 fintech、高金 fintech 等高水准项目的 offer，所以说也不是必需的。但是一段扎实的实习经历可以加深你对这个行业的理解，帮助你进行职业规划。我找实习的途径主要有：各种实习群（找学长学姐拉你）、公众号（今日实习、好实习不南、量化投资与机器学习、研开开的告示牌，等等）、南大紫金会（南大金融领域校友会，会帮助南大同学内推，机会较大）。如果找第一份实习，建议走内推渠道，请家里人或者校友（紫金会）帮忙，自己找会比较困难，因为大家喜欢招上来就能干活的熟练工。如何写简历将在下文展开说。就我的经验来看，最好在申请的时候有 2 到 3 段硬核实习为佳，relevant＞bigname。但是实习在质不在量，不要在内卷中迷失了方向，要把实习当作了解行业的机会体验和对待，在实习过程中多和业界大佬交流学习，充分发挥实习的价值。量化的实习主要集中在券商研究所金融工程组、衍生品部门和量化私募（hedge fund），等等。研究所金工组的实习往往杂活较多，且研究不深（毕竟硬件就跟不上），但是有去头部券商（三中一华）的机会，够 bigname；私募是学东西的好地方，外资＞内资，因为是实战派，所以投资理念更实用一些，但是小私募一般名气不大，大私募（百亿规模或贵如九坤）十分难进，所以要做好权衡。如果以了解金融为目的的话，建议从行研做起，会对金融市场和投资有一个全局了解。

第三部分是科研经历。申请商科的话，科研不如实习重要，但是好的科研会非常加分。我自己的话只有一段工管运营管理领域的搬砖经历，所以不太有发言权。不过就我来看，大家都是通过主动给老师发邮件表明兴趣来获得科研机会的（记得附简历），可以先读读老师的论文以便对这个领域有所了解，来确定是否想深入研究。刚进组一般是从开组会开始，跟着硕士、博士生打打杂，后面会有独立完成课题的机会（确实不懂，就不乱说了，大家可以去咨询那些大三已经发 SCI 的大佬）。

第四部分是竞赛。量化的话可以参加量化投资比赛（如九坤），商科同学喜欢参加花旗杯、贝恩杯等案例分析大赛，大家可以多多参加，拿个冠军亚军什么的写在简历上也好看。除此之外，还可以参加建模竞赛，大一可以早点试试水，摸一下套路，不要担心不懂，不参加永远也不会。

第五部分是课外活动。如果申量化的话，这一块不是很看重，因为量化更注重你的专业基础。不过想申传统商科的同学可以多多参加，锻炼领导力和综合素质。

（三）申请准备

以上就是申请前的准备啦，下面聊聊申请时如何准备各种材料以及面试。

1. 文书

文书是最直接体现一个人思想和性格的材料，是最重要的材料之一（另外一个是简历），各类资料都有很多，我就不详细说了，写好 storyline 就好，重点体现你在每段经历中的收获和成长。

2. 简历

简历分成教育经历、实习经历、科研经历、课外活动、领导力等方面，注意分点陈述，写出细节，列出数据。必要时可使用 STAR 法则。贴不贴照片无所谓，但是不要搞得花里胡哨的，黑白即可，简单明晰。

3. 推荐信

国内老师的推荐信，对于专硕来说可以稍微提高点。

4. 面试

面试准备分成三个部分：专业课、简历面、行为面。量化项目常问的专业课有概率论、数理统计、算法和数据结构，但也会结合你成绩单上修过的课程来，不会一直问没学过的，问到了就说没学过赶紧过，留时间答你会的。还有学校可能会考智力题，大家可以参考绿皮书（*A Practical Guide To Quantitative Finance Interviews*）。简历面就是让你简要回答关于简历上实习、科研、社团经历等问题，建议提前写好答案背一背，到时候不至于太匆忙，没时间的话建议把关键词写出来，有的经历可能都是一两年前的，记忆难免模糊，但是这时候最好把当时看过的材料、做过的成果拿出来看看，面试的时候有话可讲。最后是行为面，商学院喜欢这个，比如你父母对你的影响、说一个你的缺点、大学时做过的最后悔的事，等等，大家可以找个题库把常问的题准备一下，到时候随机应变。

面试经验的来源很广，除了我院的保研攻略、各校的思享以外，知乎以及很多保研公众号都会有经验帖，或者直接 Google 也会有很多信息。大家可以多多搜集信息，我的意见也只是一家之言。如果大家想要金融相关项目介绍、岗位介绍、职业发展规划等相关资料，尽管可以来找我要，我有不少资料可以分享给大家。

无论大家想申什么项目，在阅读完官网、公众号、经验帖等公开的资料后，最好找在读或刚毕业的学长学姐了解一些一手信息，有助于进行申请和 offer 的选择。

(四) 项目介绍

这部分包括项目介绍以及面经，因为签了保密协议，不方便透露具体问题，大家想要的就来私我吧。

1. 高金

高金属于 Tier 1.5，除了光华、清华经管、五道口以外，高金是最好的项目，它的课程安排、金融实务、职业发展辅导以及校友资源都是没的说的，分为 fintech 和 general 两个方向，大概每个方向招 40 人。申请分为两轮，迷你营（北京两场＋上海两场）和夏令营，迷你营可直接拿 offer 或者拿到夏令营资格，没参加过迷你营的同学也可以直接申请夏令营。我认为迷你营和夏令营在考核上的区别不大,只在其他活动长短上略有区别。

(1) 迷你营:迷你营节奏非常快,一共三天。第一天上午是简单的项目介绍以及在读体验分享,之后就是笔试(fintech track)或 case 讨论(general track)。笔试考了 PDE、高代和概率论,面试 4 v 4,先英文后中文,有智力题。

(2) 夏令营:由于疫情原因,夏令营线上举行,总的来说活动还是会更丰富一些,包括业内人士讲座(来自中欧基金)以及已工作校友分享。笔试考了概率论,面试问了关于机器学习的看法、实习和科研项目介绍,等等。

2. 复旦大学管理学院数据科学与商业分析专硕

管院作为 Tier 2 的商学院,资源非常不错,拿到 offer 后就开始了职业发展辅导。有金融、管理、数据科学多个项目,资源共享,进去可以结识许多金融大佬。

管院不同项目申请分了两三批,我参加的是第一批,这个是线上举行的,考核方式为笔试+面试,据说笔试占比 5%—10%,具体比例我也不太清楚,但是可以确定的是重要性远大于面试。笔试题可以找我要,面试问题简单放两个:

(1) 科研项目介绍,写在简历中的最优化方法的解释。

(2) 统计学相关知识:评价一个统计量的维度有哪些、常见的估计方法。

面试结束和数学系的同学交流,发现还有问到大数据相关软件的问题,当然也是根据科研和实习经历来问的。如果想要申请这个项目,对大数据的理解和认识一定要深入,数据提取、清洗、处理、计算、可视化相关的软件最好都略知一二。

3. 北大汇丰

汇丰设在北大的深圳研究生院,金融硕士有四个方向:金融管理、金融科技、数量金融以及金融投资,其中后三个方向都是只对理工科专业的同学申请开放的。金融科技更注重对大数据和计算机的培养,数量金融则更侧重于金融相关的计量经济、数学和统计能力。我认为汇丰是对转专业同学非常友好的项目,三年制能够让大家有足够的时间学习经济、金融、财会等相关知识,打牢基础,也方便腾出时间实习。要知道,如果是两年制的项目,在研一入学的头两个月就要开始准备外资的暑期实习的申请,时间非常紧张。大家也可以去找找官网和公众号上放出来的就业报告,还是非常亮眼的。但是汇丰的职业发展服务约等于 0,并且要求军训,研一不许实习。

汇丰的申请有夏令营和预推免两个途径。夏令营的官方名称为"北京大学汇丰商学院全国优秀大学生经济金融论坛",参加夏令营一定要有一篇英文论文,考核分为论文答辩和面试两个部分。据说论文的题目可以不一定是经管类的,有同学拿美赛论文也入营了,但是一篇相关论文会更能表明你转专业的诚心。夏令营的录取率比较高,有论文的同学不妨一试。我参加的是 8 月份的预推免,没有任何活动,只有一场近 20 分钟的英文面试,主要围绕实习经历、科研经历、学过的金融课程、"why PHBS"等方面展开,还问了

"如果对投资者提一个建议,你会提什么"。

在拿到北大数院 offer 以前,我是打算要去汇丰的,最终因为强烈的地域偏好选择了北京,两个项目各有优劣,汇丰作为纯正的商学院,去投行、银行、证监会等国家部门机构的人很多,校友资源积累深厚,是个转专业比较不错的跳板。

4. 北大数院金融专硕

其实我觉得这个项目不能算是正统的金融硕士,一是课程基本都是金融中的随机数学、衍生工具模型、金融统计方法等数学课程,没有公司金融、财务会计、微观经济学、宏观经济学等经管类课程;二是即便有金融经济这种金融类的课程(事实上这门课也是主讲模型的),也是由数院老师来教授,而他们大多没有业界的经验,很难为同学们提供业界的观点和 insights;三是这个项目的去向多集中于量化金融方向,转纯金融的同学也大多是做债或者风险管理等中后台部门,相对来说竞争力没那么强,校友资源也不够广。

这个项目只在九推招生,面试在 9 月份,需要回答一道数学、统计学题目并展示你做过的论文或者课堂报告,我是展示了自己在实习中做的择时策略。

(五) 结语

写到这里,我总是回想到当初坐在图书馆一遍遍读飞跃手册的场景,羡慕他们亮眼成就的同时也在憧憬着自己的未来。申请季时学长学姐耐心的解答让我十分感动,来不及一一列举他们的名字,但我非常非常非常感谢他们对我一路的帮助。

另外,希望大家不要抱着"金融好火好挣钱"的思路来转金融,现实一定会给你泼一盆冷水,多做了解再做决定。

最后,Life is a journey,最好的风景在路上。希望大家不气馁、不自大,迷茫了就找前辈聊聊天,想放弃了就再坚持一下。走学术路线潜心研究很好,早日就业积攒经验也很好。少一些人云亦云和亦步亦趋,多思考自己是怎样的人,期待着怎样的远方。

Good luck and best wishes to everyone!

32. 从数学与应用数学到南京大学人工智能学院的感悟

雷昊一

一、个人简介

本科阶段专业方向：数学与应用数学

本科期间主攻方向及内容（附有成绩的课程为由教务处认证的研究生或博士生课程，其他是自学课程）：

模论与表示论初步(100)；代数拓扑中的微分形式(96)；局部紧群的表示(92)；伽罗瓦理论(91)；动力系统(90)；分析专题选讲(94)；复分析(92)；代数学Ⅱ(85)；薛定谔算子谱理论(93)；同调代数(79)；薛定谔算子反谱理论；康托谱理论代数几何；代数数论；流形与几何；数理逻辑；递归论；信息论；多元统计分析；时间序列分析；因果推断；凸优化；随机优化；分形分析；傅里叶分析

研究生去向：周志华老师的博士生

本科阶段科研经历：

2019年春季学期（大二上学期）跟从数学系于立老师参与代数拓扑研讨，系统学习代数拓扑相关理论；在后续课程中接触到用其方法进行加密的原理，并且对一般的拓扑流形给出了可进行加密的条件；同学期创办匡亚明学院数学方向研讨组，研究 Strum-Liouville 形式特征函数系与算子谱理论时应用算法验证，跟从我院吴盛俊老师进行科研；同学期修习伽罗瓦理论(91)、交换代数等研究生课程；担任南京大学匡亚明学院数学方向期末复习分享会主办者，在分享会中复习与拓展全院学生学期内的学习内容。

2019年秋季学期（大二下学期）由于疫情原因，未能回校学习，在家中修习分析专题选讲(94)、复分析(92)、模论与表示论初步(100)、分形分析、傅里叶分析、代数数论等研究生课程;本学期科研停滞。

2020年春季学期(大三上学期)在匡亚明学院吴盛俊教授的支持下,创办DIY课程应用数学方法导论,以报告的形式进行,其中进行人工智能与数学联系的报告有7次之多(作为全程主讲人、课程组织者)。跟从数学系李军老师参与偏微分方程研讨。学习Sobolev空间相关理论,对随机梯度下降方法进行了一次详细的证明,并给出了优化的可行性方法。参与椭圆曲线研究,本人为两位主讲者之一,共主讲10次研讨。主讲部分有椭圆曲线几何基础知识及所需要用到的代数几何的知识,参考J. H. Silverman的 The Arithmetic of Elliptic Curves 前三章;复数域上椭圆曲线的单值化定理和模函数的基础,参考上书第六章及J. H. Silverman 的 Advanced Topics in the Arithmetic of Elliptic Curves 第一章;p-adic域上的椭圆曲线等。此外,引入Tate曲线及相关工作,参考第二本书第五章及康奈尔大学的一份会议笔记。参与拓扑动力系统研究,本人为两位主讲者之一,共主讲二十余次研讨。主讲部分有几何测度论中Hausdorff测度的引入,Minkowski测度和Packing测度的推广;参考Pertti Mattila的 Geometry of Sets and Measure in Euclidean Spaces 一书前八章;无奇点流上Packing测度和其Packing维数间的联系,参考Peter Walters的 An Introduction to Ergodic Theory 一书前八章;撰写拓扑动力系统方向论文一篇,动机问题是动力系统维数特征在时间重新参数化下是否保持,得出拓扑动力系统中紧无奇点流上的Packing拓扑熵和其上由Borel概率测度定义的上局部熵之间的联系。担任南京大学匡亚明学院数学方向大二年级本科生核心课程高等代数(二)助教,助教评级为优秀;在担任助教过程中批改17周作业,参与期中期末阅卷,进行两周一次习题课讲解,以及学习群内答疑等。担任南京大学通修课程应用数学方法导论课程授课者,本学期正在进行,课程以每次3小时会议的形式进行;分次会议内容包括变分法,测度动力系统,流形与分形上的拉普拉斯算子,以及近期数学研究的一些成果。修习代数拓扑中的微分形式(96);局部紧群的表示(92);动力系统(90);代数学Ⅱ(85);同调代数(79);Spin几何(98);李群李代数(97);代数几何。2020年秋季学期申请Berkeley交换项目,跟从菲奖得主Brocherds学习,参与其平面代数曲线研讨;在本次研讨中,作为主讲人详细推导证明了椭圆曲线加密原理,并对于域的特征等于2或3的情况进行了进一步估计。同学期发表一篇SCI文章"Packing Topological Entropy on Fixed-point Free Flows", arxiv identifier:2102.10281,投至 Acta Mathematicae Applicatae Sinica,影响因子0.791。参与代数数论、算术几何研究,是两位主讲人之一,讲解部分有算术基础,如p-adic域及Q上的二次型等,参考Serre的 A Course in Arithmetic 一书前四章;以及代数的其他前置基础——交换代数、局部域、李群李代数等,此处为基础学习部分,参考书目多,故不列出;同时在研讨中从老师和另一位主讲人那里学习了类域论的动机与想法,我只参与学习与交流。成果以两位主讲人笔记的形式记录,并与老师进一步交流学习。参与代数拓扑、流形与几何研究,本人为四位轮讲成员之一,讲解部分有同调代数基础(追图法:五引理,蛇形引理;特殊模的性质:Noether 模等);同调代数深层部分引入(谱序列);参考文献为本系丁南庆教授同调代数课程讲义。CW-复形和单纯同调以及多余次以小章节为主题的会议,参考书籍 Hatcher 的 *Algebraic Topology*;成果以讲义的形式供下一届研讨课使用。

2021 年(大四学年)学习递归论、信息论、多元统计分析、时间序列分析、因果推断、凸优化、随机优化等;帮助物理学院王俊凯学弟进行科研,发表 SCI 收录文章一篇,在投 SCI 文章两篇;进行机器学习相关科研;进行谱理论相关科研;参与企业要求课题科研。

联系方式:邮箱:welldefinedlhy@gmail.com

二、在校感悟

数学应该是世界上最简单的学科了,所以能学好数学并不是多么值得骄傲的事情;我也不认为我的数学学到了极致的状态,但是我认为在三年时间中全身心投入自己喜欢的学科,并能将其中大概脉络摸清,为我科研的前进道路做下了铺垫,这是尤为重要的。对我个人而言,学院内设立的课程都过于简单,我几乎所有课程都未进行复习,导致我的成绩非常非常差,但这并未让我感到后悔,因为在直博的过程中导师并未以我的绩点作为参照,反而是用我大学三年的学习以及科研经历对我的核心素养进行评价并将我收作他的博士生,这也更符合我的学习兴趣:以兴趣导向为主,而非以绩点高为核心。

未来发展:正和我本科期间的科研经历类似,我将在博士期间继续进行进一步的科研工作,科研内容涵盖 SVM 中 kernel 相关内容,包括用 kernel 去解释 NN 等;我也会做一些和本科期间学习的纯理论相悖的工作,但这并不意味着我之前的学习是无用功;我会将实际和理论进行结合,力求在我认识的数学 AI 领域做出一番成就。

学弟学妹对数学的学习切忌按部就班;数学是一门贯穿前后的学科,当你站在一个更高的 motivation 来看先前的问题,你会发现很多问题都变得 trivial,这就迫使学数学的人需要不停地拓宽自己的知识面,一直处于学习新事物的状态,来保持对数学中各个内容话题的敏感性。希望学弟学妹能学到真数学。

33. 从统计学到南京大学数学系的感悟

庞天宇

一、个人简介

本科阶段专业方向：统计学

本科阶段获奖情况：人民奖学金、基础学科拔尖计划奖学金、2020 年美赛 H 奖、南京大学基础学科论坛二等奖

联系方式：邮箱：563288454@qq.com

去向：保研南大数学系

二、在校感悟

时间飞逝，总感觉高考就在昨日，如今竟面临本科毕业，真快呀！回想在匡院的四年时光，我觉得是欢快而富有价值的。

还记得当年高考填志愿，本着对基础学科（数学）的单纯热爱选择了匡院，经过四年的学习，虽然偶尔有对学院部分课程安排吐槽，但整体对学院扎扎实实的培养计划充满感激之情，真的学到了很多知识，接触了很多学术前沿，扩大了自己的学术视野。当然作为一个从小县城考上来的"做题家"，由于大学前期缺乏学长的经验指导，吃了很多不必要的亏，走了些弯路，吸取了很多教训。不过走弯路也是有好处的，起码磨炼了我。

还记得初入南大之际，被大学富有多元化的活动所吸引，参加了一些社团，参加过一

些志愿活动，报名了院里的学术会，说来自己还是团学联志工部的副部长。我觉得在大一这个学习较为轻松和基础的阶段，尝试这些富有社会意义的活动是很有意思的，起码大一的这些经历使我结识了许多好朋友，参观了南京的许多景点，给学习之余添加了许多乐趣。然而我还想说的是，大学最重要的事还是学习，所以在大二之后，社团活动我都很少参加，当然这些都是仁者见仁、智者见智。也有许多充满激情的学长在社团工作上留下了丰富的经历，并因此取得一些成就。

学习方面，我本科学的是统计学，但这个方向是在大一下确定的，在大一上时，本着大理科班的理念，我们学习了许多关于其他基础学科的知识，这些知识或许到现在来看几乎丢掉了，但对许多常识性的工作也有所了解，起码我能知道别的基础学科做的领域大概是个什么样子。不过回想当初的学习，确实在有些地方，自己存在偏见和狭隘的观点，比如当时的我本着对数学的热爱，不是特别想听生物、化学等课程，用功利的话说，因此导致我的 GPA 不太好看，年轻时比较执拗，现在看来确实还是有些影响的。此外院里最初安排课程的时候对于数学方向的部分课程确实存在一些问题，后来听说从下届开始已经改良好多，当年的高等代数好多东西还没学习，大学物理就开始运用，等等，这些都导致了部分学习困难，后期也花了一些时间去弥补。不过院里其他高质量的课程确实为我打下了扎实的数理基础，使我现在在做相关科研时能够轻松高效。当然，作为荣誉学院，优渥的待遇是不少的，每年的长三角荣誉学院联谊，使得我有机会跟全国优秀学子一块交流。此外，院里与国外许多大学有着密切的合作和交流，会在假期安排许多交换项目，虽然很遗憾我们这届由于疫情什么都没享受到，但后面的学弟学妹们一定会有所收获。

在学习方面，我衷心希望学弟学妹们不拘泥于课本知识，了解一些时代的前沿，多跟老师交流，多尝试一些项目，学会自学和与他人讨论，一定会有所收获。

作为我个人，我未来将在南京大学继续度过三年的研究生时光，跟随数学系的老师做一些神经网络方面的工作，希望自己能一直保持对数学的热情，对计算科学的热情。

大学四年，还让我难忘的是结识了许多要好的朋友，虽然即将奔赴世界各地，我们之间依然保持很好的友谊，去彼此家做客，一起出去游玩，一起打游戏，一起打牌，一块学习，一块参加比赛，总之令人难忘。

总之，希望学弟学妹们在人生最美好的四年，做到享受学习，享受生活，青春无悔！

34. 从统计学到上海财经大学的感悟

卢漱阳

一、个人简介

本科阶段专业方向：统计学

本科阶段学术科研情况：主要跟随数学系邓卫兵老师参加两个关于机器学习的讨论班。

本科阶段获奖情况：第十一届全国大学生数学竞赛（数学A类）一等奖、人民奖学金学科竞赛奖、基础学科专项奖学金优秀奖、第十二届江苏省大学生知识竞赛（理工科组）三等奖、2019年暑期社会实践十佳个人

联系方式：QQ：2628559678

二、在校感悟

转瞬已是来到匡亚明学院的第四个年头了，在这个不同寻常的平台上所度过的三年生活中，每一天都是值得回忆的。回顾过往，过去是我们宝贵的人生财富；展望未来，明天必将更加美好。

在三年多的学习中，能在自己所喜爱的专业中学习知识是最令人喜悦的事情。即使在学习中曾经遇到过各种困难，如今也俱成过往，所有的挫折最终都转化为激励我攻克难关的动力。在努力学习本专业的课程以外，借助南京大学跨专业选课的平台，我又选

修了自己感兴趣的其他学院的课程,拓展了自己的思路。在注重学习数学类课程的基础上,选修了商学院的课程,以期实现应用的交叉融合。三年来我越来越认识到学科知识的浩瀚无垠和重要性,坚持扩展自己的视野,丰富自己的认知。同时在学习成绩方面上了一个台阶,虽然成绩并没有能够名列前茅,但我也不断优化学习方法,在大二和大三年级的专业课学习中取得与大一学年相比较为明显的进步。通过三年的学习,我已经明确了自己的未来方向,调整了自己的奋斗目标。

在三年的生活中,我也遇到了许多优秀的同学,在平时的课程学习中互相激励,并培养合作精神。遇到疑惑的题会一起思考,积累解题思路;由于数学专业的核心课难度较大,在较为紧张的期末考试周,大家也会互相鼓励,早起去图书馆复习。最终大家也都取得各自较为满意的成绩。三年的学习中也离不开老师的教导,在数学系里学习也遇到了许多认真负责的老师,例如高等代数课程的丁南庆老师课程连贯自然,循循善诱,对知识概念的清晰解释辅以例题的引导,让人对整个知识体系有了非常清晰的了解和把握。同时在外院系的学习中也遇到了许多优秀的老师,商学院教授宏观经济学的李剑老师,上课幽默风趣,以严格的数学推导并结合对实际例子的应用,将现实生活中的经济现象以及之前让人觉得离我们生活非常遥远的宏观经济政策展现在我们眼前。总而言之,这样的学习经历将会成为我人生经历中的宝贵财富。

展望未来,我将进一步攻读硕士研究生,掌握更为前沿的数据处理分析技术,并将自己所学的多学科知识充分融合起来,以运用到实际场景中解决实际问题。在巩固本科已经学习过的多元统计、时间序列以及数据结构知识的基础上继续深入学习回归分析、贝叶斯统计、数据挖掘、分布式统计计算等课程,为提升统计分析和统计初步建模的能力,掌握数据采集、处理、分析和开发技能。本科在学科大类中所习得的知识已具备相当的广度,但在深度上还有所欠缺,而在研究生阶段,深入学习金融统计相关的知识,并着重提高在金融行业工作中应用的能力,是更为迫切的目标。

作为培养学生的主体,大学和学院的发展同样需要我们学生提出建议。南京大学学生自主选课力度大,更大程度地发展了学生的主体地位,有利于学生的自主学习和个性化培养。特别是匡亚明学院按照大理科的模式实施教育,注重通识教育,注重打下扎实宽厚的学科基础,重视早期科学研究训练,有利于学生提高对科学的兴趣,掌握多学科的基础知识,加强对交叉学科的融合研究。这方面已经走在了中国高校教育改革的前列。对此,学院应该继续坚持培养交叉学科领域优秀人才的教学方针。当下的社会,信息和知识都在高速地传播,人们获取知识的渠道大大拓宽,专精一技之长已经不再适应当下国家对高水平人才的要求了,能够利用多个领域的知识对现实中的问题进行处理成为新时代人才的必备技能。

学院的发展建设也需要进一步完善,各个专业方向课程设置应趋于合理。在数学类方向存在一些课程设置的问题:大一下学习高等代数Ⅱ,大二上学习高等代数Ⅰ,这一点需要进一步优化。由于学院专职教师偏少,学院需要对各个专业方向,优先聘请其他学院的老师授课。由于匡亚明学院各方向人数不多,所以可以实行小班制,更有利于增加师生互动,提高授课效率。同时在社会强调基础学科应用的背景下,学院不仅应继续加强对学生多学科知识的教学培养,同时也应加强对学生参与实际问题解决能力的培养。比如鼓励学生参加大学生创新创业活动,将自身具备的知识应用到解决实际问题中去,并从实践活动中弥补自身的不足,完善自身知识体系,这对于培养高精尖复合人才具有实际意义。同时,积极参与这些活动也能培养学生之间的合作能力,对未来的科研与就业都大有益处。

大学是我们步入社会的缓冲时期,经过高中的紧张学习迈入大学,而以后社会的生活环境、工作条件以及人际关系都会发生很大的变化,这些变化难免使踌躇满志的大学生产生心理反差。所以要正确面对挫折,提高解决实际问题的能力,才能使自己能更好更快地适应社会。在大学这样一个环境中,在许多事情上的经历和体验也会让我能在迈入社会时更加自信与从容。同样大学与学院也在面临中国社会进一步深化改革的时代潮流,在这样的关键时刻学院也需要立足当下,积极响应新时代的发展要求,建立更完善的培养机制。

对于现在或未来在匡亚明学院求学的同学们,我也希望他们能够坚定自己的理想,对自己的兴趣和未来有清晰的认知,对自己的学习计划有明确的规划安排,广泛涉猎学科相关的知识,并能够融入这个多元包容的团体中。

在此谨向迎来120周年校庆的南京大学致以热烈的祝贺,也祝愿匡亚明学院以及我自己都能有更好的未来。

35. 从统计学到南京大学数学系的感悟

王成耀

一、个人简介

本科阶段专业方向：统计学

本科阶段获奖情况：拔尖奖学金二等奖

联系方式：QQ：359026666

二、在校感悟

收拾书籍时看到大一时英语课的老师让写的未来展望，看到时不由得想起刚进入大一时的激动、紧张，又怀着对未来的期望。

大一刚开学时，感觉对什么都很有兴趣，也跟着大家选了计算机方向的两门课程，但学了一个月之后便感到力不从心。虽说自己也感觉确实不适合学计算机方向，但没能坚持上完一学期的问题求解仍是一直以来的遗憾。之后由于在微积分课上逐渐感受到对数学的兴趣，于是我选择了数学作为自己接下来的学习方向。

在下学期进入数学方向之后，面对大一上学期未学习数学分析（一）与高等代数（一）带来的学习后续内容的困难，我在跟上老师授课进度的同时认真自学了之前未学习的内容，也加深了自己对数学的理解，坚定了继续学习数学的想法。之后也考了托福，获得了100分的成绩，准备参加学院杜克大学的交换项目。可惜由于安全问题，大一的暑假没能去成港大的交换，由于疫情，大三上学期杜克大学的交换也没能成行。

大二上学期让我感觉自己并不是太适合学习纯数，于是后来我选择了统计方向。之后疫情在家的一个学期有些懈怠,并没有提升自我、做出一些进步。大三开始主要仍是数学的学习以及一些统计课程的初步学习,略有遗憾的是没有趁早开始进行一些科研的工作,之后的保研过程也是差强人意。希望自己还是能坚持努力,不能懈怠。

大一时范红军老师的微积分课,让我感受到了数学严谨的结构与精巧的证明,于是之后选择了数学方向,之后朱富海老师的高等代数、程伟老师的实变函数都让我进一步体会到了数学的魅力。虽然并没有继续学习数学,但还是收获了很多。在匡院的培养模式下,大一下学期许望老师的大学物理课也让我感受到了物理的魅力,虽然之后没有学习大学化学,很多原理也不甚清楚,但化学实验课也给我留下了深刻的印象。

总而言之,在过去三年匡院的学习中收获了很多,也仍有一些不足与遗憾,感谢学院三年来的培养,也希望自己能在接下来的学习生活中继续努力,不能懈怠,不给学院丢脸,让自己配得上匡院学生的称号。

之后的三年研究生时间里希望自己能在数学系继续认真学习、刻苦钻研吧,希望自己能在运筹优化领域深入学习,不负青春。因我个人的很多遗憾,我希望学弟学妹们能尽早找到自己的学习兴趣与方向,尽早跟随老师做一些科研工作。

记得那天李克强总理来到南大,在电子学院的门口教导我们:"你们的志向,应该高尚,或者说有更远大的志向。但是你再有远大的志向,也要从近处做起,一定要诚心对待你想从事的事业。现在你们也不是嚼菜根了,吃得要更好了。但是还要有嚼菜根的精神,将来要干大事!所谓大事,并不是高岗位,是这个事情对这个社会是有利的,哪怕这个利对你们自己来说是奉献,但是要利天下,这应该是你们的志向。"

作为匡亚明学院的学生,我们也应当坚定自己的理想,为祖国的建设出一分力,无论是数学、物理,还是化学、生物,抑或是计算机,我们都应当努力学习,在自己的领域发光发热,为建设创新型的中国作出自己的贡献。

计算机方向

2016 级

36. 清华大学计算机科学与技术系保研经验

陈劭源

一、个人简介

本科阶段专业方向：计算机科学与技术

本科阶段获奖情况：国家奖学金、人民奖学金、校优秀学生、校优秀毕业生，2019年国际大学生程序设计竞赛东亚区决赛金奖、CCF大学生计算机系统与程序设计竞赛(CCSP)金奖第三名、2019国际大学生程序设计竞赛亚洲区域赛(南京站)金奖、2019江苏省大学生程序设计竞赛特等奖

联系方式：邮箱：wx-csy@outlook.com

二、保研攻略

清华大学计算机系的研究方向包括计算机系统、计算机应用和软件工程，主要研究所有：

- 智能技术与系统国家重点实验室(人工智能实验室)
- 人机交互与媒体集成研究所(媒体所)
- 高性能计算研究所(高性能所)
- 计算机网络技术研究所(网络所)
- 计算机软件研究所(软件所)

需要注意的是，清华大学计算机系的研究领域不包含理论计算机科学，想读理论计算机科学的同学可考虑报考清华大学交叉信息研究院(但是叉院的难度比计算机系大很多)。

清华大学计算机系外校保研以直博为主，外校保研的硕士生名额极少，只想读硕士、不想读博士的同学请谨慎考虑。

前期准备

如果想要申请清华大学计算机系保研，大学前三年的首要任务是维持一个较好的学分绩。清华大学针对外校保研一般要求前三年总评成绩在本专业的前5%，虽然对于本科大学较好的学生未达到此标准仍被录取的也不在少数，但在缺乏其他依据的情况下，

学分绩仍然是老师筛选学生的首要标准。

此外，建议大家尽早联系导师加入实验室。加入实验室的好处是，一方面如果发表了文章，那么你在申请时会占很大优势（绝大部分申请者都没有发表过文章）；另一方面你的导师可以帮助你联系对方学校的导师（搞相同或相近方向的老师都在一个小圈子里，互相之间都很熟悉），这比你自行联系对方导师有效得多。

申请过程

由于每个老师手中的名额有限，有特别想要的老师请尽早联系（在大三下学期就可以联系了），如果能通过本校老师联系到对方老师那是再好不过了。老师可能会私下电话或现场面试，如果表现特别好的话或许可以得到老师的口头 offer。

计算机系暑假会举办一个夏令营（时间可能和南大夏令营冲突，如果时间冲突需要谨慎考虑），夏令营主要包括机试和导师交流两部分。计算机系的夏令营不发放书面 offer（但在导师交流环节仍有可能得到导师的口头 offer），机考成绩较好的话，可以用作九推的机试成绩。夏令营的机考前两题比较容易（大致是 leetcode easy/medium 的难度），第三题有一定难度，当然如果有算法竞赛经历的话无须过多准备；对于无算法竞赛经历的同学，可以多做一些相关 OJ 题（最好能熟练掌握 leetcode medium 以下难度的题目，时间较多的话也可以做一下 hard 题目，或者 codeforces div3 的题目）。

之后就是 9 月推免。九推主要包括机试、专业面试和综合面试三部分。能入围 9 月推免的考核的学生多数已经获得了导师的口头 offer，并且在专业面试和综合面试这两部分被刷掉的很少（印象中几十个人中只有四五个被刷），因此在九推前获得口头 offer 十分重要。九推的机试比夏令营的机试要难不少，且分数不另行折算，因此最好能在夏令营把机试考掉。九推的面试大概会有 30 分钟，专业面试需要制作 PPT，进行自我介绍，包括本科的学习情况、获奖情况、科研经历等，老师会针对你介绍的内容进行提问；综合面试包括英文自我介绍和老师提问，老师通常会问你的研究动机、读研期间的研究计划和毕业后的打算，以及可能会针对心理素质方面进行考察。通过九推后基本就可以确定被录取了。

总结

总的来说申请清华大学计算机系保研并没有想象中的那么困难（计算机系保研申请者的本科学校优于我校的寥寥无几），对于我校学生来说，最重要的是大学前三年把学分绩刷好，尽早加入实验室进行科研；大三下学期积极联系对方学校老师，提前准备夏令营机试和九推。

致谢

感谢蒋炎岩老师在联系导师、准备面试等方面为我提供的热心帮助。感谢许畅、袁春风、马骏老师在推荐信方面提供的帮助。

感谢其他在申请过程中帮助过我的同学和老师。

37. 南京大学计算机系保研经验

谈　婧

一、个人简介

本科阶段专业方向：计算机科学与技术

本科阶段学术科研情况：一段 UCB 海外交换经历

本科阶段获奖情况：拔尖计划奖学金、人民奖学金

联系方式：微信号：katerinatan

二、保研攻略

面试

问题基本比较简单，一般会先让面试者自我介绍，然后根据你做过的项目或者研究方向进行有偏向的提问，其中一定会有一道英语描述题。我当时就被问了 bellman-ford 算法描述，unionfind 的优点，用英语描述 NP、NP-complete 和 NP-hard 问题的区别，还有操作系统相关的缺页处理流程，页和段的区别。最后，因为我做 CV，所以还问了如果要用 CV 做垃圾分类应该怎么设计算法……总的来说，问题挺多，涉及的面也很广。提前准备的话，操作系统可以稍微看下经典面试题，好好准备自己做过的项目或者研究方向相关的问题就好了。

如果被问到不会的题目，也可以引导老师换题，比如可以说说你知道和这个相关的

一些内容，然后老师就会问你你会的题。

机试

如果不打 ACM 的话最好不要裸考！往年题目都可以在百度搜到，每年其实就只会涉及动态规划（主要是各种背包）、搜索（bfs/dfs）、图/树算法。难度基本就是 leetcode 中级，所以也不用想太多。题目是按过了的数据点给分，而且当场就可以看到自己的分数，所以其实不用非要每题都完全做对，尽可能多拿点数据点就好。然后就是最好事先多做做题，培养一下手感，考试的时间还是很紧的，如果写得很慢或者瞻前顾后地 debug 的话，也会影响成绩。

本校保研的通过率

2016 级总体情况我没有了解特别多，但是感觉基本上提前准备的同学都轻松过了，所以学弟学妹好好准备、不要轻视即可。

三、研究生阶段感悟

研究生阶段科研情况介绍：

保研南京大学计算机系 MCG 组，研究方向为计算机视觉和视频理解。目前取得的成果包括：

1. 在计算机视觉顶级会议 ICCV 上以共同第一作者排名第一发表论文"Relaxed Transformer Decoders for Direct Action Proposal Generation"。

2. 参与 LOVEU@CVPR'21 比赛视频边界检测比赛，获得了团体第四名（4/40）。

3. 将比赛采用的方法进一步完善为新的工作"Temporal Perceiver: A General Architecture for Arbitrary Boundary Detection"，目前正在投稿流程中。

4. 以第二发明人提交基于两篇论文的专利《一种基于松弛变换解码器的直接时序动作检测方法》和《时序边界检测方法及时序感知器》。

研究生阶段获奖情况：

南京大学计算机系学业奖学金、南京大学兴业银行奖学金、2021 年南京大学优秀研究生

研究生期间学习感悟：

读研期间最大的学习感悟就是做科研需要耐心和坚持。从本科开始，我在匡亚明学院受到的科研启蒙中就明白了科研是一个探索未知的长线作战，而非每天都有大新闻，但只要坚持在一个领域深耕，一定能或多或少地作出自己的贡献、推动领域的进步。在我读研的过程中，进行科研创新就是在推动前沿，做一些前人没有做过的事情，所以小挫折和困难可以说是源源不断地出现。由于已经有了心理预期，我一直都会觉得"总会有办法、再想想、再试试"，而不是轻易地换题、放弃。因此，我也才能够定下心在一个领域深入研究、积累一定的成果发表。

除此之外，我认为非常重要的是交流，科研需要独立思考，但绝非闭门造车。和同行的交流是首当其冲，但跨方向的交流更是非常重要的科研途径。在和别人的交流中，不仅可以反思自己科研思路的正确性，更可以非常高效地了解到领域的进展，甚至在别的方向找到解决本领域难题的方法。很多伟大的工作正是运用了来自别的方向、学科可能比较经典的方法，得以解决本领域一些棘手的技术瓶颈。匡院的大理科学习也正是传达了这样的想法，给我们更多的机会了解别的基础科学的经典理念和方法，也给我们提供了很多结识不同方向同学的途径。正是在这样的教育下，我才更主动地和各种各样背景的同学交流本领域的方法和问题，获得更多科研启发。

对现在本科生的建议：

学弟学妹在本科阶段还是需要多花时间学好专业课，不仅仅只是为了获得一个好的 GPA，更是为了在很多看似没有用的课程内掌握日后可能令自己在领域内脱颖而出的技能。我个人认为，本科阶段还没有到只专心学习一个非常小的领域的时候，而是最好广泛、认真地学习所有的专业基础课程。

课余时间如果想要拓展一点科研相关的内容可以多和学术导师交流，主动要求参与一些项目以快速地上手一个小领域。同时，和学长的交流也很重要，靠谱的学长拥有很多踩坑经验，也可以根据自身经历教你如何有效地安排时间、提前规划。

最后是一个（可能仅限 AI/CV 方向的）小 tips：如果学弟学妹想要通过加入师兄师姐的课题来完成毕设的话，可以搞清楚组内会参加的会议分别在什么时间，并且提前三个月左右问问师兄师姐。一般 11 月份会毕设开题，但是 CV 方向的顶会是 11 月和 3 月各一个，一般以 11 月为主。之前师妹 11 月来问我毕设项目的时候是刚刚投完会议，所以很可惜，没有内容带师妹，如果提前到八九月份来问就会更合适一点。

2017 级

38. 北京大学信息技术学院保研经验分享

鄢振宇

一、个人简介

本科阶段专业方向：计算机科学与技术
本科阶段获奖情况：拔尖奖学金、校级优秀学生
联系方式：QQ：1015198808

二、保研攻略

前期准备

首先是对"套磁"的理解。套磁并不是和导师套关系、让导师放水。如果抱着这样的心态，那最好还是不要套磁。

我认为，套磁应该是告知老师，你对他的研究方向有兴趣，让导师知道某某大学有个叫某某某的学生对自己的研究方向感兴趣。在通过面试之后，导师可以根据这个和你谈。

联系导师的话，我认为最好附上简历等材料。

夏令营形式

往年没有疫情的时候,似乎是机试＋面试。机试是 3 小时做 10 道题,至少要做出一道。今年由于疫情影响,只有面试。面试分为 PPT 汇报和问答。

PPT 汇报包括:

1. 个人汇报(不超过 8 分钟)

个人情况

之前的学术背景(做过的科研、项目等)

博士期间的研究计划(感兴趣的研究问题和拟采用的研究方法)

毕业后的规划

2. 介绍一篇自己感兴趣的论文(不少于 4 分钟)

问答过程中,主要是针对我介绍的论文(及其相关研究方向)和我的学术背景进行询问,完全不涉及计算机基础知识。(个人浅见觉得这种面试方式更适合研究生招生)

准备

根据距离夏令营时间长短不同,有几种不同的准备方式:

还有 1 年以上

可以考虑进组(本科生进组、换组都是比较自由的,不需要太过担心),考虑出国交换。

还有半年以上

找一个自己感兴趣的组,学习一下课程相关知识。

还有一个月左右

看一看自己感兴趣的方向的研究生课程,阅读一些课程 slides 中提到的论文。

小广告

我目前在北京大学程序设计语言研究室,感兴趣的同学可以来找我玩呀。

三、研究生阶段感悟

我目前科研项目的进展比较一般,个人认为研究生阶段的学习和本科生阶段有较大的区别。以下几点是我认为我做得比较好或者目前比较欠缺的:

1. 本科的时候,很多课程中都会有一些拓展内容,这些内容虽然考试不会考,但是如果掌握了,往往能够对相关知识有更深入、更广的理解。随着这样日积月累,能够让自己的理论知识更扎实。个人感觉自己本科阶段的基础还算不错。

2. 英语能力也非常重要,研究生阶段往往需要阅读文献来了解所在领域的前沿。但是我阅读英文论文时还是比较吃力(虽然阅读英文教材已经没有太大压力了),这点使得我比较难静下心去看很多文献,使得自己对各领域的理解都非常有限。

3. 保持对前沿的了解,这个可以通过读文献完成,也可以关注一些知识分享号,比如华为就有一个编程语言 Lab 的视频号，时常会有一些讲座和沙龙。

4. 对于科研进度的管理和把控能力较差，很多时候对实验没有长期规划，导致一直走弯路，并且在没有硬性时间限制的情况下，效率较低。

5. 对碎片时间的利用也很重要，不过这个基于自己对各领域的了解。如果自己对研究方向的前沿比较了解，就可以利用平时的空闲时间构思一些点子。

关于科研，Richard Hamming（提出 Hamming code 的人）还有一个著名的演讲：You and your research。

总的来说，科研和本科学习也类似，都是一个长跑和积累的过程，如果能保持一个良好的状态，就能非常成功，而如果前面落下了，追上去是需要一段时间的，在这段时间内不能气馁，要克服自我怀疑，才能逐渐赶上。

> **2018 级** >>>>>

39. 北京大学计算机学院保研经验分享

胡俊豪

一、个人简介

本科阶段专业方向：计算机科学与技术

本科阶段获奖情况：基础学科拔尖计划奖学金、国家奖学金、华为奖学金、周大福奖学金、郑钢海外交流奖学金，江苏省三好学生、优秀学生标兵、优秀学生、优秀学生会骨干、社会实践优秀学生、优秀志愿者等荣誉称号

本科阶段学术科研情况：

参加暑期 MIT 机器学习训练营

入选字节跳动暑期夏令营的房价预估项目

加入加州伯克利大学阿尔伯特教授课题组进行计算机视觉方向的研究（郑钢海外交流奖学金）

加入微信测试中心进行 AI 辅助的分布式编译优化相关的研究

入选郑钢未来领袖人才训练营

联系方式：QQ：1185276716

接下来列一下夏令营和录取情况：

向南京大学投递简历，最后放弃参营。

向北京大学投递简历，进入复试，只有面试（30分钟＝7分钟自我介绍＋23分钟自由提问，自由提问只问课外的科研项目，课内的什么PA、OS都不理会。如果你没有一两个像样的课外项目，可能会比较危险）。北京大学这边过得异常顺利，应该是南大这边的A老师帮我做了强推，然后北大这边的B老师在我面试刚退出腾讯会议一分钟不到，就打电话过来找我确认意向了（A、B老师曾经是同一个研究组的）。所以在你有一定实力的基础上，找老师帮忙推荐是很重要的一件事情。

准备的话，我只把简历上的项目，各种问法和答法在脑子里简单过了一遍（最后果然全是问项目，所以一点都不慌）。但我建议同学们除此之外，还是要好好刷leetcode。因为北大夏令营没有机试，所以我没刷，但其他学校就不一定了。如果不刷熟练了就上考场做oj可能会出大事故。

最后，我想罗列出大学四年中感受最深的几点。这几点是从我有限的大学时光里提取出来的，不代表我未来的看法，不代表正确的看法，请看官谨慎阅读。如果你只是对数据感兴趣，想把我的数据和别人或自己作对比，然后有所判断和抉择，看到这里就可以结束了，谢谢你的关注。

二、工作还是科研

如果要做一个极简的总结，在生活体验方面，博士生＝提出问题者＋大厂上班族。即博士生的生活真包含大厂上班族——各种意义上：包括压力、做的事情、生活状态等。当然，撇开生活体验，和结果相关的一些论断，比如读博之后出路更宽等云云，不在讨论范围内，我们只聊聊，如果读博了，或者如果工作了，在这段生活经历中的异同。

工作和科研的最终目标都是解决一个问题（完成一个任务）。比如把一个深度学习模型，部署到多台机子上。工作：部署完，运行成功，结束。科研：部署完，运行成功，你还可以做得更好，你还可以思考怎么运行能更快，怎么部署效率更高。

在大厂工作的时候，以团队工作、完成任务为主。所有遇到的困难和折磨，全是为了完成工作，然后领到工资。如果说完成给定任务能带给你莫大的成就感，那么工作或许会适合你。在做科研的时候，以发现问题为主。很多情况下，我们不能发掘一个好的值得研究的问题。而一旦好的问题被提出了，剩下的步骤就跟在工作的时候一样了——解决你自己提出的这个问题。所以一个合格的博士生最重要的评价标准之一就是，他是否能抓住一个领域的难点、痛点，并把它归纳成一个具体可操作的问题。

工作和研究生活都很"饱满"或者"内卷化"（这里我错误使用了"内卷"的定义，详见下文）严重。在大厂，所有员工都会有晚上和周末加班的自觉。为了绩效，为了自我提升，所有人都保持着（略低于或略高于）高三的冲劲和状态。而各路研究生，不仅要保持这种冲劲，还随时需要应对突如其来的压力。

最后，纸上得来终觉浅，赶紧来一场轰轰烈烈的实习吧。去大厂体验半年或者更久，对于工作还是科研你自然有所选择。当然这里需要区分一下研究性实习和非研究性实习。如果你是要体验大厂的工作环境，那么一定要选择非研究性实习，让自己真正进入"打工人"的行列。

三、空谈解法还是代码能力

代码能力永远是最重要的，只要你仍身处计算机科学与技术专业行列。

请在心里把上面这句话重复三遍。

在大厂或是科研，几乎都不会遇到非常 conceptually hard（观念上看起来很困难）的问题，最大的问题在于你如何去实现它。换个说法可能你就会觉得"很废话"了：课上讲的能听懂，课后 OS Lab 写得出来吗？多线程的概念很简单，无非就是在几条赛道之间切换，但你能写对吗？

有的同学可能会觉得这个要求太高，但完全不是这样。细想一下，谷歌面试，让你在白板上用马克笔手写无 bug 代码，这和在 vim 上写没有啥区别。所以，永远保持对至少一门语言的敏捷程度，不断提升自己的 debug 水平，做到闭着眼，用命令行终端 vim 也能写程序，也能无 bug，应该是每一个 CSer 的目标（黑客预警）。

最后讲讲你可能会遇到的 conceptually hard 的问题。想想你上的最难最难的数学课或者算法课。听不懂的部分是真听不懂。有一部分搞机器学习的人，在推动着支撑机器学习底层的数学原理的发展，这些人都是真正的天才和勇士。当然，偶尔你在科研的时候也会需要一些证明（不包括简单的证明，专指那些你想半天也不知道该如何证明的东西）或者 brainstorm，但也就那一小会儿。剩下的，是无穷无尽的编码和实验。

如果要总结一下的话，就是：如果你能保证"永远保持对至少一门语言的敏捷程度，不断提升自己的 debug 水平，做到闭着眼，用命令行终端 vim 也能写程序，也能无 bug"，那无论你是工作还是科研，唯一能制约你的就只有一点点 brainstorming 了。（就算想不出来，还可以和业界大拿讨论，寻求帮助，最后合作发文章）当然，这点必须提到：这一点点 brainstorming 决定了你是否能站到"世界最顶尖的行列"，但不影响你站到"世界前列"。

四、"卷"还是"摆烂"

平时请永远保持上进心，永远逼近但不达到"卷"。适当"摆烂"。

我一直理解的是，"卷"是无意义的恶性竞争。其中"无意义"是最可怕的。举个例子，当你发现自己微积分其实已经学得很好了，刷题都要刷吐了；这个时候如果你仅仅是为了多考两分，而不是从题目中吸取更多新颖的知识，而去继续刷微积分的题，那就是"卷"。请停下来，好好休息，或者去学点别的东西，去做点别的更有意义的事情吧。

我一直理解的是，"摆烂"是不做好自己明明可以合理利用时间做好的事情。其中，"合理利用时间"指的是你不用为了完成这个任务去专门熬夜，去牺牲正常的休息娱乐时间，并且你没有因为拖延导致这个任务最终无法完成。举个例子，我经常听见类似的话："到现在算下来，我总评已经有 80 多分了，Lab4 我就不做了，哎（大声叹气），不想跟他们卷。"这种情况我推荐，从两个角度去考虑要不要"继续做 Lab4"。（1）做 Lab4 能带给你多少收获？它有意义吗？它是不是真的属于我上面定义的"卷"的范畴？（2）你还剩多少时间？这门课的 Lab4 是不是"人类无法完成的"？我是否"不吃不喝不睡"才能做完 Lab4？

大家情况不同，最好不要把自己或他人的行为轻易二分类为"卷"和"摆烂"。与此同时，保持一颗上进心，劳逸结合。

字数有限，只能先说到这里了。这长篇大论，终究是一家之言。或许你匆匆扫过一遍（感谢你愿意花时间阅读我东拼西凑的一些思绪），两天后几乎都忘掉了，但请一定记住这几件事情值得尝试：尽早去大厂进行非科研性实习；就本文提到的这些问题（以及其他你感兴趣的问题），与至少两人（学生和老师）交流，并谨慎听取一切建议和感受。

小心：交流人数越少，你的信息越闭塞；交流人数越多，你的思维会越乱。

最后，祝你我都有美好的前程。

40. 计算机方向保研经验及感悟

刘春旭

一、个人简介

本科阶段专业方向：计算机科学与技术

本科阶段学术科研情况：曾参加院内组织的MIT机器学习+系列线上课程，最终分数91.2。在南京大学计算机系媒体计算组（MCG）跟随王利民老师进行科研工作。工作顺序如下：(1) 帮助组内学姐为视频数据集逐帧打标签；(2) 协助学长编写代码、跑实验、统计数据、思考新方向，最终投稿，经历被拒后再次投稿；(3) 自主跟随导师尝试新思路，进行科研工作（兼毕业设计）。最终保研，继续在MCG组攻读博士。

本科阶段获奖情况：南京大学本科生基础学科专项奖学金、人民奖学金、拔尖奖学金、杨咏曼奖学金、南京大学优秀学生会骨干、南京大学优秀共青团干部

联系方式：手机号（同微信号）：15022320541；QQ：1255538705

二、保研攻略

申请夏令营时的基本情况：

GPA：4.39/5　院内排名：35/97　专业排名：3/9

英语能力：TOEFL：107　CET6：623　CET4：647

科研经历：

和南大MCG组的博士生学长合作，以二作身份投稿一篇NeurIPS（但是很遗憾，后来没中）

网络方向大创，但是没出成果，只能说是读了一些论文（在上交的营里起到了作用，

有这个方向的老师联系我)。

简历里提到的课程项目：

ICS、OS系列实验

编译原理课程项目

学院里申请到的MIT深度学习相关网课(含金量并不高)

申请院校(按照时间顺序)：

CUHK、上交、北大、南大、北大预录取

准入院校：

CUHK、上交、南大、北大预录取

夏令营信息

基本申请夏令营需要的东西就是这几样：

(1)官方提供的申请表；(2)个人简历；(3)奖项证明；(4)英语能力证明；(5)成绩单；(6)学生证、身份证；(7)推荐信(我申请的只有北大要三封)；(8)研究动机说明(南大ICS组需要)。

首先，我所有夏令营/预录取均是通过保研派公众号以及关注目标院校的官网来了解的(大概从3月份开始)，尤其港校，还是要更多地关注一下官网信息，保研派上不全。另外，我结合个人情况以及多方因素的考虑，最终选择读博，所以所有夏令营均为直博夏令营，在想清楚这一点后，就可以得出一个结论，那就是导师很重要，所以要提前联系导师。下面具体说明一下这些夏令营的情况。

1. CUHK 我参加的营全称是CUHK PhD Summer Workshop 2021，这个营中不光包括计算机系的，还有很多其他系的，一共入营300多人，其中包含一个线上面试和很多的workshop可以去旁听(全英文)。面试我的是两位外国老师，问了一道比较基本的数据结构题，属于从基本(滑动窗口)问到比较深的(二叉树、平衡树)。虽然通过夏令营相对简单，但是选老师时，如果你有非常感兴趣的老师，一定要去主动发简历联系，其实最好在夏令营报名时/报名前就去联系，这样老师如果对你也感兴趣的话，可以为你提前留出位置。

2. 上交的营报名条件上写了"本科前五或前六学期成绩的专业排名在前30%，C9高校排名可以适当放宽"。所以大胆报名。(https://yjwb.seiee.sjtu.edu.cn/yjwb/info/16773.htm)

面试的时候首先是一个自我介绍(参考问题："什么是匡亚明学院"，"计算机拔尖班和匡亚明学院的关系"，"排名大概如何转换")，然后老师会依次问简历、根据成绩单抽问一些问题(英文)、随机问题、科研心态问题。这里也要考虑提前联系感兴趣的老师，请老师帮你提前留出位置。另外上交的年轻老师好像挺多的，系里的各种项目、机会也挺多的，如果通过夏令营，可能陆续会有一些老师带着各种条件来联系，如果有合适的项目、方向也可以考虑试一试。

3. 北大的夏令营入营难度会取决于该方向竞争的激烈程度,我填的方向是应用计算机的计算机图形学方向,填的导师也比较热门,南大入营这个方向的很少;不过软件方向仅匡院就有三位同学入营,可以简单参考一下。

4. 南大的直博营说实话是这几个夏令营里学术问题问得最多的,先是限制一分钟的自我介绍,然后问一些学术问题,面试我的三位老师分别问了数据结构、计算机网络和计算机系统那一套,从深到浅都有涉及,然后会问一些心理问题。另外提一句,我的导师(计算机视觉、机器学习方向)和我吐槽说面试的时候问了大数定律、贝叶斯定理,一个能完整说出来的同学都没有。

5. 北大预录取,时间大概在 9 月上中旬。其实最好不要把精力放在准备这个上面,因为预录取阶段中热门导师的名额剩的肯定是不多了。我报名是因为材料和夏令营的报名材料基本重合,所以不太需要再特意准备,于是我就投了一下试一试。但联系我的导师方向和我的理想方向并不相同,所以最终还是放弃了。

总结下来,其实夏令营机会还是很多的,也没有想象中那么困难,放轻松。只要在剩下的时间里将自己的简历填充完整,尽可能去做一些有价值的事情,无论是科研还是实习又或者是一些开源项目,都是不错的选择。然后认真思考是出国还是留在国内,是读博还是读硕,以及读哪个方向。最后推荐一些阅读材料:

Ph.D Grind:一本博士回忆录

Work-Life-Balance:保持均衡,拒绝内卷、内耗

Structured Procarstination:结构性拖延

How to Read a Paper:读论文的方法论

How NOT to Review a Paper:如何给文章挑刺

Checklists for Stat-ML Ph.D Students:微型的科研之路建议

小马过河:别人的经历永远是别人的,只能作为参考,自己一定要有自己的思考。Don't get lost!

化生方向

2016 级

41. 上海中科院生物与化学交叉研究中心保研经验

徐千惠

一、个人简介

本科阶段专业方向：生物化学与分子生物学

本科阶段学术科研情况：大三在化学化工学院分析化学方向黄硕老师课题组进行了为期一年的科研学习。

本科阶段获奖情况："基础学科拔尖学生培养试验计划"奖学金优秀奖、人民奖学金、董氏东方奖学金、优秀学生、2020届优秀毕业生

联系方式：邮箱：xuqh@sioc.ac.cn

二、保研攻略

生物的申请通常在5月和6月进行，具体可以参照保研论坛的汇总，夏令营通常在7月的上旬和中旬进行，如果遇到夏令营时间冲突的情况，要做出选择。

关于申请，首先是绩点要达标，这是保研夏令营审核最初的门槛，结合你是否有丰富的科研经历，将决定你能否通过初审，获得夏令营入营资格。

申请的时候要自己划分一个档次，按照自己的能力可以争取入营并取得优秀营员资格的为一档，以自己的能力可以确保获得预录取 offer 的为一档，两个层次的夏令营建议都参加一下，能够去第一档次自然最好，但还是要以防万一。

要提前了解各个学校专业的排名,尤其是你感兴趣的具体的研究方向在该学校的情况,读研究生大学的名气固然重要,但个人的发展情况更多的还是依赖于所在实验室的水平,可以查一下感兴趣的专业领域的大牛。

关于面试,最重要的就是谈你的科研经历,如果老师对你做的领域不太了解,那大概率是你做一些课题的介绍,当你和老师领域相近时,就会问到一些比较深入的专业问题,建议大家对课题组的所有课题都做一定的了解,不要仅仅局限于自己所做的一个课题。如果你自身没有科研可以谈,那在面试时会很吃亏,并且可能被问到专业的一些理论知识,如果答不上来就很减分。有的学校会有专门的英文面试环节,英文问答或朗读并翻译一段文献(中科院生化所和生化交叉中心都有英文面试环节)。

关于笔试,有的学校会给英文文献然后现场翻译(南大),此为考察文献阅读能力以及英文水平;有的也会针对专业理论知识进行选择题、问答题的测试(中科院生化交叉中心),题目中英文都有。

三、研究生阶段学习感悟

我目前就读于中科院生物与化学交叉研究中心,中心科研重点以人类健康前沿研究领域中的神经系统疾病,如阿尔茨海默病、帕金森病等与衰老相关的神经退行性疾病以及神经损伤和修复为核心,对神经退行性疾病中共性和关键性的科学问题开展研究。本科阶段的大理科学习,使我在生物和化学两方面都有专业基础,为课题中的生化交叉研究提供支持。本科阶段的实验室科研经历,一方面是积累科研经验、提升科研素质,另一方面也是提前检验自己是否适合科研,科研固然是不错的选择,但也不是唯一选择。对于专业课的学习,我个人认为在本科阶段的知识对于科研来说更多的是为你构建知识框架,研究生的科研工作是从中选取一个点展开,这个框架是为了这个点做支撑。

2017 级

42. 清华生命学院、中科院遗传发育所保研经验

刘宇杰

一、个人简介

本科阶段专业方向：生物化学与分子生物学

本科阶段学术科研情况：大二参加大创，主要从事稀土金属配位化学方面的研究；大四及毕设主要进行水稻功能基因组学、群体遗传与演化方面的研究。

本科阶段获奖情况：国家奖学金、人民奖学金、南京大学"基础学科拔尖学生培养试验计划"奖学金优秀奖、卢德馨嘉奖、校级优秀毕业生、校级优秀学生

联系方式：邮箱：yj-liu21@tsinghua.org.cn

二、保研攻略

去向：清华大学生命科学学院

清华大学生命科学学院

基本介绍

- 在"生命科学与基础医学院云夏令营"中，填志愿时可将五个单位排序，分别为：生命学院、医学院、生命中心（CLS）、药学院、TIMBR
- **生命学院方面学科方向**：细胞发育遗传学，生物化学与生物物理学（含结构生物学），微生物、传染病与免疫学，神经生物学，植物分子生物学，生物信息学，合成

生物学，系统生物学，以及相关交叉科学
- **专业**：生物学，直博
- **导师**：夏令营和入学时不定导（面试前无须套磁），第一年9月开始学习研究生课程并轮转（3个实验室），第二年4—5月轮转结束后统一办理定导和学籍专业调换手续。轮转范围：生命学院、医学院基础医学系、清华—北大生命科学联合中心（CLS）、药学院生命科学方向。

报名
- 2020**年夏令营通知**：https://life.tsinghua.edu.cn/info/1120/1711.htm
- **申请日期**：4月30日—6月20日
- **申请材料**：申请表（报名网站生成）、个人陈述（建议提前准备）、成绩单和排名证明、四六级成绩单、获奖证书（最好和科研相关，建议提前准备扫描件）、推荐信2封（电子版，留足时间，需由老师发送至指定邮箱）（注：往年还需要邮寄纸质材料，今年仅需扫描上传）
- **大致流程**：报名（并不会提示材料是否提交成功）→通过初审（官网名单＋电话）→注意关注后续步骤（官网＋邮件）→身份资格审查→笔试→面试→查询结果（官网＋邮件）

2020年线上笔试与面试
- **笔试**（共计2小时，不得提前交卷）：对哪个老师的研究内容感兴趣？为什么？往年笔试内容（参考往年流程）：专业英语2小时，应该是读文献并翻译且回答问题
- **面试**（共计30分钟，时间限制不严格）
- 5分钟自我介绍（脱稿，中英文皆可）：我提前准备了英文版本
- 朗读并翻译一段文献/教科书：我抽到的是膜整合蛋白
- 老师自由提问：大创项目发表的论文有什么创新之处？植物抵抗病原的机制有哪些？现在做的课题用的酵母单杂交的原理是什么？对哪些老师感兴趣？怎么这些老师做的内容差别蛮大的？为什么读博士？硕士和博士有什么区别？Ph.D之后想干什么？……

后续流程（2020年）
- 8月20日发邮件通知在清华研招网上报名并补寄纸质材料
- 网上报名截至9月4日，纸质材料寄达截至9月18日（注：此时今年的推免尚未开始）
- 纸质材料内容：推免申请表（需盖n个章）、成绩单与成绩排名原件、推荐信2封原件（可以与夏令营申请时的老师不同）
- 教育部推免系统填报：今年为10月12日开始，10月13日中午12:00前完成填报
- 等待并确认录取结果：今年为10月14日中午12:00前确认接受复试，10月14日下午14:00开始签约，待录取

另：若无法取得保研资格，可调整至 CLS 项目，走博士生报考途径(我院同学应该用不着)

中国科学院遗传与发育生物学研究所
- 仅为推免面试，夏令营在 5 月份左右单独举行
- 报名没说具体截止时间，面试在 7 月下旬
- 招收学术型硕士、专业型硕士、直博，2020 年的计划为学硕 34 个，其他 57 个左右；9 月份还有第二批
- 学硕需要轮转，专硕和直博均定导
- **笔试**：无
- **面试**：(共计 20 分钟，微信群内通知，顺序随机且面试前才知道，时间要求很严格)：5 分钟带 PPT 自我介绍、10 分钟自由提问(主要围绕 PPT 上的科研内容开展。我被问到的问题：核磁与质谱相关技术、转录因子信号调控网络、配合物合成步骤等)、5 分钟英文朗读加翻译(时间结束立即停止，我没翻译完……)

一些心得与建议
- **个人陈述**：一般分为课内学业、科研实践、未来规划三个部分。最好 5 月份前完成，着重写科研中自己真正参与的内容，勿写学生活动。若科研较少，则可以多讲讲课程论文等
- **英文简历**：建议参照"实用英语写作"课程所教内容准备，突出科研成果
- **专业知识**：普生完整看一遍，其他针对自己的科研方向详细了解。若无科研，则需要详细复习生化分子细胞等
- **科学研究**：建议大三进生物方向的实验室做些实验，大创实习等均可。需要对自己做过的内容很了解，事先充分理解相关方面的基础知识与实验技术

三、研究生阶段感悟

现阶段主要从事植物非编码 RNA 与表观遗传的生物信息学研究。本科阶段的毕业论文为我打下了较为良好的生物信息学基础，让我在研究生阶段对之前未接触过的表观遗传领域较为容易入门；此外，良好的化学基础让我对于一些生物化学反应可以更好地从有机化学角度去分析，从而获得更为精确的认识和结论。在经过一段时间的研究生学习与科研之后，我认为研究生阶段与本科阶段最大的区别在于需要全身心地投入科研生活，需要长时间的、往往是高强度的实验室工作，所以格外需要培养起强大的心理素质、自主学习的意识与能力以及文献检索、资料搜集的能力。在本科向研究生的转变过程中，往往研究生阶段的第一个学期起到了至关重要的作用，研究生阶段的课程所讲授的内容往往是基础向前沿的衔接，好好利用这段时间，转变自己的思维方式并形成自己的独特风格，我认为十分重要。

43. 北大生科院、中科院生化交叉中心、中科院神经所保研经验

高志伟

一、个人简介

本科阶段专业方向：生物科学（生物化学与分子生物学）

本科阶段学术科研情况：

大学四年里，我逐渐确定了对神经退行性疾病（如阿尔茨海默病、帕金森病等）发病机制研究领域的兴趣。参与的科研学习按照我的收获从大到小排列如下：

（1）大四学年12月—次年5月，在已保研录取的交叉中心陈椰林研究员实验室毕业实习，课题与神经退行性疾病病理蛋白相关，提前熟悉研究生生活，提升实验操作、数据分析和结果展示的能力。

（2）大三学年2月—4月，在生科院杨四海教授、王龙副教授的指导下改写"进化生物学"课程综述论文，投稿《遗传》期刊并成功发表，提升文献检索阅读和论文写作的能力。

（3）大二暑期参加为期20天的匡院海外交流项目，走访美国加州大学伯克利分校、俄克拉荷马州立大学和杜克大学，感受海外顶尖高校的氛围，增强学术交流能力。

（4）大三暑期参加保研夏令营：中科院生物与化学交叉中心（拿到offer，接受）、北大生科院（拿到offer，未选）、中科院神经所（参加暑期学校了解神经科学前沿进展，未参加面试）。

（5）大二至大三上，在化院沈群东教授课题组做大创项目，制备表征神经递质多巴胺水平的高分子材料，未结项，但对科研和实验室生活有了感性上的认识。

本科阶段获奖情况：国家奖学金、拔尖计划奖学金特等奖、华为奖学金、杨咏曼奖学金、人民奖学金、校级优秀学生、优秀毕业生、校级优秀毕业论文特等奖

联系方式：QQ：542688791；微信：15952091098；邮箱：171240503@smail.nju.edu.cn

二、保研攻略

去向：中国科学院上海有机化学研究所生物与化学交叉研究中心

北京大学生命科学学院

- 直博，默认定导(也可以轮转，但要和招生老师特别说明)，故需要提前套磁。提前联系老师并表达对其实验室的兴趣以增大被录取的机会。
- 开营前：发放导师简介PPT(类似海报，最好去官网看课题组主页、读课题组发表的文章)，调试设备，资格审查等。
- 正式夏令营(共3天)：第一天上午介绍所有方向，下午至晚上：导师见面会2小时/方向；第二天自己联系老师(可能已经迟了)；第三天面试，晚上就出结果。
- 笔试：无。
- 面试(20分钟)：4—5位老师；先朗读并翻译教材难度的一段英文，我抽到的是限制酶；PPT自我介绍8分钟；老师自由提问：大创项目、联系的老师等。

注：我通过面试但未联系上心仪的老师，放弃了北大生科院。

中国科学院上海有机化学研究所生物与化学交叉研究中心

- 共两天：第一天导师见面会，第二天面试。
- 面试(10分钟)：PPT自我介绍3—5分钟；提前发3篇文献给我们，选一篇仔细研读，面试时读＋翻译＋提问；生物基础问题(细胞分子生化神经，往年笔试考这些)＋科研问题1—2个；纯生物同学加强神经的基础！

中国科学院脑科学与智能技术卓越创新中心/神经科学研究所

- 暑校和推免面试分开，在一个系统里报名，只要勾选相应项目即可。
- 暑期学校最好参加，对喜欢神经科学的同学来说收获会很大，可以拓展知识面并了解导师课题组的项目。
- 推免面试未参加。

三、研究生阶段感悟

先简要介绍一下我现在的情况：在保研至交叉中心，经历两轮实验室轮转后，我加入了袁钧瑛院士的课题组，从事细胞死亡机制以及帕金森病相关基因的研究。

回顾四年本科生活，我觉得最重要的任务是明晰自己的兴趣与目标是什么。选择什么专业？未来准备出国、保研、考研还是就业？是否从事科研？从事什么领域的研究？

以我自己的心路历程为例。在大一进校前，我对各个专业只有模糊的概念。在第一学年接触数理化生各学科的基础知识后，我发现自己对生命活动和人类疾病方面更感兴趣，所以后续逐步选择了化生方向和生物化学专业。大二时，我曾纠结是否要出国深造，并开始准备托福考试，但在综合往届同学的经验(出国暑研和推荐信)以及暑期交流的亲身经历后，我确定了留在国内读研的目标。在经历稍显"划水"的大创项目后，我发现自己并不反感看似枯燥的科研生活。由于我的亲朋好友中有帕金森病和阿尔茨海默病病人,在学习的过程中我逐渐对这两种疾病的发生机制研究产生了兴趣。因此,我从大三上学期开始培养文献阅读能力,了解前沿进展,并报考了领域前沿院所的暑期夏令营。

总的来说,一旦目标确立,接下来需要做的就是脚踏实地地努力了。你可以在感到迷茫的时候主动咨询一下过来人,他们往往能够为你指点迷津。许多学长和老师都曾经在关键的节点上给予我可贵的帮助和建议,我至今回想起来依然十分暖心。

篇幅有限,如果有学弟学妹对我的专业和研究方向感兴趣,或者有任何科研、学习、生活上的疑惑,非常欢迎你们来联系我!

44. 北京生命科学研究所(NIBS)保研经验

霍 然

一、个人简介

本科阶段专业方向：生物化学与分子生物学

本科阶段学术科研经历：南京大学大学生创新训练计划(2018年10月—2019年12月)

发表论文：Fan K, Bao S S, Huo R, et al. Luminescent Ir(Ⅲ)-Ln(Ⅲ) Coordination Polymers Showing Slow Magnetization Relaxation. Inorg. Chem. Front. 2020.

本科阶段获奖情况：人民奖学金、"基础学科拔尖学生计划"奖学金、南京大学2021届优秀毕业生

联系方式：邮箱：ymxhryx@gmail.com

二、保研攻略

去向：北京生命科学研究所(清华大学 TIMBR 项目)

Why NIBS?

- 科研实力强，学术带头人(所长王晓东)以及许多 PI(如邵峰)在各自研究领域都作出了重大贡献。
- 与体制内高校相比，买试剂、仪器方便，课题申请较自由。

- 设有多个辅助中心,如影像中心、转基因动物中心、核酸测试中心等,每个辅助中心有专人负责。
- 学生待遇好:第一年确定实验室之前,学生生活补贴为 2750 元/月,第一年确定实验室后,学生生活补贴为 3000 元/月;第二年为 5000 元/月;中期考核转博后第一年为 5500 元/月;第二年为 6000 元/月;第三年为 6500 元/月,延期后仍为 6500 元/月。
- 轮转后再定导。

招生途径

1. 与清华大学、北京协和医学院、北京师范大学和中国农业大学等高校联合招收推荐免试直博生。面试后根据同学填报的学籍志愿及面试成绩确定研究生学籍单位。

- TIMBR 项目:通过清华大学招生(每年 25 人),学籍单位为清华大学。该项目的夏令营往年单独开设,今年变更为挂靠在"清华大学 2020 年生命科学与基础医学云夏令营"下面,报名者需要在清华夏令营的系统里报名,并选择 TIMBR 作为第一志愿。该项目候补录取的学生,根据个人志愿,可以调剂录取到 NIBS 的其他招生项目(见下)。
- 非 TIMBR 项目:在 NIBS 的系统里报名。

2. PTN 项目:北京大学、清华大学和 NIBS 联合培养博士研究生项目,学籍由北大或清华管理(1∶1)。优点是可在三家单位轮转,并在学籍所在单位和 NIBS 的实验室中选择导师。

2020 年 TIMBR 项目夏令营重要时间点

- 4 月 30 日清华大学生命科学学院和 NIBS 官网发布夏令营通知。
- 6 月 20 日报名截止。
- 6 月 24 日 NIBS 官网公布第一志愿为 NIBS 且进入面试的名单,并发邮件告知。
- 6 月 28 日线上资格审查(核对身份证号、宣读考试诚信承诺书之类)。
- 6 月 29 日—7 月 3 日线上夏令营:NIBS 与各课题组介绍,形式为网页图文介绍+宣传片+腾讯会议直播。
- 7 月 4 日线上面试。

注:建议提前通过邮件与感兴趣的老师联系。听说往年线下夏令营除了参观研究所、听介绍听讲座之外,在用餐时间还有机会与各位老师面对面自由交流,这也是一个与老师接触的好机会。

面试流程

1. 文献阅读与笔头翻译(2 小时):从 3—5 篇文献中选择一篇进行阅读,并将摘要翻译为中文(手写)。其间可以查字典、上网查资料。

2. 自我介绍(1—2 分钟):不用 PPT,中文。

3. 朗读文献摘要(1分钟):对英语口语水平的考察。

4. 提问环节(20—30分钟):就文献内容进行提问＋针对自我介绍、申请材料中涉及的内容进行自由提问。

注:听说往年线下面试与本次线上面试大体流程是一样的,即读文献→自我介绍→文献朗读、翻译、提问→自由提问。

三、研究生阶段感悟

我现在在北京生命研究所从事生物钟相关的研究,主要的研究对象为细胞和小鼠,涉及的实验类型包括分子克隆、小鼠解剖、组织切片、免疫荧光、动物行为学实验等。回顾本科四年,我认为生理学、分子生物学、生物化学等生物专业课为我如今的科研打下了扎实的理论基础;去杜克大学交换时选修的神经生物学对我选择生物钟这一与神经生物学相关的研究领域起到了决定性的影响;大理科的培养模式让我在遇到命令提示行、编程、结构生物学、分子动力学模拟等涉及计算、化学的知识和技术时可以自主学习——总之,本科四年的学习对我如今的科研工作提供了很大的帮助。当然,我的本科四年也有一些遗憾,比如大三和大四上的时候没有早点进生科院的实验室进行科研训练,没能尽早掌握分子克隆等基础的实验技术。因此,我想对有志于读研读博的生物/生化方向的学弟学妹说,除了把生物专业的理论课学好之外,也要重视实验技能的训练,珍惜实验课动手做实验的机会,并且尽早进实验室学习、感受科研的过程。

45. 北大分子医学所、北大 CLS、复旦生科院、中科院生化细胞所、NIBS 保研经验

李新萌

一、个人简介

本科阶段专业方向：生物科学

本科阶段学术科研情况：大三上学期加入生科院吴兴新教授课题组，跟师姐学习如何靶向肝星状细胞治疗非酒精性脂肪肝炎，也在该课题组中完成本科毕业论文。

本科阶段获奖情况：南京大学"五四评优"优秀共青团员、优秀学生干部、2021届优秀毕业生、NITORI 国际奖学金、人民奖学金、大连化学物理研究所奖学金、南京大学"拔尖计划"奖学金

联系方式：QQ：2827136520

二、保研攻略

去向：北京大学分子医学研究所

北京大学分子医学研究所(IMM)

- 直博，定导，报名时初次填写第一、二志愿，听完宣讲后可以重新选择。
- 导师优先考虑第一志愿，通过 IMM 招收 1—2 人，部分导师在 CLS 也有名额。

夏令营第一轮
- 第一天下午宣讲会,介绍研究所情况及各老师的研究,互动答疑。
- 第二天与所报导师面谈,第三天自由申请面谈。
- 面谈形式由导师决定。第一志愿时间长,PPT自我介绍+朗读翻译文献+提问,共30分钟;第二志愿只有5—10分钟自我介绍和简单提问,如果对导师很感兴趣也可申请再面一次。前面的过程淘汰半数学生,然后进行文献考核,给定文献,两天后用PPT介绍文献内容+提问,30分钟以上,选出2—3个候选人(有的文献考核在宣讲前进行,提前筛掉部分学生)。

夏令营第二轮
- 全天分组面试,多位老师,5分钟PPT自我介绍+5—10分钟提问。
- 导师直接联系人选,没有公布名单。

9月复试
- 在北大推免系统报名,寄送材料,参加复试,基本属于走流程。
- 20分钟面试,多位老师,10分钟自我介绍+朗读翻译摘要+提问(最近看的文献、科研经历)。

北京大学前沿交叉学科研究院生命科学联合中心(CLS)
- 直博,需要轮转。
- 开营前:提前三天进行资格核验、设备测试。
- 第一天晚上,开营仪式。
- 第二、三天,全天各专业方向宣讲交流(细胞生物学、分子医学、生物信息学、生物化学、定量生物学、神经生物学、心理学、化学生物学、植物生物学、医学)。
- 第四天,分组面试,每组十四五人,多位老师,首先抽题朗读翻译英文片段(有一次改题机会),然后10分钟以内PPT自我介绍,最后提问,每组大概会直接录取6名学生。
- 在网站上公布录取名单,淘汰者没有邮件回复。

复旦大学生命科学学院
- 硕士或直博,以系为单位招生,系之间不允许调换,硕士不定导,根据意愿和面试情况分配导师,硕博名额看具体导师,与导师达成意向后成为直博生。
- 第一天上午,开营式,学院介绍+学术报告。
- 第一天下午,与各学科导师自由联系[有的是介绍本课题组研究,有的是模拟面试(自我介绍+提问)]。
- 接下来三天,分专业面试:我报的专业为生理学、生物物理和神经生物学,多位老师面试,2—3分钟无PPT自我介绍+提问(科研经历细节、有没有学过计算或生信等)+英语简单回答问题。

- 一周内发邮件通知结果，获得优秀营员资格后很快有老师来联系。

中国科学院分子细胞卓越创新中心/上海生物化学与细胞生物学研究所（SIBCB）

- 硕博连读，轮转，很多好导师被提前占坑，所以要早联系，大部分在第一次轮转后就决定了，后面可以申请不再轮转。

线下夏令营

- 第一天下午，报道＋提交材料＋通知后续安排。
- 第二天上午，导师/学生代表学术报告，师生座谈交流。
- 第二天下午，每人抽取两个实验室参观学习，老师介绍＋师兄师姐答疑。
- 第三天，第一轮分组面试，不同组考核方式有差异；15 分钟面试，3—4 位老师，10 分钟综合面试＋5 分钟英语面试，1 分钟无 PPT 自我介绍＋提问（科研经历的基本知识）；1 分钟英语自我介绍，英语回答兴趣爱好、为什么选择生化所，有的组朗读翻译文献片段。
- 第三天下午，面试结束后公布入选、候补、淘汰名单，介绍杭高院生命学院专硕。
- 第四天上午，候补者再次面试。
- 第四天下午，面试申请杭高院专硕的学生，结束后宣布最终入选名单。
- 第五天，自行联系课题组申报科创项目。

北京生命科学研究所

- 非清华 TIMBR 项目，学籍单位：北京协和医学院、北京师范大学、中国农业大学。今年第二轮面试的学籍包括北京协和医学院和剩余的清华 TIMBR 名额。
- 直博，轮转。
- 考核方式与 TIMBR 基本相同。
- 当晚通过邮件告知结果。

三、研究生阶段感悟

研究生现状：

直博到北京大学未来技术学院邱义福课题组，进实验室大半年，主要跟随师兄师姐学习本领域研究常用的实验技术，在阅读文献中思考老师给出的课题，虽然不强调科研进度，但老师要求列出大纲，并对课题怎样开展有初步的规划。对刚接触自己课题的研究生来说，本科阶段接受的科研训练很有帮助。一方面，本科毕设和研究生课题往往不同，思路不能套用，但基本的实验技术是相通的，如果熟练掌握 Western Blot 等实验方法，就可以尽快开展实验验证一些想法，思路也会更开阔；另一方面，同一领域的文献往往具备某种研究范式，如果能熟练、准确地阅读相关文献，培养面向课题的科研思维，就更容易把握课题的方向。

对本科生的建议：

不放松对每一门课的要求，不能挂科，因为学分绩和院内排名对奖学金评选、保研等各方面都很重要，至少本科前三年应当加倍努力。养成良好的作息习惯，尽量不熬夜，勤加锻炼，健康的身体是排在第一位的，这也是以后研究生科研生活的保障。本科生有着丰富多彩的社团、志愿等活动，在闲暇时应当多参加活动而非整天窝在宿舍里，这样既能认识更多同学，也是锻炼自己各方面能力的一种方式，当然要注意把握好娱乐与学习之间的平衡。关于保研，夏令营面试时最看重学生的科研经历，因此最晚在大三上学期就要联系老师进实验室，可能在此期间自己做的事情并不多，但是充分了解师兄师姐的课题、掌握基本实验技术的原理与操作，不仅有助于面试，还有利于研究生在第一年快速熟悉课题。此外，夏令营活动中通常有阅读和翻译文献的任务，这就要求学生在平时狠抓英语、多读文献，这也是终身受益的事情。有时部分老师会让学生结合本课题组研究阐述自己在研究生阶段的计划，此时对课题有自己的思考就很关键。最后，建议保研成功的学生在大四选择去研究生学校做本科毕设，如果是定导的项目，那么可以提前熟悉实验室和课题组成员，并且多了大半年时间研究自己的课题；如果是需要轮转的项目，那在做本科毕设时可以打听各位老师的信息，也能帮助自己找到心仪的导师。

46. 北京大学、清华大学和北京生命科学研究所联合培养博士研究生项目(PTN 项目)保研经验

王崴

一、个人简介

本科阶段专业方向：生物科学

本科阶段学术科研情况：参加匡亚明学院暑期赴加州大学伯克利分校、俄克拉荷马州立大学、杜克大学的国际交流项目，参加 PTN 项目、复旦大学、中科大夏令营以及中科院神经所暑期学校，在南京大学生命科学学院曾科课题组完成毕业论文。

去向：PTN 项目（学籍单位与定导单位均为清华大学）

二、保研攻略

预报名

- 申请时间：5 月 21 日—6 月 21 日。
- 直博，报名时从北大、清华和 NIBS 三家单位中选择第一、第二和第三志愿。原则上第一志愿单位即为录取后的拟定导单位（可能调剂）。
- 学籍由北大或清华管理，定导单位为北生所的学生学籍同样在北大或清华，比例为 1:1。

- 录取后的学生除了需要在拟定导单位进行轮转外，还需在项目内另外两个单位进行一轮或多轮正式轮转。轮转完成后，学生原则上在拟定导单位选择导师。

选拔
- **流程**：报名提交材料——通过初审，准备复试（邮件）——身份资格审查——笔试——面试——收到结果（邮件）——回复是否接受 offer。
- **笔试**：1 小时，考察英语水平。主要内容：自我介绍、科研目标、未来发展计划。
- **面试**：约 20 分钟。
- 自我介绍不需要 PPT，中英文皆可。
- 朗读并翻译一段文献，我抽到了多能干细胞的简介，较为简单。
- 根据个人情况提问，我没有科研经历，因此老师提问了许多基础问题，哪方面学得好，根据你的回答问一些问题，对你科研目标进行提问。肿瘤治疗方法你有什么了解？免疫检查点是什么？……你有没有什么问题？
- 结果：几天后收到是否接受 offer 邮件，回复后原则上按填报的第一志愿录取，如果人数出现明显不平均会进行调剂，标准可能是面试情况。

47. 上交生科、南大现工、南大匡院、南大环院、中科院植生生态所保研经验

张琳钰

本科阶段专业方向：生物化学与分子生物学
去向：南京大学环境学院

关于保研夏令营申请，我认为最重要的是要提前了解，包括了解感兴趣的研究方向、相关院校研究所以及课题组、实验室氛围、导师、夏令营流程及开始时间、需要准备的各种材料，等等。

上海交通大学生命科学技术学院

- 上交生物相关夏令营有很多，因为我没有提前了解，所以报了一个符合自己兴趣方向的微生物科学技术夏令营。初审通过98人左右，最后优秀营员似乎接近90人。拿到优秀营员的同学考研初试通过后，复试有加分。有推免资格的优秀营员按照面试成绩排名录取。
- 面试流程：PPT自我介绍，中文提问（针对自我介绍中学习过的内容），英文提问（建议提前准备一下，用英文表达你做过的一个实验的具体流程等），文献口头翻译。

南京大学现代工程与应用科学学院

- 面试比较简单：自我介绍，提问，问题主要是一些社会热点问题（新冠病毒），简单的英文问答。

南京大学匡亚明学院

- 问题主要集中在：你已经参加了哪些夏令营？匡院自己的学生为啥报匡院研究生？文献口头翻译等。

南京大学环境学院

- 属于跨专业保研，最好提前找老师了解相关专业，进实验室熟悉情况，或者做大创。
- 确认要跨专业后，夏令营面试自我介绍中，要讲清楚自己相对于这个专业本科生的读研优势（扬长避短）。因为是跨专业面试，提问时老师必然会对自己专业的知识或者研究更了解，所以要提前准备，内容包括自己平时做的该专业的实验、阅读的文献，等等。

- 跨专业同学还需要跨专业加试。建议提前学习,因为考试的相关知识一般属于该专业入门必备。

中国科学院分子植物科学卓越创新中心/上海植物生理生态研究所

- 后来没有参加面试。
- 需要注意的点是,报名植物学和遗传学的同学面试一样的专业问题,动物学和生物化学面试一样的专业问题,微生物单独一组。意思就是,如果报了植物学,就只能在植物学和遗传学之间选择,并且准备面试时需要同时准备这两个专业的知识。进入研究所后,三组之间不可以轮换。

48. 从化学到复旦大学化学系直博感悟

管 瞳

一、个人简介

本科阶段专业方向：化学

本科阶段学术科研情况：跟随匡亚明学院陈爽副教授研究铁电高分子与分子晶体铁电体的铁电性质、介电性质、电释热性质，建立起模拟高分子铁电体与分子晶体铁电体的多尺度模拟方法。

本科科研论文：Liu X T, Wu Z Y, Guan T, et al. Giant Room Temperature Electrocaloric Effect in a Layered Hybrid Perovskite Ferroelectric: [(CH$_3$)$_2$CHCH$_2$NH$_3$]$_2$PbCl$_4$. Nature Communications, 2021, revised.

Guan T, Chen S. Multiscale Simulations on Synaptic Signal Generation of Light-Switching P(VDF-TrFE) Based Artificial Retina, in preparation.

Guan T, Chen S. Monte Carlo Simulations on Domain Structure Evolution of P(VDF-TrFE) Ferroelectric Relaxor with temperature, in preparation.

夏令营：大连物理化学研究所夏令营；

中国科学技术大学化学系夏令营；

南京大学物理学院夏令营；

南京大学匡亚明学院夏令营；

复旦大学化学系夏令营。

去向：复旦大学化学系刘智攀组直博

获奖情况：拔尖奖学金、大连物化所奖学金、人民奖学金、南京大学优秀毕业论文一等奖、南京大学优秀毕业生

联系方式：

QQ:1319217814

二、研究生阶段感悟

因为我在本科阶段科研与研究生都选择了计算化学方向,所以以下的感悟可能只针对对计算感兴趣的同学。

从本科进入计算化学的大门,我越来越发现计算化学的内核是物理,而非化学。并不是说化学在计算化学中没有价值,而是物理作为这门学科的基础,你对它的认知可能就决定了你对许多问题的看法与角度。计算化学的底层是支持它的算法,而支持算法的正是物理的架构、数学的简约与化学的直觉。换句话说,我们正是利用数理的工具去开垦化学的田园,正所谓"工欲善其事,必先利其器",如果你真的对计算化学一往情深,一定要打好自己的数理基础。

匡院的大理科培养模式下的宽基础的课程安排确实为我提供了很多机会,很荣幸能成为孙永忠和肖明文班里的学生,正是这两位老师为我打开了数理的大门;也很高兴能成为陈爽老师的学生,正是她无偿地给予了我信任与支持,鼓励我在生活与科学的创造和发现中走得更远;还要感谢化学方向"高年级课程的稀疏",给了我足够多的时间,让我涉猎各种物理课程,理论力学、高等量子力学、高分子物理,如是种种,虽然有许多内容不一定当时能明白,但这些"多余"的知识确实帮助我在这门交叉学科的科研里拥有了许多特别的想法,而这,我相信,正是匡院宽基础设计的初衷。

目前我在复旦大学化学系刘智攀组读直博,专攻的方向是势能面遍历算法设计与LASP软件的开发,这正是在匡院两年半的科研生活对我的启迪——对算法的痴迷。

最后,真切地希望学弟学妹们都能找到自己热爱的事业,并为之大胆而不懈地追求。

> 2018 级

49. 北京大学化学与分子工程学院保研经验及感悟

徐 洋

一、个人简介

本科阶段专业方向:化学

本科阶段学术科研情况:大二暑假参加南京大学理论与计算化学研究所暑期学校;

大三学年加入匡亚明学院曾桂香老师课题组进行科研训练;

大三暑假参加北京大学化学与分子工程学院夏令营;

大四学年加入北京大学化学与分子工程学院刘志博老师课题组进行毕业设计。

综述:穆博帅,徐洋,刘志博.靶向PSMA放射性小分子药物研究进展[J].同位素,2021,34(6):565-580.

本科阶段获奖情况:本专科生国家奖学金、南京大学本科生基础学科专项奖学金、拔尖计划奖学金优秀奖、人民奖学金

联系方式:微信号:SiguanXu;QQ:404883495

二、保研攻略

(一)基本情况

1. 学科方向

北京大学化学与分子工程学院下设无机化学研究所、分析化学研究所、有机化学研究所、物理化学研究所和理论与计算化学研究所5个研究所,高分子科学与工程系、应用化学系(放射化学学科)和化学生物学系3个系。共有8个学科方向:无机化学、分析化

学、有机化学、物理化学、理论与计算化学、高分子化学与物理、应用化学和化学生物学，申请夏令营时需要在8个学科方向中选择2个作为意向专业。

2. 专业

化学，直博(不招硕士研究生)。

3. 导师

夏令营和入学时不定导，入学后会有课题组轮转(3个课题组)，师生确认双选关系后正式进入课题组。

(二) 时间线(以 2021 年北大化院夏令营为例)

时间	内容
4.20	发布夏令营第一轮通知(发布夏令营招收细则)
5.14	夏令营申请材料提交截止(网上报名，纸质材料扫描件，专家推荐信)
5.16	公示夏令营材料送达名单
6.3	发布夏令营第二轮通知(公示入营名单并回邮件予以确认)
6.4	公示夏令营确认入营名单
7.1	发布夏令营第三轮通知(发布报到要求、报销要求、面试PPT详情)
7.6	面试PPT提交截止日期
7.9	夏令营报到，晚上笔试
7.10	全天面试，当晚通过邮件和电话告知"优秀营员"并要求回邮件予以确认
7.11	专业介绍会，分专业午餐会，自由交流，公布"优秀营员""先进营员"名单
9.20	北大化院接受推荐免试研究生纸质材料邮寄截止日期
9.28	教育部系统确认接受复试通知与接受待录取通知

(三) 申请材料

1. **申请材料组成**：封面、申请表、个人陈述、成绩单、排名证明、英语水平证明、其他证明材料、注意事项确认表、材料提交声明、专家推荐信。

(除成绩单、排名证明、英语水平证明和其他证明材料，其余材料均从夏令营第一轮通知处下载模板，地址：https://www.chem.pku.edu.cn)

2. **申请表**：需要填写两个意向专业。意向专业仅用来入营筛选，不影响夏令营面试分组与后续具体专业方向的选择。所以比较热门的专业(如化学生物学)竞争激烈，入营筛选要求自然会高一些。第一意向专业最好按照兴趣填写，面试时老师会提问"为什么选择你的意向专业"，获得"优秀营员"后有的老师也会根据意向专业主动联系学生。

(四) 笔试

笔试内容为四大化学,题型只有选择、判断和填空,不会有特别冷门、犄角旮旯里的知识点,也不会有复杂的计算和推导,主要考察基础知识点的理解与记忆。

复习时无须拘泥小细节,要关注每章的重点。在复习物理化学和结构化学时,复杂计算和推导可以选择性跳过,清楚适用条件和结论即可。把重心向分析、有机和无机倾斜。有时间的话尽可能复习,复习不完也不要紧,题目不会很难,相信自己有扎实的化学素养和强大的裸考本领,笔试成绩影响不大。下面是2021年笔试内容分布,仅供参考。考试时间:150分钟,统一不带计算器。

1. 无机化学

(1) 无机化学:20分(5判断,5不定项选择,1大题),内容涉及高等无机化学课程,不涉及生物无机化学,主要考察配位化学和金属有机化学。

(2) 普通化学:30分(10填空,20选择),内容涉及化学原理第2、3章,主要考察原子结构和分子结构,可以参考北大《普通化学原理》。

2. 分析化学

(1) 仪器分析:20分(20选择),内容涉及仪器分析课程,建议选择仪器分析或自学,纯依靠仪器分析实验课学习的内容也可以应对这部分笔试,难度不大。

(2) 定量分析:30分(20选择,10判断),匡院化学课程不涉及定量分析,基本没学过,参考北大《定量化学分析简明教程》。

3. 有机化学

50分(25选择),内容涉及有机化学课程。

4. 物理化学

(1) 结构化学:20分(填空,选择):内容涉及高等物理化学Ⅰ和结晶化学两门课程,参考周公度《结构化学基础》。

(2) 物理化学:30分(8选择,7填空):内容涉及化学原理中的物理化学部分,参考南大傅献彩版《物理化学》。

(五) 面试

1. 方式

往年是群面(若干老师和5个学生),由于疫情,今年7个老师面试1个学生。时间:20分钟。

2. 流程

(1) 文献翻译:150词左右,抽签(有一次换题的机会)。先读一遍,然后翻译,不难,内容可能会涉及生物化学。

(2) 8分钟PPT汇报(事先反复多次练习)。

(3) 评委老师自由提问:提问内容均基于PPT,主要是课题的内容或相关基础知识,不会提问与PPT展示内容无关的问题。着重提问课题的背景、逻辑思路和意义,不会拘泥于某个细节。PPT呈现的内容一定要理解得很透彻,不能弄虚作假,课题要踏踏实实去做,多阅读课题的相关文献。

3. 问题回忆

(1) 课题:高效消除N_2O毒性催化剂的理论研究相关反应:

$$N_2O + CO \xrightarrow[\text{mild conditions}]{M(NHC)_2, M=Pt, Ni} N_2 + O=C=O$$

(2) 问题反应里面的N_2O来源是什么?使用的CO也是有毒的,来源是什么?目前汽车尾气已经有了很好的解决方案,你设计的催化剂有什么优势?Ni,Pd,Pt的电子构型是什么?carbone配体在合成上是很困难的,为什么不使用合成更容易的CAAC配体?(PPT中展示了carbone配体,没有展示CAAC配体,CAAC配体是评委老师依据carbone配体很自然联想到的,如果事先没看过相关文献、了解CAAC,这里就会被问住)为什么会选择化学生物学作为意向专业?化学生物学和你现在做的计算化学差别是很大的?

(六) 午餐会和自由交流

按照8个学科方向分别进行分会场午餐会,该学科的老师与对该学科有意向的同学面对面交流,老师和学生自我介绍,向老师提问等。午餐会结束后,可以与各位老师或事先套磁好的老师深入交谈,向老师请教各种各样的问题,也可以表示希望参观实验室或到该老师课题组攻读博士生,等等。

北大化院是一年级上学期才定导,导师每年有3个博士生名额。不少学生会在夏令营阶段就联系导师,希望提前定导,这个时候需要关注老师的回应。学生希望去一个好的课题组,老师也希望能招到好的学生,选择是双向的。热门的、不愁招不到学生的课题组,老师可能不会给明确答复,会提出"欢迎来做毕设"等建议。比较冷门的课题组或者是新来教师,一般情况下会给明确答复。如果老师提出可以来做毕设,是一个深入了解课题组的机会,然后一年级再决定是否留组,因为光靠夏令营与老师或者课题组师兄师姐聊天是不能看到课题组全貌的。当然,如果同一年级做毕设的人超过导师名额,而自己又很想留组,那么双选时就面临淘汰的可能。

(七) 建议

1. 学好专业基础课,保证GPA。利用好教学资源,有目标地针对一个或两个二级学科进行专业选修课的学习,学有余力的情况下尽可能多选修,本科阶段理论课或实验课的系统学习可以为研究生阶段的科研打下很好的基础。尤其是未来想走交叉学科的同学,更要系统地学习相关基础课。

2. 在学习专业课的同时兼顾科研训练。北大化院比较重视科研,大三的学生有一门课叫"本科生科研",需要进实验室完成一定时长的科研训练。

3. 提前准备简历和个人陈述,反复修改打磨。两位专家推荐信的内容要有不同的侧重点,比如一个是科研导师,一个是教学老师,这样可以从不同方面和维度呈现自己,避免内容上的重复。

4. 闲暇时多去了解化学的几个二级学科,翻阅各个老师课题组的主页,寻找自己感兴趣的方向。参加夏令营前可以向心仪的导师发邮件套磁,但不要广撒网,以免造成不必要的麻烦。

三、在校感悟

学生嘛,学习是主业。

入学就听说匡院人均保研,所以只要付出中上等的努力保研本校是没有问题的。在这种"躺平"思想下,我开启了大一上的生活。我加入了团学联志工部,参加了"定向越野",体验了校园迷你马拉松,我不想错过这些精彩的大学活动。当然,我更不想错过自由选课、任意学习的好机会。我计划大一修完14学分的通识课,这样大二之后就不用考虑通识学分,有更多时间上专业选修课,来完善专业知识体系。我一早明确了化生方向,希望兼修化学和生物。现在看来,这一计划执行得还是不错的。

大一上的课不多,对总评和排名也没有过高要求,毕竟保研只要4.0以上就没有问题嘛!但同时我看到了同学们的优秀,也看到了和同学们的差距,我开始反思自己的学习态度。大一下化生方向的课很多,必修课周学时45,这种生活辛苦但又很享受。那个学期我去了香港,带队参加了社会实践,看了人生第一场演唱会,也是那个学期我变得很瘦,现在瘦不回去的那种……

大二上是激发斗志的一个学期,斗志说得好听叫"上进心",不好听就叫"卷"。好几门课出乎意料的成绩让我看到了更好的自己。门门90+的目标也变成了门门95+的执念,这一执念在大二下的两门100和两门99中得到了极大的满足,也伴随了我整个大三学年的学习。

若说执念是一剂良药,"生物化学"则是一束光明。杨 sir 不仅教会我如何学好生化,还在我心中埋下了"生物"的一颗种子,让我坚定了从事化学生物学交叉学科研究的信念。我开始大量选修生科院课程,希望为研究生阶段的学习打下坚实的理论基础。

化学是一门实验科学,理论与计算化学这种新兴学科显然成了"非主流"。在曾老师的关心和指导下,我进入了科研的大门。每当我被学习和科研困扰时,曾老师总能给我很好的解答,帮我做出最恰当的决定。

印象最深的还是准备夏令营的那段时光,漫长且煎熬、纠结又惆怅。一开始我报了好几所学校,但因时间冲突只保留了北大化院和南大化院。我从不认为自己可以通过北大的夏令营,所以一早便联系好了导师,做好回南大的准备。笔试完,好多题不会;面试完,很多问题回答得也不尽如人意,除了全程比较自信外,没什么可圈可点之处。我去了趟天安门,想着"心中有党,成绩理想"。当晚,我收到了优秀营员的邮件,这种感觉很不真实。考虑到研究生阶段是做实验而非计算,我决定到北京完成本科毕业论文,以期给自己良好的过渡,不至于研一那么辛苦。离开南大舒适圈,在"中关村"和"五道口"之间奔波也已成为常态。起初我担心不能很好地融入新课题组,但现在我很享受这里的生活,寒假回家时都会有些许不舍,我喜欢这种感觉。

　　进入做实验的课题组,尤其是交叉性强的课题组后,我越发感觉到本科课程的重要性,无论是理论课还是实验课。那些专业核心课不过是基础中的基础,五花八门的选修课同样是科研中不可或缺的。科研中用到什么学什么自然是必要的,但如果本科系统学习过,看文献时很多概念就一目了然,设计实验方案也会更自如,看待问题才会更严谨、科学,才会有更深刻的理解和更好的想法。再给我一次机会,我会上诸如"波谱分析""近代仪器分析法"等介绍分析方法的课,也会广泛涉猎化学的各个二级学科,进一步完善生物理论课和实验课的学习,这样我才不至于在听大组会时一头雾水。

　　匡院的必修课很多,选修课的学分要求相比化院会少很多。但这不应成为选课上限,相反,学分要求应该作为下限来要求自己。在保证劳逸结合的前提下,尽可能多选课,长长见识,无论是专业课还是跨专业课,放着这么好的师资不利用是很可惜的。自然,GPA很重要,但更重要的是学到真东西,真正理解一门课程、一个领域的精髓,为GPA而努力学习的态度是不可取的。抱着学知识的心态学习,总评自然不会差。

　　在北京回忆南大的几年生活是一件很残酷的事情,总会发现一些遗憾,比如没有参加过社团,没有参加过学科竞赛,还有因为疫情搁浅的远途旅行,但最为遗憾的还是没有入党。大一时,我没有考虑过入党。原因很简单,不是我不爱党和国家,而是我觉得我不够格,从小在我的认知里,中国共产党就是一个庄严神圣的政党,当它有一天突然靠近我时,我还没有做好充分的准备。2020年,一场疫情打破了原有的世界秩序,也给我注入了新的灵魂。世界上没有任何一个国家能像中国这样在防疫抗疫中全力保障每个人的生命健康,这离不开共产党的领导。越了解越敬佩,越学习越坚定。所以我希望能在研究生阶段成为一名光荣的共产党员,为国家、社会和人民作出自己的贡献。

　　一提起未来发展我就不知所措,我不会给自己制定清晰明确的长期规划,就像刚进大一的我一定不会说要保研到北大一样,我喜欢未知的朦胧感,因为没什么期待才会偶遇惊喜,无心插柳柳成荫的美丽才最自然。所以每当别人问我未来打算做什么,我只会说走一步看一步。路是脚踏实地走出来的,不是飞出来的。事物是动态发展的,人也一样。重要的选择和决定其实往往只有很短的考虑时间，选项无法预知，机遇也无法预知，未来的路是很难预见的。短期规划宜明确，长期规划宜模糊。虽然没有清晰的长期规划，但我会竭尽全力做到当下最好，但不是为了更高的追求，而是为了给自己更多的可能性，这样才有机会选择最适合自己的生活方式。每项工作都认真去做了，适合自己的生活也就无约而至了。我不在乎功名利禄，不追求高薪工作，我只想开心、平凡地做自己喜欢的事，默默无闻地为社会和国家作些贡献。当下，我会享受在北京做毕设的日子，也很期待未来几年的研究生生活，珍惜这一为科学奉献的机会，至于毕业后的去向，留待几年后再去评说。

50. 南京大学化学化工学院保研经验

朱龙羽

一、个人简介

本科阶段专业方向：化学

本科阶段学术科研情况：2020年9月—2021年7月跟着曾桂香老师做关于理论计算的科研；

2020年参加了南京大学理论与计算化学暑期学校；

2021年参加了南京大学化学化工学院和中科院生化交叉中心的夏令营。

本科阶段获奖情况：

奖学金：人民奖学金、南京大学本科生基础学科专项奖学金优秀奖、人民奖学金

荣誉称号：2020—2021学年校级优秀学生

联系方式：邮箱：181240084@smail.nju.edu.cn；QQ：1423181506

二、保研攻略

去向：南京大学化学化工学院

前期准备

在五六月份会有大量的夏令营报名信息，及时关注信息，辅导员老师也会在班级群发有关通知；准备好可能需要的材料，包括简历、个人陈述、所获荣誉证书、成绩单、排名

证明、四六级成绩单、学生证等的复印件和电子档；熟悉自己的科研内容；准备自我介绍、个人陈述，先准备一份详细的，再根据不同夏令营的要求进行有侧重的提取和调整；可以提前去课题组官网了解具体的科研方向，阅读文献，有感兴趣的老师可以提前联系，表明你的意向并附上有关材料。

中科院生化交叉中心

- 流程共两天，可在结束后约导师一对一交流。
- 第一天上午导师详细介绍各自的课题，下午参观实验室，晚上笔试（笔试分为化学和生物方向，我考的是化学卷，题型包括选择题、逻辑选择题、填空题和简答题；虽然之前老师说会考四大化学和生化，但是除了两个关于生化的选择题以及几道逻辑选择题，其余都是有机；考生物的同学表示绝大部分都是神经科学）。
- 第二天上午和下午都是面试，面试顺序是依据笔试成绩的，面试的形式是一对多，具体的过程首先是3分钟的自我介绍（不要求英文介绍，如果用英文肯定更好），然后是挑选你选择的文献的一段阅读和翻译（文献会提前发给大家，生物方向2篇，化学方向2篇），会对文献中提到的技术原理之类基础问题进行提问，也会问到之前的科研内容，还会问到你最感兴趣的两个导师以及原因。如果明确想要加入交叉中心，那最好提前联系好导师。晚上是冷餐会，会有课题组导师和师兄师姐，也是一个去了解情况的好机会。

南京大学化学化工学院

- 流程共两天，第一天早上学院介绍、学科介绍，下午去感兴趣的课题组交流；第二天早上外地的学生面试，下午南京本地的学生面试，面试分直博组和硕士组，直博需要提前联系并确认导师。
- 面试：3分钟自我介绍（不要英文，不要准备PPT），主要就是提问与你的科研有关的具体问题（所以对于自己所介绍到的科研情况一定要非常熟悉），以及今后想要研究的方向，有没有联系导师之类，确定你留下的意向。

三、个人感悟

岁月不居，时节如流。大学的四年学习生涯即将告一段落，目光所及，皆为回忆，在此做一段关于之前点滴的一个记录与总结。

2018年秋，怀着憧憬与期待，我初入南大，意气风发，满怀希冀，脑海中是"这个秋天将意味深长"，渴望着在这里学习更多的专业知识，提高技能和水平，结交志同道合的好友。斗转星移，三年多的光阴已过，回首，有遗憾，但更多的是收获。

在南大的学习生活中，一年级时的我所面临的最大问题是专业的选择，不同于填写志愿时想要学习计算机专业的念头，经过一个学期的"问题求解"课程之后，我发觉自己并不喜欢也不适合这个专业；而是在第一个学期学习了多门通修课程、做了物理和化学实验之后，我发现了自己对化学的兴趣，自此我便开始了我的化学之旅。从"化学原理"这门课程开始，慢慢接近、深入了解化学的魅力；各位任课老师传道授业解惑，虽然风格不同，但带给我思考与启迪，让我获益良多。在这期间我也曾遇到过各种困难，如学习程序设计时、学习大学物理电磁学部分时存在许多不能理解的地方，幸运的是，得益于老师和同学的帮助，我解决了那些困惑。大二下学期，受新冠疫情的影响，所有课程均改为线上授课，缺少了课堂学习时的氛围，加之在家学习的效率不高，这个学期我的学习进度缓慢，成绩也不理想。于是在重新回到线下课堂的新的学期，我不断反思，及时地与老师和同学进行交流讨论，调整自己，来提高学习的效率，终于取得了一定的进步。

大三上学期，我意识到自己需要参加科研训练来提高科研的水平，在了解学院官网、询问同学、联系老师以及旁听组会之后，我选择进入曾桂香老师课题组进行科研训练。在课题组期间，我从一个科研小白，到能够熟练查找、阅读和总结文献，以及与同学一起完成利用钯催化剂实现笑气的温和解毒的科研课题，科研水平进步显著。大三结束的暑期，我参加了本校化学化工学院的夏令营并获得优秀营员称号，能够继续留在南大的校园，继续我的学习与科研之旅，继续发光发热。

这几年的学习生活，有跟不上脚步、成绩不理想的失落，有对自己当时不够努力的懊悔，也有早出晚归泡图书馆的充实与满足，有不断取得进步的喜悦。结合我自身不断摸索的经历，我发现即使大学的学习和思维方式与高中时可能存在差异，但同样的是需要我们坚持不懈的付出、持之以恒的努力，坚信"成功不必在我，而功力必不唐捐"，一分耕耘一分收获。常听老师说"基础不牢，地动山摇"，随着学习的不断深入，会发现的确如此，因此不断温习巩固基础知识，形成自己的知识体系显得尤为重要，学习的过程也就是我不断完善自身知识体系的过程。

学习生活之外的我，由于缺乏自信、不擅社交，在初入校园时对于社会和志愿活动并不是很积极，但随着认识更多的同学与不断地学习，我不再畏惧，在朋友的鼓励下我变得自信，积极参加各种志愿与社会活动并不断地收获，在参加学校"南星梦想计划"重返高中课堂的过程中感受高三学生的拼搏精神；在玄武湖助残文艺演出中同残疾人近距离接触与交流，感受着他们顽强的生命力；在迷你马拉松志愿服务中感受朝气与活力；在防疫志愿服务中感受汗水与付出，深切体会基层工作者和医护人员的不易。大三时我有幸成为2020级新生的朋辈导师，在同他们的交流与相处中反思自己初入校园遇到问题和解决困难时的状态，我也会换位思考，做更好的领路人，同时不断丰富自己的大学时光。

大学的四年时光转瞬只剩不到半年，对于未来我心怀憧憬，在接下来的三年多时间，我将全身心地投入到科研之中，继续和化学打交道，进行分析化学的实验研究。由于之前在曾桂香老师课题组研究的是利用高斯软件进行理论计算，对化学反应的过程进行研究和预测，对于仪器操作和实验室的安全规范我并不是很熟悉，因此我计划首先跟着师兄师姐多学习常用仪器的操作以及可能遇到的问题，更快地熟悉课题组的氛围并融入其中,同时完成毕业论文的撰写。在研究生阶段,第一学期主要是基础课程的学习和研究课题的背景文献收集、阅读,在剩下来的两年半时间内进行课题的深入研究,同时坚持学习英语,提高英文阅读和表达能力,也要不断提升自我,在第三学年我希望能够有时间外出实习实践,并在将来从事专业相关行业;不断学习也不断提高。

关于学院发展与建设,愚以为让新来到的同学对整个大学生涯的过程有个了解,对每一个重要的节点有清晰的认知并为之做好准备,为不同专业的学生配备不同方向的学业导师来给学生答疑解惑也是一个不错的考虑;在选定不同的专业方向后,督促学生按照培养计划完成相关课程的学习。同时加强学院思想道德建设,努力提高学生的思想道德水平,促进学院学生综合素质的提高。

对于学弟学妹,愚以为首先认真阅读学院学生的培养计划,对于课程的安排有一定的了解,对于自己的未来有一定的规划,然后循着目标不断努力,终将抵达成功的彼岸;此外,也希望学弟学妹提升信息获取的能力,知道该从何种途径获得什么样的信息,把握住主动权;同时也愿学弟学妹丰富自己学习之外的生活,充实且快乐;愿永怀少年时的朝气与梦想,引吭高歌。

我相信,在学院领导老师和学生的共同努力、不断创新下,匡亚明学院一定会谱写更加绚丽的华章!年年桃李,岁岁芬芳!

51. 中科院动物所和南大保研经验

王一轩

一、个人简介

本科阶段专业方向：生物学
本科阶段获奖情况：人民奖学金、本科生基础学科专项奖学金
联系方式：邮箱：1020709035@qq.com；微信号：wyx_20000218

二、保研攻略

学科方向：生物
保研学校：本校
参加的夏令营：本校和中科院动物所（北京那个）

（一）动物所

夏令营情况

我当时去中科院动物所的夏令营，跟南大的很不一样。由于疫情的关系，导致动物所夏令营的安排超级紧，非常累。第一天是开幕式，开幕式结束后就开始参观各个课题组，跟动物所的每一个（基本上是每一个）课题组的研究员见面，他们会给你讲课题组的研究方向，讲平时的一些科研安排之类的。等负责人讲完，就可以提问，问一些你想知道的内容。基本上一个组的时间在两个小时，上午从8点到12点，下午一点半到五点半，也就是上午下午各两个组，满打满算见导师的时间是3天。住的地方到科研园区的路程走路大概需要15分钟，然后等晚上参观完课题组之后还要去单独找感兴趣的组的负责

人和硕、博士生了解具体情况，也就是说基本上是早上7点多就得起床，然后中午到12点后去吃饭，然后也基本上没什么时间回旅馆待着了，就直接要去动物所的楼里找个地方坐着等，然后一直到下午五点半，吃饭，再去重点找各个想要详细了解的组基本上就到晚上八九点了。三天就这样连轴转，在如此疯狂的时间安排之间还要穿插着参观动物博物馆和动物所的史料馆。我的建议是，提前去官网上了解一下每个组的研究方向，如果对哪个组的内容不感兴趣，就请假不要去，直接找你感兴趣的组单独谈。

面试

最后一天下午是各个课题组的面试。动物所的面试安排跟学校也不一样。首先夏令营这时候有一次大的面试，然后各个组还会安排自己单独的小规模面试，两个面试都一样算数。也就是说如果你提前确定要去动物所的某个组的话，可以不参加夏令营，直接联系导师，然后去见他。如果得到认可，他就会给你安排面试。面试的具体内容我不是很清楚，但基本上就是英语对话和翻译之类。

环境等生活问题

至于其他的一些细节，去中科院的第一年是在国科大上课，上一年，在国科大那边的宿舍住，一年后搬到中科院来。工资基本上是比学校要多1 000元。交通比较方便，地铁比较近。有两个食堂，其中一个简陋，但是便宜一些，跟南大的伙食费差不多，贵的那个装修得比较好，但是很小，而且超级贵，20块也就能打个牙祭。还有一点要提一下，中科院的作息，晚上基本上很少11点之前离开实验室，总之就是干活的时间没数儿，连轴转，更有比较狠的直接在实验室搭床睡觉。反正如果你特别喜欢中科院的研究方向，可以去。

导师

有老好人，有年轻人，有奋斗型人才，具体的听课题组学长的说法比较合适，多问问就能知道个大概。基本上去见各个研究员，就是听他们吹水，有的会告诉你生物前景一片大好，快快来动物所冲业绩；有的会告诉你，生物狗都不学，快快跑路，计算机科学欢迎你；有的会跟你说我要拿诺奖(有点夸张，理解精神)，但迫于现实还在苦苦挣扎；有的会告诉你想当年自己叱咤风云，但是现在准备养老。反正大家自己判断吧，他们说的都有道理，毕竟他们的研究方向多少还是不一样的。

（二）南大

夏令营内容

基本上就是第一天开幕式，第二天上午会开始面试，面一天。大概情况就是不会提前给你时间安排，不会告诉你几点会轮到你，也不会告诉你是第几个面试的，你需要早上就去院楼看那个贴在门上的表格来看自己的面试次序，看一个人大概多长时间，然后等。等一个人出来，问面试内容，有没有翻译啊、会不会问问题啊、准备什么材料啊，都不会提前告诉你。多等几个人，掌握大概一个人要面多长时间，然后你就可以自由活动了，当然一般这个时候也没人会有自由活动的心情,所以大部分人都会选择站在门口等。面试内容基本上就是先自我介绍,大概2分钟吧,然后翻译一段印在纸上的文献,基本上是那种科普性质的,反正我基本上是看不太懂,因为给我的全都是生态的文章。我没学过生态,蒙都没办法蒙的那种。不过大家基本上都是这个状况。然后会问几个问题,问我的好像是:在中性选择理论出现后,你对达尔文的进化论有什么看法;还会问一些你刚才自我介绍里面提到的做过的实验或研究的问题。学校会要求你提交简历和成绩单,但是面试的老师是拿不到的,也就是说他们没看过你的简历。

面试完还会有一个笔试。笔试内容也完全不会告诉你,也不会告诉你任何考试范围,连考哪一科都不会告诉你。结果最后考的是英语。翻译一篇关于免疫细胞免疫新冠的科普性质的文章,比较简单,不过只给一个小时翻译,你能翻译完1/3就算不错了,基本上就是全程奋笔疾书。当然大家都翻译不完,所以问题不是很大。

最后就是去找各个课题组参观,询问详细情况,这段时间可以自行安排,也会有各个课题组的集体的时间安排,不过参加的课题组很少,基本上见面也是闲聊,所以还是单独找比较靠谱。这个见导师的时间基本上是一天半,然后第一天晚上会安排各个课题组在生科院二楼那里进行茶话会和展示,差不多就这样。

夏令营结束后

夏令营结束之后就等消息,会有优秀营员和候补优秀营员。没错,优秀营员基本上集中在复旦、武大等学校,我就是那个候补。不过我后来候补上了,就免去了再参加预推免的麻烦。夏令营结束后要保持联系畅通,手机不要静音或关机,邮件要天天刷,因为之后还会有好多次的确认,有打电话的,有发邮件的,还有一些资料需要提交,另外一些资料还得去邮局通过 EMS 邮到生科院。

基本上就这样。写得匆忙,预祝大家最终拿到自己心仪的 offer。

三、在校感悟

本科期间的主要活动就是上课、学习,按照教学计划首先学习数理化的基础知识,再逐步开始学习专业知识,而现阶段的重点将由理论学习逐步转向科研实践。这四年除了学习,在生活中,也尝试了一些简单的音乐创作,也在视频平台上发布了一些作品。总体上这四年不管是在知识的学习上还是生活的各个方面,还是在不断的学习中,争取在各个方面进行提升,既是为了未来的发展,更是为了给几年来的学习生活一个交代。

在学习上,尽管初期由于不太适应大学的学习节奏而导致成绩并不特别理想,但后期经过一些调整,成绩也有所上升,成功保住了保研资格。整体来讲,这四年的学习重点还是打基础,在进入实验室后发现,学习的大部分知识还是需要进一步深入,而且对于现代比较流行的生物学研究来说,计算机方面的学习是相当重要的,这些知识都需要在进入实验室之后继续学习,这使得在实验室中参与科研的过程不能很快。因此现阶段还需要继续学习各种相关的知识,积极参与到科研中。

对于未来发展,现阶段还在不断尝试并学习。现在的首要安排还是先好好读研,并在这个过程中继续探索未来的发展路径。尽管我希望能够有机会从事生物学的相关研究,但是事实上未来的发展很难把握,走好当下的每一步更加实在。

对于学院的建议,我有以下几点:

(1) 要加强对新生的引导,尤其是要强调教学计划本身以及其中的重要事项。包括但不限于:专业课安排,选修课相关要求,14学分课程的范围,名师导学,基础课程前沿研究等课程的性质和归属问题,专业选修课范围,公选课的作用,一定要明确相关事项。

(2) 对于与保研等有关的事项,如必修课程、必须修完课程的截止时间等,老师和学生都要明确。如果因这些问题而导致学生失去保研资格,将会是十分遗憾的一件事。

(3) 对于课程安排,也要明确时间节点,尽量避免时间冲突导致的专业课无法选课,从而避免连带出现的严重后果。要与各个学院做好协商,争取做到提前通知各个学院我院的一些课程以及学生安排,避免出现其他学院与本院协商出现差错,导致学生课程安排困难以及选好课程后不能及时被接收学院教师知晓并安排课程任务的情况。

(4) 需要向新生明确一些课程安排是可以变动的,一些排课需要自己去确认是否真正是自己专业方向需要的课程,一些课程可能需要提前修完来保证保研顺利,并为之后的学习节约时间和精力。

(5) 加强新生与老生实际上的交流。积极发动高年级学生,提供一些奖励和便捷,多建立沟通渠道,另外对于一些本院人数较少的专业方向,要尽量向外院寻求一些支持和指导,加强合作,让新生少走弯路。

总之,学院要加强自身与学生之间的联系,并且要明确自身对学生的要求,注意各种通知和消息的传达一定要明确清晰。现在学院与学生的联系不强,要求也不明确,两者之间交流困难,信息传递受阻,并导致一些难以解决的问题。希望学院能够在这些方面积极改善,为学生提供更有利于安心学习和科研的环境,不要为别的一些无关紧要的事情而受到很大限制。

对于学生的建议,我希望同学们能够主动地找学长询问,更要积极地向学院的导师、工作人员询问,不懂的课程问题、选课问题等,都要积极地了解,问懂,不能认为大学和以前上学一样,有学校和学院对学生的各种安排做到基本万无一失。大学的选课、材料办理和申请等都可能出现各种各样的问题,一个小失误就可能导致你的成绩下降、绩点损失、奖学金申办失败甚至失去保研名额,这些对于你个人而言都是非常大的损失,而且很难得到弥补。对于本科阶段的学习,我建议除了认真学习自身的专业课程之外,还需要积极了解自己以后想要从事的行业,至少是要读的研究生方向所需要的一些知识,并且争取早日对这些知识进行了解,这样可以在日后降低进入实验室和工作的门槛。比如对于生物学来说,现在大多数生物学研究都需要一些计算机的知识,比如 linux 系统、

python 编程,等等,这些都是生物本科课程不会涉及但研究和工作中都十分重要且必须学会的知识。这些知识最好在本科学习期间就尝试着加强了解,能为之后的生活和工作省去一些麻烦。对于日常生活,我希望新生也能够做到积极询问,比如学院的一些公共安排,如体检、请假等杂事,也必须详细了解,多问多看,并且要做到多方取证,做好应对风险的准备。这些小事的失误看似问题不大,但事实上有可能导致很麻烦的后果。总之,大学生活不会有什么确定的安排,你不仅需要及时接收消息,还要做到分析消息、理解消息,并且做好消息出现偏差导致麻烦的心理准备,这样才能尽量减少损失。

以上就是我的一些总结,以及对学生和学院的一些建议。我尽量将我的一些经验如实地分享,并且尽量直白地表达出来。我希望我的建议能够让新生提前做好心理准备,减少意外损失,并且也希望学院能够切实地进行一些改变,能够更加实在地为学生提供一个真正有益且方便的平台,这样学院才能越办越好,学生才能真正地得到有力的培养。

52. 从化学到北京大学化学与分子工程学院直博感悟

薛　峰

一、个人简介

本科阶段专业方向：化学

本科阶段学术科研情况：跟着匡院陈爽老师做科研，大创项目为基于机器学习的二维有机无机杂化钙钛矿铁电体的理论设计，考核结果良好。

本科阶段获奖情况：南京大学优秀学生干部、南京大学优秀共青团干部

联系方式：QQ：861534327

二、在校感悟

自进入南京大学学习以来，已经过了三年有余的时间。在这三年多的时间里，我的知识得到了扩充，我的思想得到了提升，我的各个方面都有了不小的发展。在大四下，在毕业前夕，有必要对自己过去的大学生活进行一个总结，并给学弟学妹们分享一些自己的经验教训。

首先，我来讲讲我在思想方面的提升。自进入大学以来，我就积极向党组织靠拢，于大一上提交了入党申请书，并顺利成为入党积极分子。在青共校学习培训期间，我认真听讲，积极学习，了解党的各项理论和政策。在空闲时间，在放假在家的时候，我也会积极利用各种渠道关注国内、国际新闻，关注党的最新会议精神。同时，我也积极参加党支部组织的各项活动，在活动中学习，在活动中成长。在被接收成为预备党员之后，我一直以一个正式党员的身份来要求自己，继续提升思想觉悟，积极做好先锋模范作用，积极做

好学习和班级工作，并在党支部内积极协助支委举办各项活动。在预备期满一年之后，我向党组织提出了转正申请，获得了党支部的批准，并被推举成为组织委员。自成为正式党员之后，我更加努力要求自己，和支部师兄一起举办过观影活动，并积极协助支部书记进行学生党支部的相关工作。这三年来，我逐渐成长为一名正式党员，在思想方面有了不小的提升。在未来的时间里，我将时刻牢记自己的党员身份，牢记"不仅要在组织上入党，更要在思想上入党"，做好先锋模范工作，在未来的学习和工作岗位上，恪尽职守，发光发热，为党和国家的事业奉献出自己的一份力。

而作为一名大学生，学习是我们的本职，是我们每个人都必须认真对待且需要做好的事。还记得大一刚进入学校的时候，我还有些不习惯大学的快节奏学习模式，那种学完就考的模式，那种一学期上一整本书，然后一周之内考完的模式。随着学习的时间不断推移，当核心课成为课表上的主要课程的时候，我已然习惯了这种上课模式，并且很多核心课都取得了90分以上的成绩。回顾这三年多的学习，可以看到我的成绩一直稳定在班级十几名的水平，并不断小幅度上升，最终在保研排名时取得第十名的成绩。能保持如此稳定的成绩，也说明了我一直保持着足够的学习积极性，始终认真对待每一课。而在学习之余，我也作为我们班的班委和团支书，帮助老师做了很多班级工作。在顾及同学们的时间和感受的同时，尽可能好地完成各种工作，开展了丰富多彩的活动，并在这个过程中收获了很多成长，包括组织协调能力、沟通能力的提升等，比较好地做到了学生工作和学习齐头并进。

正是这样的经历，使我在北京大学化学与分子工程学院的夏令营活动中被老师选中，顺利被北大化院接收成为推免直博生。这个过程中，确实充满了各种意外事件，最终能够如愿以偿，进入梦想中的学府进行深造，不得不说我是幸运的。但我也深知，这种幸运背后，是大学期间保持的一贯的学习和工作态度在帮助我。为此，在之后的研究生生涯中，我也必将继续保持着这股学习和工作的热情，尽自己最大的努力去进行研究工作，无愧于导师，也无愧于自己。至于未来的计划和打算，我认为还是先走好研究生的道路，在五年的博士生涯中，通过多接触各种渠道，来决定自己到底是走科研道路还是进行其他工作。总之，认真进行研究生学业是第一步。

这三年以来，我们都经历了很多的事。我们都经历了自上学以来从未有过的整个学期在家里上网课的情况，我们都见证了高考自调整至6月初之后的首次延期，我们也见证了全世界深陷疫情泥潭而难以摆脱，口罩从那时起成为出门的必需品。但这疫情也教会了我们，意外总是来得猝不及防，想要真正预防很难。但我们能做到的是在意外发生之后的及时止损和调整，而不是一味地遮盖和抹去。对于我们的学习和工作来说也是，在科研过程中总会出现各种情况和问题，如何及时调整心态、调整步骤，从挫折中发现问题，寻找解决办法加以攻破，是我们必须学会的。

而作为一个大四学长，我也有一些自己的经验想要分享。首先就是低年级的同学，一定要认真对待每一门基础课。几乎所有方向的学分大头都在大一、大二，想要获得好的保研排名，大一、大二是重中之重。除此之外，这些基础课，也是高年级核心课，是我们未来科研中或多或少会使用到的知识。俗话说，"基础不牢，地动山摇"，基础课一定要认真对待！其次，学习是学生的主要任务，但它不是我们生活的全部。在学习之余，在人际关系上，在社交上，在学生工作、活动上，也要有所涉及，可以选择某一个学生工作进行尝试。学生工作的过程，实际上就是对未来我们要面对的工作岗位的模拟，在这个过程中，我们的能力或多或少都会得到提升。同时，这也会给我们的经历添上一笔，让我们在准备保研材料或者是面试简历的时候有成果可写。作为学生，不会学习是不行的，而只会学习也是万万不可的！最后，我还想说的是，机会稍纵即逝，过于犹豫和谨慎，只会让你把大好的机会拱手让人。在面对机会举棋不定的时候，多问问学长，多问问导师，询问过来人的意见和建议。至于父母，如果他们并没有这段经历，那么他们的建议只可作为参考，请主动和他们进行沟通，说明清楚情况以寻求他们的支持和理解。存在分歧时，沟通能解决大部分问题，毕竟他们是我们的父母。总之，面对机会、面对抉择，在征询建议之后，勇敢地选择，勇敢地把握住机会！

时间过得真的很快，入学军训似乎还在眼前，但一转眼就已经是毕业前夕。希望我们每一位同学都能够前程似锦！希望我们匡院2018级的同学聚是一团火，散是满天星！

53. 从化学到西湖大学直博感悟

徐旌凯

一、个人简介

本科阶段专业方向：化学

本科阶段学术科研情况：跟着燕红老师做科研，发表文章如下：

- Chen M，Xu J K，Zhao D S，et al. Visible-Light-Induced Selective Defluorocarboranylation of α-Trifluoromethylalkenes，gem-Difluoroalkenes，and Polyfluoroarenes. *Angew. Chem. Int. Ed.* to be submitted.
- Chen M，Zhao D S，Xu J K，et al. Electrooxidative B-H Functionalization of *nido*-Carboranes. *Angew. Chem. Int. Ed.* 2021，60，7838-7844.
- Huang R H，Zhao W J，Xu S W，et al. Photoredox B-H Functionalization to Selective B-N(sp^3) Coupling of *Nido*-carborane with Primary and Secondary Amines. *Chem. Comm.* 2021，57，8580-8583.
- Li J X，Xu J K，Yan L B，et al. A "Flexible" Carborane-cored Luminogen：Variable Emission Behaviors in Aggregates. *Dalton Trans.* 2021，50，8029-8035.
- Wang B，Ma J W，Ren H Y，et al. Chemo-，Site-selective Reduction of Nitroarenes Under Blue-light，Catalyst-free Conditions. *Chin. Chem. Lett.* DOI：10.1016/j.cclet.2021.11.023.

本科阶段获奖情况：人民奖学金科技创新奖（2021）

联系方式：邮箱181240070@smail.nju.edu.cn

二、在校感悟

大学的四年生活眼看就要结束了,在这里回顾大学四年有不少感慨。

大学四年的学习中我读的专业是化学。我在匡院接受了各方面的培养。进入大学后,学习的课程和专业有些让我不知所措,一些学习的方式和时间分配让我找不到自我。在这四年里面,我在化学专业课上成绩名列前茅。其余的成绩基本是中等的,班级综合测评基本是位于中等。英语通过了六级考试。并且参加了社会实践活动。总的来说我对自己的成绩还是较为满意的。

四年的大学生活充实而紧张,我努力把自己培养成为一名社会所需要的人才。四年里,我始终坚持"天道酬勤"的原则,一日三省,自信品格日趋完善;勇于行事,务实求新,自信工作有所成绩;三更灯火,寒窗苦读,相信学有所成。实践方面:本着学以致用、实践结合理论的思想,我在大一时加入南京大学化学化工学院燕红老师的课题组,协助师兄工作。在工作中学会了晶体解析、理论计算,并且运用课上所学的知识参与到科研中来。

课题组内研究的主体为二十面体二碳碳硼烷($C_2B_{10}H_{12}$)及其衍生物。二十面体碳硼烷是一类多面体碳硼分子簇通过骨架中的电子离域稳定,通常视为苯环一类二维芳香化合物的三维类似物。与经典有机硼化合物相比,碳硼烷中的骨架原子通常在簇中可能多达五个或六个相邻原子(其中在二十面体簇中有六个),会在某些情况下形成极其稳定的分子结构。在二十面体二碳碳硼烷中有 26 个骨架电子,它们因在笼体内离域而使得笼体具有独特的 α-芳香性,并有接近球形的几何结构和疏水表面。这些电子和结构独特性质使碳硼烷作为多功能配体广泛应用于有机金属化学和配位化学中,在医学中作为硼中子俘获治疗剂(BNCT)或药效团,在超分子设计和纳米材料中作为有用的模块,在光电子学中作为独特的电子接收器。

我在大三上学期作为第三作者发表了第一篇文章(Angew. Chem. Int. Ed. 2021, 60, 7838),贡献为晶体和核磁数据的解析,以及 Supporting Information 的部分写作。这是我的第一篇文章,也是对我的大学科研生涯的一个认可。之后我又因为晶体学和计算方面的贡献,以第二作者的身份发表了第二篇文章(Dalton Trans. 2021, 50, 8029 - 8035),以第三作者的身份发表了文章(Chem. Commun. 2021, 57, 8580 - 8583)。此外我还有待发表的文章以及后续工作:① 和南开大学赵东兵教授课题组的合作,题目为"Phosphorus Embedde π-system with Ultralong Red RTP: Structure, Photophysics, and Application"。我在该工作中为第四作者,参与了晶体数据解析的工作。该工作开发了一系列的具备室温红色磷光的新型三芳基磷化合物。单晶分析和多尺度计算表明,π-π 堆积的差异对这些分子在固态中的 T1 能级和 S1 能级的调节有重要影响,使得该类分子寿命大于 150 ms,且具有发射波长 600 nm(为有机单组分室温磷光中的最长波长)。② 第一项自主设计并完成的工作。题目为" Visible-Light-Promoted Selective

Defluorocarboranylation of Trifluoromethylalkenes and gem-Difluoroalkenes via a Boron-Centered Carboranyl Radical"。我完成了实验设计、文章写作、核磁分析和晶体解析等工作,为共同第一作者。该工作利用光催化的方式,以碳硼烷羧酸为碳硼烷自由基前体,分别与自由基接收体 α-三氟甲基烯烃和偕二氟烯烃底物反应,发生脱氟碳硼烷基化过程,将碳硼烷分子与含氟的分子有机地结合,极大地丰富了碳硼烷自由基的反应类型与底物范围,同时由于目前市场上具备大量的含氟抗癌药物分子(2019 年上市的小分子含氟化合物已经达到 43%),所得的含氟碳硼烷目标化合物也是一种潜在的 BNCT 药物分子。③ 另外作为第二个工作的后续,碳硼烷自由基与其他有机底物分子的反应还在进一步的研究中。目前该自由基和缺电子烯烃、芳杂环类化合物的研究有了重大进展。预计会在 2022 年上半年完成。

在保研期间我虽然没有获得保研资格,但是我在准备考研之初,受到化院的老师推荐,前往西湖大学进行了尝试。很快我的专业知识能力就得到了石航老师的认同,并且我以本科生的身份通过了他们的评价体系,获得博士入学资格。我认为这次尝试非常值得,是我科研得到进一步深造的契机。另外西湖大学之行告诉我们,我们要多联系学校的老师,让他们知道你的优点,有助于保研申请时的推荐。

化学是一门实验的科学,曹居东先生说过,化学是一门手艺活,不是教书匠。这告诉我们在学习这些自然科学的时候,要多注重实践和理论的结合,不能只是一味地读书学习。所以我建议师弟师妹们也可以早一些投入实验室的活动,并且对自己的科研有所规划,知道自己喜欢什么领域,从而在实践中证明自己。

回顾过去,自己仍然有不少缺点,如创新能力还不够强,有时候不懂得坚持,但我会尽可能地在以后的学习和生活中着重提高这些方面的能力,争取做各方面都具有新素质的人才。四年的成长与历练,我由稚嫩青涩走向沉稳。而如今,我可以说,我品行端正,谦虚谨慎,吃苦耐劳的素质较好,交际沟通能力较强,拥有创新思维,有团队精神。而且具有北方人的热情和豪爽。学习能力较强,求知欲强,爱好看书。有很强的自信心。四年的大学生活塑造了一个健康、充满自信的我。自信来自实力,但同时也要认识到,眼下社会变革迅速,对人才的要求也越来越高,社会是在不断变化、发展的,要用发展的眼光看问题,自身还有很多的缺点和不足,要适应社会的发展,得不断提高思想认识,完善自己,改正缺点。要学会学习,学会创新,学会适应社会的发展要求。

以上只是我个人的学习心得,说得不好的地方还望见谅。可以说,大学是人生中最后一个能比较系统地学习知识的阶段了,大家都应该珍惜这段大好时光,努力学习,努力锻炼自己、塑造自己、提升自己,愿大家都有一个美好的大学生活,愿大家都有一个美好的人生!

脑科学与人工智能方向

54. 南大人工智能学院保研经验

陈 超

一、个人简介

本科阶段专业方向：脑科学与人工智能

本科阶段学术科研情况：和雷昊一同学参与吴盛俊老师指导的大创项目——基于柯西问题的本征解确定量子计算中函数完备基的可解性；

跟着计科王利民老师在计算机视觉方面有所入门。

本科阶段获奖情况：美国数学建模比赛 Finalist 奖、大连化物所奖学金、拔尖奖学金、人民奖学金、南京大学本科生基础学科专项奖学金优秀奖

联系方式：QQ：2912330559；邮箱：181840013@smail.nju.edu.cn

二、保研攻略

大致情况

我最后保研是去了南大人工智能学院的 LAMDA 组，跟着章宗长老师研究强化学习。我的整个保研经历应该说是比较平淡的，没啥波折。但是我觉得我的整个保研过程对于脑科学与人工智能方向的同学，尤其是今后想要从事人工智能相关研究和学习的同学来说是比较有参考价值的。

我的学分绩在专业内是第 3 名，学院内是第 13 名，除此之外还有若干不是最高等的奖学金以及美赛的 F 奖。没有什么科研成果，唯一的一段研究是跟着计算机系王利民老师做的，也只是看了些入门的教程和文献，真正开始做研究的时候只进行了新建

文件夹。

总结一下我的情况就是,学分绩尚可(排名在前四五十名,我的经历都有参考价值),但不是顶尖(指院内前十),有一个较有分量的奖项,只有一点科研经历,没有科研成果。下面我会简要介绍一下我的夏令营经过,着重介绍一下 LAMDA 组整个夏令营的流程。最后谈一谈我的一些想法。

夏令营经历

我主要报了下面几个夏令营:

学校/项目组	类型	方向	结果	备注
LAMDA	硕士	RL(章宗长)	接受	后面细说
南大计科	硕士	CV(王利民)	没报上	计科和 AI 没法一起报,王老师很好
北大信科	直博	可视化	拒了	后面细说
清华叉院	直博	自动驾驶	没过初审	太难了
清华计科	直博	CV	没过初审	太难了
人大高瓴	硕士	CV	没过初审	单纯想去北京玩一趟
上交电院	硕士	CV	没过初审	单纯想去上海玩一趟

南大人工智能学院(LAMDA)我在下面一部分会细说。南大的计科和人工智能学院是冲突的,只能报一个,如果两个都报了,会给你发邮件问你到底参加哪个夏令营,所以在报名之前就要想好这个。

北大信科的夏令营相对于清华比较好过,前提是报的是直博。这里歪个题,根据我报名夏令营的经验来看,如果想报外校,除非年级前十,否则报硕士就基本不可能过初审。所以如果真的想去外校,考虑清楚后建议报直博。北大信科我报的是计算机视觉方向,寄材料的时间大概是 5 月末,后面因为各种原因拖到了 7 月初才公布初审名单。这时候我 LAMDA 已经过了,所以也有一点懈怠。过了初审后就是线上面试,我们这一年夏令营,据我所知的,除了清华叉院,其余都是线上的,今年估计大体也是如此,只是线上形式不同。北大线上只有一个面试,分为个人陈述和提问两个环节。直博陈述时间 15 分钟,硕士 10 分钟。提问主要针对陈述内容,几乎不会有单独的专业知识的提问,提问的老师就是你报名方向的课题组的老师。正式的夏令营持续时间是三天,可能在其中的任何一天面试。其余时间都可以用来联系老师,和老师单独交流,只要和老师沟通好了基本就没问题。如果又没找别的老师聊,报名的方向又没有老师要,很有可能就会被调剂到别的方向,比如我就被调剂到了可视化方向。最后我经过考虑,在老师联系我的时候拒了,具体原因我在后面也会细说。反正不管怎么样,大概率总是会有导师联系你,只不过有可能是被调剂的,大家最好还是不要学我,自己去争取一下总是好的。

清华叉院应该是我报名的这几个当中最难进的,也是最早开始报名的。据我所知我们院没有人过叉院计算机方向的初审,人工智能学院和计算机系也只过了两三个人。我当时报夏令营的时候,因为本科科研经历有所涉及的就是计算机视觉,所以方向基本都是冲着计算机视觉去的,考虑到自动驾驶和计算机视觉有较大关联,所以叉院就报了自动驾驶这个方向。大家可能会觉得好奇,为什么我其他的都报了计算机视觉,唯独 LAMDA 报了强化学习,最后还去了,这个我会在下面细说。

剩下的三个就没什么好说的了,清华计科的难度是仅次于叉院的。人大和上交我本来就是试着报名,没想到报了硕士干脆初审都不让我过,大家可以引以为鉴。

LAMDA 保研

LAMDA 全称是 Learning and Mining from DatA,是属于人工智能学院的一个研究组,负责人是周志华,组内现有 16 位成员。主要研究兴趣包括机器学习、数据挖掘、模式识别、信息检索、演化计算、神经计算,以及相关的其他领域。科研水平在国内相对领先。

我在大三开学的时候就联系过 LAMDA 的吴建鑫老师,想跟着他做计算机视觉,但是面谈之后老师觉得我不太适合。后来我又去计科联系了王利民老师,面谈之后跟着他做了一段时间。所以这次在报名 LAMDA 的时候,我就没有报计算机视觉方向,而是报了我同样感兴趣的强化学习方向,一志愿写的是俞扬老师,二志愿写的是章宗长老师。

整个流程分为两部分:LAMDA 自己的面试和人工智能学院的夏令营。LAMDA 自己的面试在 5 月底就会有报名,报名链接在 LAMDA 主页上(顺便说一句,各个夏令营的报名链接基本在学院的官网上,时刻关注就行了,也可以和周围同学多交流,基本都不会错过)。报名材料主要包括研究动机说明、个人简历和报名表格。研究动机说明是最为重要的,建议着重写一下自己为什么报这个方向、自己的兴趣和优势在哪。比如我报的强化学习方向,兴趣就写一些游戏 ai,alphago 等。之后的面试分两轮,第一轮是导师的学生来面你,面完后会给老师一个参考评价,分为四个等级:strongly accept, accept, reject 和 strongly reject。南大的同学第一轮面试基本没有问题。第二轮面试才是最重要的,面试我的就是我报的俞扬和章宗长两位老师。一个简短的不需要 PPT 的自我介绍之后,就是老师的提问环节。俞扬老师问的问题比较刁钻,我记得的三个是:"你对强化学习有什么了解?""你为什么没学什么计算机的课?""你觉得你是属于有创造性想法的人还是适合做工程的人?"尤其是第三个问题,我当时回答了前者,紧接着俞扬老师就让我举一个我的创造性想法的例子,一下子给我整不会了。所以大家在回答问题和自我介绍的时候一定要谨慎,不要给自己挖坑。章宗长老师的问题就相对比较友善,问我学的生物类课程有什么用。我稍微说了些脑科学和人工智能的结合领域,比如认知科学等。

面试结束后我一直挺忐忑的,觉得自己表现确实一般。出结果是在两天后的晚上,当时我正在看欧洲杯,不出所料,录取我的导师是章宗长老师。一开始我还有些不太想接这个offer,就联系了我们院同样跟着章宗长老师的学长,想找他聊聊。第二天我去了他们实验室,周末上午大家都还在睡懒觉没来,看样子实验室氛围挺轻松的;又碰到了几个跟着章宗长老师的人工智能学院的大四学生,一起吃了个午饭,他们说章宗长老师已经收了六个同学了,而且有三个都是人工智能学院前十,想着自己水平还不如他们,他们都跟着章老师了,于是就接受了这个offer。

前面说了我之后是把北大信科给拒了,我觉得这样的取舍是大家在选择研究生去向的时候都要经历的,因此要明确自己的评价考量。下面我可以跟大家分享一下我自己是怎么想的:(1)对强化学习确实比较感兴趣;(2)LAMDA有较高的学术水平;(3)不太喜欢被push,喜欢轻松一点的氛围;(4)强化学习处在上升期,而北大信科的可视化方向发展前景不大。我写的这几点只是我自己的考虑,仅供大家参考。

参加完LAMDA的面试后,其实基本就尘埃落定了,不过后面还需要参加人工智能学院的开放日,大概是在7月初。其实通过了之前的面试后基本老师就都会保你,问题不大。可我当时还是提心吊胆了一阵子,认真准备了一星期。夏令营分为笔试和面试两个环节,笔试通过才可以参加面试。笔试是机试,在机房或是线上参加均可。题量很大(2小时200题),难度不高,快点做就行,有题目来不及做是正常的。题型是选择+填空,涵盖的内容包括西瓜书、线代、概率论、数据结构、程设、脑筋急转弯,提前一个星期准备都不会有问题的。之后的面试就比较轻松愉快了,会有五个老师面你,两分钟英文自我介绍之后,每个老师分别提问不同领域的问题,包括英文对话(问我最让我有成就感的是哪件事)、数据结构、线性代数、机器学习等。这些问题会就会,不会就不会,比如我被问的五个数据结构问题就一概回答不会。面试完大概一个星期就会出结果。

其他想说的

(1) 保研最核心的还是要想好自己想做什么,明确自己选择学校和导师的标准。

(2) 不管是想去外校还是本校,都建议提前联系一下导师,尤其是热门的专业。多发些邮件就行,约老师聊聊,可以的话就跟着做做,相当于给自己一些试错的机会。关于邮件怎么写我也不是很有经验,可以参考别的学长。十分不建议像我这样头铁直接去报夏令营,我能进LAMDA纯属运气比较好。

(3) 我能进LAMDA还有一个原因是章宗长老师比较看重我的美赛F奖和学分绩(而俞扬老师就更看重个人能力),这也就说明每个老师的评价标准是不一样的,可以了解一下老师喜欢什么样的学生,但更多时候还是要做好自己。

(4) 据我所知,人工智能学院的同学早在大二就跟着老师做一些研究,这相比于我们无疑是有很大优势的,绝不能掉以轻心。这也就是为什么我上面说要提前联系导师,这样至少不会被拉开太大的差距。

（5）在我看来，除了老师亲自写的和十分厉害的老师帮你署名的推荐信，别的都没什么用。

（6）科研更多还是一种锻炼，面试的时候有东西说就行。现在还没啥进展的话，别指望后面这段时间能出成果。如果现在已经有进展了，那恭喜你，你已经走在大多数人前面了。

（7）个人简历简洁美观，项目要是实在没啥，写点自己选修的课的大作业也行（比如图形绘制技术、基于FPGA的硬件加速原理等），别写PA、OS。

（8）各个学校的申请材料分门别类放好，不然很难找。

最后，希望大家都能去到自己想去的学校读研！

三、在校感悟

一转眼已经快要到大四下学期了，想起大三刚开学的时候，还在想着大学四年已经过了一半，现在却只剩一个学期了，不由得有些感慨。下面我就由着性子随便写写，记录一下我在匡院的四年时光，给现在的自己一个鼓励，也给未来的自己一份回忆。

我并不是一招就进的匡亚明学院，高考我进的是数理科学大类。军训时候二次招生，我还有些纠结是报名物理拔尖班还是匡院，最后我报匡院，是因为匡院没有末位淘汰制，保研率也很高，可以学得轻松一些。现在回想当时这个选择，我觉得是正确的，至少我没有后悔，这也是我大学四年第一个重要选择。第二个重要选择是大一结束选专业。其实我进南大之初就是想读物理的，进了匡院的二招也是奔着物理去的，可是到了选专业的时候，我爸极力想要我报脑科学与人工智能，可能在经历过社会的父辈看来这条路更热门一些吧。我内心斗争了一个星期，最后还是选择了脑科学与人工智能这个方向，有一部分是考虑到了我读物理可能确实读不出什么名堂，不过更多还是家长的原因。现在看来，我这个选择可能也还是可以的，毕竟我整个大学四年的学习在不是很辛苦的情况下还算有个不错的结果，不过未来谁又说得准呢。第三个重要选择就是研究生去向。本来我是有打算大三上学期出国交换，看看自己是否适应国外再考虑是否出国的，结果疫情让我难得一次去美国见识见识的机会没了，周围同学出国的氛围也没了，后来逐渐也就不再想出国这码事了。大三下学期报了几个夏令营，本来想去清北试试的，最后也是一个都没去，甚至夏令营都是线上的，还是老老实实待在了南大。当时还有点不服气，觉得我这水平怎么只能留在南大，不过现在看来我水平也不过如此，留在南大也未必就不好，走一步看一步了呗。

下面简单回顾一下我的前面七个学期吧。

第一学期，我怀着一颗赤诚之心来到了南大，在军训期间考入了匡亚明学院。有点小遗憾的是因为人生地不熟，没有参加匡院的学生会，军训的时候也因为走不好正步没有在操场上参加会操,只能在看台上看着。大一的我还是很认真学习的,虽然没有高中那么认真,但也是每天7点起床去食堂吃早饭,晚上11:30准时睡觉。那时候我也不太会出学校玩,每周周末就是在图书馆靠窗的位置写写物理和化学实验报告,做做微积分作业。现在想来我好像每年都会换个固定的地方自习,大一是图书馆靠窗位置,大二是图书馆日文区,大三是院楼自习室,大四是院楼阅览室。晚上回宿舍看舍友打会儿游戏,自己也会打一会儿,还有就是发奋图强弹吉他,练了一首根本不是自己水平能练的指弹。运动会参加了400 m和3 000 m,拿了两个第四名,院里面奖励了一个我一直用到现在的蓝牙耳机。足球队一直首发出场,一学期也进了三四个球,算是帮助匡院足球队走过了最艰难的时候。虽然匡院同学认识的不多,不过二招的同学也是逐渐熟络起来了,还一起打了雪仗,看了流星雨。参加了不少学校活动,看了五六场迎新晚会,可是一次也没抽到奖。匡院迎新晚会也参加了,报了三个节目都被毙了,最后很不甘心地当了个跑龙套的。最喜欢的课是大化实验,每周四一整天的大化实验是我最期待的。微积分的课我也听得很认真,认真记笔记,认真写作业,总是坐在第一排,下课还和范老师聊聊天。整个一学期我就因为院里的事情翘过一次思修,是个名副其实的好学生。期末考试也是意料中的考得不错,从此以后我对于保研这件事就感觉不到什么压力了。

第二学期选了专业,课没有大一上那么有趣了,不过张莉老师上的人工智能程序设计我还是很喜欢。参加了仙林半程马拉松,跑进了两小时。生活作息和第一学期没啥两样,只是会起得更晚一些,上课也有时候会迟到。范老师上完微积分要去出高考卷的时候我们都依依不舍,我的微积分笔记本上还有范老师的签名。外教课上到这学期也结束了,我们和Johnson老师度过了很快乐的两个学期。6月8日我生日的那三天,我和徐满杰还有另外两个高中同学一起趁着端午节放假去嵊泗列岛玩了三天,度过了我的18岁生日。这学期也坚持运动,晚上经常能在操场上看到我内圈超过一个又一个同学。这学期期末考试成绩也不错,暑假和爸爸一起去湖南、山西玩了,现在想来这可能是我最后一次和我爸爸出去旅游了。

第三学期应该是我学业最繁忙的一个学期了,有PA、理论力学和人工智能导论这三门硬核的课程,学期中被PA和人工智能导论折磨得不行,学期末又花了整一个星期从头自学理论力学。作息渐渐不是那么规律了,早上有时候没有早八会睡到十点多,早八的理论力学也是经常迟到半小时,翘课也是常有的事。这学期还是参加了不少活动,照旧看了不少迎新晚会,还第一次上台参加了草地音乐节,弹了一首summer。这学期开始逐渐认识匡院的其他同学了。期末考试周下雪的时候早起去看看雪。那一年匡院的迎新晚会竟然史无前例地坐满了人,我虽然没有参与节目,不过还是有些泪目。足球队加入了很厉害的学弟们,我也就逐渐变成替补了,不过还是每场球都会去看。运动会跑了一个400 m,差一名进决赛。还参加了荧光夜跑活动,一学期东拼西凑跑了100 km。期末考试自学完理论力学又去自学堆栈,可是到最后终究是一次gdb都没有启动过。最后成绩虽然不尽如人意,不过至少没太拉胯。期末考试周的时候爆出了新冠的消息,可当时却不以为然。

第四学期是我最不喜欢的一学期,这学期因为新冠全程都是线上教学,每天在家就是二倍速快进网课,然后摸摸鱼写写 OS,一学期好快好快就过去了,甚至没有留下一点痕迹。本来说五一可以去学校,最后终究是落空了。暑假去学了个驾照,一个月就搞定了,还算挺顺利。

到了第五学期,我的大学生活也就过去一半了。开学先考了个上学期的期末考试。一起待了两年的舍友要去鼓楼了,一起唱了个歌,一大早帮他们把行李搬上车。考完试开学前那一个多星期还是挺舒服的,也没啥事,二招的一起组了个新的宿舍,还在原来的5B514。不过大三开始二招的感情好像就淡了不少了,一起出来玩和吃饭也没原来多了。这学期的课就开始轻松了许多,不过由于理论力学和理论物理变成二选一了,为了学分绩不掉下来,还是得再上个理论物理,然后照旧是期末自学一星期。开学几经周折联系了一个导师,不过也没做啥,就是看看书,一到开始做研究了就毫无进展。这学期开始经常去市区转转,一般是跟搬去鼓楼的雷昊一,也会参加各种志愿讲解和学校活动,反正周末就基本不学习,我没记错的话是最后连着七周没有学习。运动会报了一个 $4\times400\,\mathrm{m}$ 接力,这是我第一次参加接力,还拿到了名次。在冷飕飕的天气和郝英杰一起去跑了江北半马。买了个录音笔,录了首 Butter-Fly 的指弹,发了第一个 B 站。期末考试周不出意外还是下雪了,我在操场打卡机顶棚上捏了一个可达鸭,每天都去看看它,直到它化掉。期末考试没出什么岔子,因为夏令营看的学分绩就算到这一学期,所以之后的课我就真是放飞自我了。

第六学期课就更少了,不过得准备准备保研的事了。选了些人工智能学院和生科院的课,因为我一直很支持匡院的大理科培养模式,我一向不愿意太功利地去学习知识。后半段学期包括暑假的一开始基本在忙保研的事,最后折腾了半天还是留南大了,具体可以看我的保研攻略。学期初参加了草地音乐节,弹了两首歌,想借此机会表现一下,没想到第二首 K 歌之王竟是送给我自己的。后来吉协年中晚会本来想整个大的,最后因为各种原因改到了汉风堂,有点小失望,不过还是和汤楠一起上台整了个双吉他指弹。这学期也开始跟着学弟学架子鼓,自己约的排练室时间会和学长切磋切磋吉他,也会自己练练鼓,一学期下来架子鼓和吉他都长进了不少,吉他也升级了一下配件。足球队在我们的不懈努力下进了南超,完成了老学长们的夙愿,我也见证了这一时刻。欧冠决赛足球队还买了不少零食,去院楼自习室用投影看了比赛。欧洲杯也在这学期,和前几个学期看欧冠决赛一样,我也会半夜抱着电脑到楼下自习室看球。参加了仙林半马,跑进了一小时五十分钟,算是个人最好成绩。还机缘巧合参加了本来已经报名截止的山地马拉松,和院里另一个学妹更熟悉了。本来暑假一起去青海湖的,因为疫情,终究没能去成。

第七学期开学因为南京的疫情，又在家上了一个月的网课，后来说可以返校了，泉州又有疫情了，本来想去泉州的，在辅导员的劝说之下最终还是没有去。草地音乐节弹了一首《与海无关》，架子鼓还是会练，不过进展不大。今年不知道为什么没有下雪，有点可惜。有一门必修课，也是期末自学，问题不大。不过这学期作息规律了不少，每天都会吃早饭，肠胃也逐渐变好了。组里也在做一些研究，不过人的精力总是有限的，我心思并没有太放在研究上，毕竟这样的日子以后可能很难有了。期末考试考完去了泉州、厦门还有上海玩，这十天的旅行是我最快乐的一次旅行。

现在，刚刚结束这次旅行后的我坐在书桌前，写下了这篇文字。

55. 南大计算机直博保研经验

高长江

一、个人简介

本科阶段专业方向：脑科学与人工智能

本科阶段学术科研情况：跟着黄书剑老师做科研；参加MIT暑期线上机器学习课程。

本科阶段获奖情况：拔尖奖学金优秀奖、学科竞赛奖、人民奖学金、数学建模国赛江苏省一等奖

联系方式：QQ:1622505463

二、保研攻略

（一）申请情况

冬令营：上海高等研究院—电子信息（通过），北京脑中心（未通过初审）

夏令营：

CS/AI：南大开放日（计算机通过，AI未通过初审），上海交大计算机（通过初审，面试拉了），中科大计算机（未通过初审），哈工大深圳计算机（未通过初审），中科院数学与系统科学研究所（通过）

脑科学：中科院脑智卓越中心（通过），复旦脑院（通过）预推免，哈工大深圳计算机

(通过笔试)

最终去向：南大计算机直博

(二) 个人经验

从基本信息可以看到，我的成绩排名一般般，竞赛奖项也只有一项，刚够加分，没有 SCI 或者 C 刊论文，在匡院保研选手中实属不够看。因此，我的经验可能只对成绩排名中等、同样为脑科学与人工智能方向的同学有一定的参考价值，建议有选择地阅读。

我们这样的同学在保研竞争中不太强势，但也不需要自卑，因为南大匡院的招牌很响，实际上培养出来的学生也很有实力，要有自信！总的来说，我建议海投，然后扬长避短，选择同自身能力、兴趣最匹配的学校和导师。

另外，作为脑科学与人工智能方向的第一届学生，我在保研的时候面临"脑科学"与"人工智能"不知道选哪个的尴尬局面。整个过程下来，我的感受是：我院的培养更偏向前者，因此脑科学院校的初审和面试的通过率都远大于计算机院校。然而大部分同学还是更青睐 CS/AI 方向，两个因素加起来，就导致后者比前者卷得多，建议大家结合自己的能力和兴趣仔细考虑。

(三) 保研中的一些关键点

1. 资质准备

1.1 学分绩

学分绩排名是保研中最基本、最硬性的要求。我们这一届的保研比例是 60%，因此如果打算保研，至少要确保自己的 GPA 排名在前 50% 才比较稳。

1.2 英语水平考试

个人感觉，六级成绩在保研初审中的分量很重，有条件可以多刷分。另外，托福、雅思等成绩也是很好的简历加分项。

1.3 竞赛、论文

竞赛和论文不仅可以丰富简历，额外的学分绩加分也相当可观。推荐在大学前三年参加数模国赛、美赛等，祝大家取得好成绩。

1.4 联系导师的时间

因为每个导师的名额有限，并且熟悉课题组需要时间，联系导师其实越早越好。推荐在大二就开始了解、联系心仪的导师，最迟是大三上学期。错过这个时间的话，有些热门导师的名额可能就满了。

2. 夏令营

2.1 报名

前面说过我的保研策略是海投，因此报名阶段我搜集整理了很多院校的夏令营信息。可以关注一些保研相关的微信公众号，并且自己用表格整理各学校的报名要求、材料和截止日期等,并且要及时检查,防止 DDL 有变(血的教训)。

另外,很多学校报名需要推荐信、学校盖章的报名表,等等,建议提前做好相关准备,并且注意学校工作日才能盖章(同样是教训)。

2.2 考核内容

这里说几个大家可能关心的考核内容。

南大计算机开放日:

笔试计算机 408(即考研内容,包括数据结构、组成原理、操作系统、计网等)。面试是单面,内容比较随机:前几题是专业相关内容(可能有英文题),最后是两道 IQ 题。需要注意的是我校这几年开放日的时间安排一直在变,需要额外关注。

上海交大计算机:

只有面试,几个老师对一个学生,比较注重算法,另外可能对简历和成绩单逐条提问。

复旦脑院、中科院脑智卓越中心:

都是只有面试,几个老师对一个学生。中科院是老师直接提问专业知识,复旦还会额外考察专业英语(一段含有神经科学术语的文字)。另外,中科院的夏令营还有附带的暑期学校活动,时间较长,非强制参加,目的是体验不同课题组的研究日常,可以根据自己的需要选择是否参加。

2.3 拿到 offer 之后

如果拿到了多个 offer,建议及时做出选择,并且提早和要放弃的学校老师联系,否则很不礼貌,并且可能影响下一届的保研名额!

另外,有些学校在夏令营考核通过之后,会让学生签一个"不能再去其他学校"的协议,不要被吓住,这种协议不合规,而且没有法律效力,建议不签。

3. 关于预推免(九推)

预推免一般在各校夏令营快结束的时候开始报名,报名材料和夏令营类似,但流程更短、出结果更快。大部分学校比较宽容,夏令营没通过不会影响预推免报名,可以放心报。考核内容和夏令营类似。

预推免的通过率并不比夏令营低,但有些导师可能在夏令营招满了名额,因此选择会少一点。

三、在校感悟

个人经历:

首先是我的学业。大学前三年,我取得的成果有:完成了所有必修课程,以及一些重要的选修课,培养了一定的学术水平;GPA 排名中上,获得保研资格,直博本校;获得了一些奖项和奖学金。同时,我也有很多遗憾:有几门重要课程(比如微积分、操作系统)在课程中没有跟上，成绩较差，而且导致基础没打牢，对之后的学习和科研产生负面影响；没有获得重量级的奖学金或奖项；社会实践很少，没有实习，等等。

其次是科研方面。我的成果有：跟随现在的研究生导师做了一年半的科研训练，参加了一个翻译系统项目（同时也是毕业设计的题目），目前导师也给了我一个研究方向。但不足也很明显：我到现在还没有成体系的科研经历，项目也主要是工程上的工作，理论上没有涉足；此外，我在研究方向上看的论文还很少，甚至有些基础知识欠缺。

其他方面，我认为我在性格和心态上有所变化。性格上，感觉自己更务实，也更成熟了；心态上，相比以前，更注重规划和目标。但也有一些不好的变化，比如看待事物的眼光变得更复杂、世俗了，以及自控力、执行力还有待加强。

学习感受：

我的感受主要有以下三个方面：

1. 教学资源。总体来说，匡院的教学资源质量较高，但各个专业方向的差别比较大。

好的方面：师资上，匡院绝大多数老师都非常认真负责且平易近人，我们院也和其他院系（拔尖班）的很多优秀老师长期合作，教学水平绝对可靠；硬件资源上，我们虽然没有自己的实验室、机房等，但只要正常申请，也可以获得相应的通行权限；另外，匡院学生还有跨院系选课的优先权（虽然这几年优先权变小了），可以满足同学们对知识的渴求。

不太好的方面：我院在物理、化生方面的投入最多，计算机、人工智能次之，数学方向的资源则最少，在选课、交流、参加比赛等方面可能会麻烦一些，建议开拓信息渠道，防止因为消息闭塞错失机会。

2. 学习氛围。匡院的学习氛围很好，大家都是 NJU 里高考分数最高的那一批，因此学习能力超强，学习态度也非常积极。另外，因为保研名额较多，并且辅导员有匿名排名的传统（排名看不到姓名，只有自己秘密选择的代号），我院的"内卷"氛围比其他学院要轻得多得多，同学之间也可以比较开放地相互讨论、学习，对掌握知识很有帮助。

3. 生活感受。个人感觉这是我院一个比较有遗憾的地方。因为各个分流专业的课程截然不同，大一还朝夕相处的室友、好基友在分到不同专业以后，共同经历和话题就会越来越少，渐渐被同方向的朋友取代，感觉有点唏嘘。另外，我们院人比较少，所以推荐多参与团学联组织以及各种晚会活动，和其他同学一起创造回忆，否则等到回首大学四年，发现除了学习没什么其他记忆，多遗憾啊。

未来展望：

学业上，我首先要高质量完成毕业设计，提高执行力。其次，研究生期间要坚持理论学习，认真完成必修课程，最好还是每学期选修一门数学课，以及补上数学和计算机底层的课程。

科研上，因为我目前科研的理论水平和实践经验还远远达不到博士的要求，必须提高执行力，并且要主动学习。这个主要是心态和行动力的建设。我需要找到自己真正热爱的研究方向，并且发挥热情和行动力，为自己的未来负责。

其他方面，我需要进一步做好远景规划，并且配合行动。比如目前打算直博期间到国外交换一年，那从现在开始就可以了解相关资源和计划。此外，未来的工作也需要提前规划，综合考虑教职和企业的选择，了解门槛，做相应准备。

给学弟学妹的建议：

1. 专业方向。我院的专业选择比较宽松，但因此同学们更要对自己的选择深思熟虑。建议在大一就多体验、思考几个专业方向的学习、研究，找到自己的兴趣点并且深入学习。或许你发现对这几个方向都不感兴趣，那及时转专业也很好，我们这一届有好几个同学转专业成功了。

2. 生涯规划。建议及早对自己以后的学习、工作做一个大概的规划。举个例子：本科毕业后打算直接工作、国内读研还是出国深造？如果直接工作，则需要注意培养实用技能、多找实习；如果国内读研，则要刷好学分绩、多参加学科竞赛，等等；如果打算出国，则最好安排出国交换，并且及早思考、联系学校和导师。此外，我院的很多同学可能想做科研工作，比如教职，那就要提前了解自己的专业方向有哪些研究领域，及早获取知识、培养技能、联系导师甚至发表论文，等等。做好规划之后，就可以照着一个方向努力，效率更高，也能减少迷茫和焦虑。

3. 学习状态。首先肯定要努力学习，对自己负责，不要因为沉迷游戏或者其他什么东西，错过大学里这么多珍贵的知识、技能、人脉资源和机会。另外，如果觉得课程难，建议多和其他同学讨论，必要时请教大佬，一般都能得到解答。同时也希望大家多多帮助其他同学，分享知识！

4. 个人生活。还是建议大家多参加集体活动，多和朋友出去玩，也可以参与院里的运动队、参加运动会，等等（欢迎参加匡院足球队！）。另外，我觉得健康的恋爱关系也很好，找一个相爱的、志同道合、善良正直的 npy，不仅可以收获爱情的甜蜜，对自己的人格、思想的成长也很有帮助。

56. 从脑科学与人工智能到南京大学人工智能学院的感悟

王子静

一、个人简介

本科阶段专业方向：脑科学与人工智能

本科阶段学术科研情况：国家级大创"基于深度学习自动生成手部X射线放射学报告"，指导老师：郭亚冲老师；

2020暑期麻省理工学院"机器学习＋"在线学习课程。

本科阶段获奖情况：王老吉奖学金、南京大学本科生基础学科专项奖学金优秀奖、人民奖学金、南京大学优秀共青团员

联系方式：QQ：760423559

二、在校感悟

不知不觉间，我已经是匡亚明学院的一名毕业生。从大一刚刚入学时候的懵懂好奇，到现在，逐渐修满了毕业所需要的学分，也已经确定好了自己未来学习的去向。临近毕业，也确实有许多可以进行总结的。在这里进行记录，除了帮助自己反思和展望之外，也希望能为之后的学弟学妹们提供一些参考。

个人经历

如果要对我在匡院三年的学习做一个总结,那么核心一定是交叉学科的学习过程。要说真正改变我学习生活的事件,大概就是我在大一下学期的时候选择了脑科学与人工智能方向。在我入学的时候,学院是第一年开设这个交叉学科的方向,因此一切都是充满未知和不确定的。进行方向选择的时候仅仅是凭借好奇和兴趣,而并没有对于这个方向究竟要学些什么、以后会研究些什么有一个清晰的认识。对未知有热情和探索欲固然是好事,事实证明对于新的方向的学习和探索确实是充满激情的,但是所面对的困难也是难以忽视的。复杂的课程,贫乏的基础知识,浮于表面的理解带来的杂乱的知识体系,以及对未来的迷茫,从大一下学期开始就一直环绕着我。

从收获上来说,学习各个学科的知识是令人愉快的,从计算机、人工智能、生物、化学、生理学以及心理学,等等,我或多或少地了解到各个领域所关心的问题,各个领域当前所面对的问题。更重要的,我得以从各个学科的角度来思考问题,对比计算机的神经网络与生物学的神经网络的区别,了解机器学习在计算生物学中的应用。我似乎渐渐了解到交叉学科的学习究竟是什么样子。

但是迷茫和失落也是常常相伴的,在没有学习先修课程的时候就去进行高等级课程的学习,在同班的生物系或者计算机系的同学都对老师所讲的基本概念完全理解的时候,常常会发现自己所欠缺的太多,在跟进课程知识时感到吃力。看似什么知识都有所学习,而也就只有自己知道这些学习往往都是浮于表面的。"我所学的东西真的有所联系吗?"我常常会这么怀疑着。

而我终应相信,所学的所有知识,所走过的所有的路,这些都在冥冥中有所相连,只是等待着被串起发现的一天。我仍会在学习的道路上走很长的路,虽然我可能会暂时放下其中的某些知识,但是它们带给我的思考会一直伴随着我。

在不断的学习过程中,我逐渐感受到人工智能的魅力和乐趣,也希望未来能够继续进行人工智能方向的研究。因此,在毕业之后,我会继续在南京大学人工智能学院进行深造。

反思与建议

最后,以匡亚明学院脑科学与人工智能方向第一届学生的角度,给我所热爱的匡院,以及我所热爱的脑科学与人工智能方向提一些建议。同时,也为对脑科学与人工智能方向感兴趣的学弟学妹们提供一些参考。

从学生的角度,我认为课程的体系性有所欠缺,脑科学与人工智能方向有许多课程都需要一定的先修,但是由于课程的时间安排冲突等问题,我们往往无法在拥有足够的基础之后再进行高等级课程的学习,而是直接就面对比较晦涩的深入课程,这也就导致了我们在进行学习的时候会面对较大的障碍,为了跟上课程进度会需要更多额外的努力。对于这个问题,作为学生,我们在进行相应课程的学习之前需要进行一定的自主预习，比如在了解了课程安排之后自己先选一些别的学院的先修课程，这样在之后学习时就能相对轻松一些；而对学院来说，在设置课程的时候还是应该将先修课放在高等级课程的前面，更加注重课程的体系性。另外，由于本方向涉及的课程较多且复杂，所以我认为在设置课程的时候可以更多地设置一些选修课程，给具有不同兴趣的同学们进行选择。

作为交叉学科，脑科学与人工智能本身就是一个由生物、化学、生理、人工智能、社会科学等各种方向相结合的学科。而对于我们学生来说，在学习的过程中，要有所取舍，在广泛地尝试和了解各个方向的前提下，选择自己所感兴趣并愿意投身的研究领域进行进一步的深入。比如我自己在三年中就尝试过脑成像、心理学、人机交互、人工智能等不同方向。

在进行了广泛的了解和探索之后，才能更好地做出选择。就我所了解到的，仅在2018级，脑科学与人工智能的同学最终所选择的方向很多，神经科学、医学、生物物理、计算机、人工智能，等等，都有人选择继续深造。因此，最关键的应该是，不要害怕去尝试，也不要担心自己选择了与人流不同的方向，因为我们的未来，总是由我们自己去探索和开拓的。

最后，感谢南京大学匡亚明学院四年以来的培养，衷心希望所有学弟学妹们都能在匡院度过充实而快乐的大学时光，也希望匡亚明学院能越来越好。

57. 从脑科学与人工智能到北京理工大学的感悟

徐满杰

一、个人简介

本科阶段专业方向：脑科学与人工智能

本科阶段学术科研情况：MIT Machine Learning Summer Camp；

南京大学郭亚冲教授指导开展视频图像处理科研训练；

北京大学朱毅鑫、北京大学朱松纯指导开展视频认知处理科研训练。

本科阶段获奖情况：人民奖学金、基础学科专项奖学金、美国大学生数学建模竞赛 Meritorious Winner

联系方式：邮箱：manjietsu@gmail.com

二、在校感悟

走到了人生的一个小小十字路口，很难不向南大、南大的所有老师同学和工作人员们说一声谢谢。能够有机会来南大读书，我深深感激。

犹记得第一次来南大报到，第一次选择专业，第一次奖学金答辩……平淡而又精彩。我不属于那种学习特别刻苦的人，大一甚至到了大二都对自己的未来没有什么规划，上完课写完作业就会出去玩。记得那时南大的氛围是自由的、开放的，学习生活可以完全由自己掌握。

在南大，我有幸认识了一群志同道合的朋友。大学三年中，最美好的回忆是和同学们一起爬紫金山，在玄武湖泛舟，在栖霞山看枫叶。引用毛主席的诗句："恰同学少年，风华正茂，书生意气，挥斥方遒。"尤其是我的室友们和同班同学，大家相处非常融洽。在四年的生活中，一以贯之。院系的领导和管理人员也都非常平易近人，认真负责，更像是学长。在学校中我没少麻烦他们，在此向他们说声：辛苦了！

当然大学最重要的是学习，在我个人看来，本科阶段的学习不取决于老师的科研实力，而取决于学习与教学的氛围。我遇到的老师们或是和蔼可亲，或是严谨负责，总而言之课堂体验很好。尤其是在不考虑作业和考试的情况下，颇有在知识的海洋畅游之感。当然，期末考试周在院楼通宵复习也是别样的一种体验。也有幸选到过周志华老师等大牛老师的课，能够在课堂上接触到最前沿的知识，给人以启迪。这是和传统的数学、英语课完全不同的体验。老师们也都平易近人，我能够有机会走入他们的实验室参观学习，这是南大与匡院的平台带来的无可比拟的优势。

在此要特别感谢匡亚明学院。在我看来，匡院最大的优势是其较高的保研率。多提一句，十分遗憾由于疫情或者一些其他因素，在整个本科期间我都没有机会能够参加一些国际交流。但是由于匡院较高的保研率，使我能够真正自由地探索我的大学生活。就我个人的体会而言，为了一门课的成绩而进行所谓的内卷是一件十分痛苦的事，真正的快乐是茅塞顿开、醍醐灌顶，而不是枯燥的背诵与应试。我仍记得"操作系统"一课的实验很难，我在某个晚上突然来了灵感，于是写到早上 6 点，写完了实验代码。尽管东方已经泛起了鱼肚白，但我毫无困意，乐在其中。与之相反的是，每个考试周总有那么几门课令人头疼。我不是想要批评课程本身的内容或者是教师，举个例子，如果一门课有 30%的优秀率，那么对于同一个概念，尽管你和你的同学都十分理解，但是他能够一字不差地背诵，那么很有可能他可以拿到优秀而你只能得"良好"。无论是考试还是论文，此种类型的内卷都是我敬而远之的。然而遗憾的是，据我亲身体验，从大一到大四，内卷风气逐渐加重。这一方面是随着年龄的增长，大家面临的压力逐渐增大；另一方面是总有一些人在贩卖焦虑，最终使得越来越多的人被迫加入内卷。在此抨击此种不良之风的同时，再次庆幸匡院提供了较高的保研率，使得不想参加内卷的同学也有一方安身之处。

从我个人经历的角度看，对于学院本方向的发展有这样一些看法。在本科期间，我也与国内和国外一些高校的同学有所交流。据我了解，人工智能，乃至计算机，最优秀的学生一般是大一期间就完成了基础知识的学习和最前沿进展的学习，大二期间进实验室参加实习，大三发论文或者参加暑研，才有可能申请到理想的国外学校。如果是保研，优秀的导师往往提前一年就已经有了很多优秀的候选学生，其中又以本校的居多，因此也需要趁早联系导师，至少等到夏令营开始报名的时候已经晚了。现在反思我的大学前三年的生活，大一期间接受了一年的通识教育，大二分流姗姗来迟，专业课程的学习也相应滞后了一些，从某种角度来说是无论如何赶不上这种节奏的。身边也很少有这种节奏的同学。我想，通识教育确实开阔了视野，促进了学科方向的融合，但是也一定程度上造成了在大三保研、申请出国时候的竞争力不足。

此外，人工智能和计算机技术更新发展极快，新技术层出不穷，我想建议有志于学术方向的学弟学妹们，从大一开始保持对前沿技术的追踪。我觉得或许可以从课程设计的角度来进行引导，减少不相关的通识课，增加与领域前沿紧密相关的课程，尽早引导学生进入专业的研究方向。有人问是否需要基础课学完觉得基础扎实了再去关注，大学教给我的最深刻的道理，就是大学等于"大不了自学"。大学四年的很多课程，也许下个学期就会被忘掉，也许很多都已经是十年前的教材，但是它某种程度上培养的是思维方式和学习能力。在互联网如此开放的今天，没有任何东西是不可以自学的。与数学、物理等传统课程不同，计算机没有那么高的门槛，一个什么都不会的人也可以很快完成入门。当然，也没有人可以自信地说自己的基础已经足够好。另一个小小的建议是，培养优秀的英语水平，因为无论是文献还是代码文档，都是英文书写的。

但是我相信，南大有这么多优秀的老师和同学，学弟学妹的未来一定是十分光明的。南大计算机与人工智能的学科建设在国内也是名列前茅的，四年的时间十分短暂，希望所有人都能从南大带走一些东西，留下一些东西。

衷心祝愿匡院与南大未来会更好。

58. 从脑科学与人工智能到南京大学物理学院的感悟

张祎扬

一、个人简介

本科阶段专业方向：脑科学与人工智能

本科阶段学术科研情况：跟着匡亚明学院郭亚冲老师做大创项目；
参加 MIT 机器学习线上暑期学校。

本科阶段获奖情况：拔尖计划奖学金优秀奖、大连化物所奖学金、人民奖学金

联系方式：邮箱：1473789695@qq.com；微信号：zyy317zyy

去向：保研南大物理学院

二、在校感悟

时间过得真快，转眼大学的第四个年头已经过半，开学在即，毕业的钟声也已经响起了前奏。站在人生的又一个分叉路口上，回顾过去的三年，才惊觉收获了许许多多，也留下了不少遗憾，有很多可以做得更好的地方。

从成绩上来说，应该算是马马虎虎，我自认为没有拿出自己全部的努力去学习课业，很多地方得过且过，也经常在期末考前还没有对知识形成一个系统的体系。大一时的我，还葆有刚进大学的那股冲劲，坚持早起，对待课业也很认真，这尤其体现在我每周末很努力地写实验报告上。最终的结果是，物理实验因为每次认真对待而获得了免考，化

学实验也是实验室的最高分,其他课业成绩名列前茅,也拿了不少高额奖学金。不过大二、大三以后,也许是课程难度加大,同时也是自己不够努力、趋于安逸,成绩上并没有继续高歌猛进,不过也还算是排在前面,保研也是绰绰有余。不过遗憾的是,在课业压力大的时候,不少课程只追求拿到一个还算可以的分数,却并没有追求把知识学懂、参透,许多知识点到了真正要运用的时候,才发现其实对它的理解并不到位。平时课上因为听得不太认真而没有听懂的知识点,到考前复习时自己静下心来看书自学的时候才会发现它其实并不难理解,但为时已晚。从这一点上来说,考前复习也是一个很有效的系统归纳自己所学的手段,很多平时零碎的知识在这个时候才能串联成体系。遗憾的是,我常常没有给自己留够复习的时间,在有些课程的考试成绩上写下了遗憾。

从课内学习之外的自主学习来说,我大二学年在一位学长主动抛出橄榄枝的情况下和他组队参加了美国大学生数学建模竞赛,赛前并没有做太多知识准备,初次体验了数学建模的全过程,并且在短时间内写出了一篇英文论文,最后拿到了二等奖的成绩。其实回顾起来,建模的经历还是很有趣的,如果我能在建模之前的寒假做一些系统的知识储备,而不是建模时对着题目现学,也许会获得更好的结果。或者,也可以多参加一两次,积累经验。除了数学建模以外,在大一大二的计算机相关课程上,我陆陆续续做了一些大作业和自己的课程设计,这些都为我打下了一些计算机的基础,也为我日后接触科研起到了一些帮助。大三刚开始时,院里为我们提供了科研训练的机会,我报名参加了,并且将课题申报了大创项目,开始进军科研,大三结束时也有了一两篇文章。现在的自己顺利保研进组,每周参加组会汇报工作,也有正在进行的科研项目。

虽然在大学生活中,我的科研经历不是一张白纸,但老实说,我是一个被动大于主动的人。建模是学长主动邀请才参加,大创也是院里主动提供了可以选择的机会。有许多优秀的同学,他们都很清楚自己要什么,对自己的学业有非常清晰的规划,甚至有的同学在大一就开始进组科研,参加比赛。人各有志,但如果坚定了要走科研的路,一定要尽早行动起来。一路走来,我更像是被推着懵懵懂懂走到了现在,但我相信,以后的我一定可以自己找寻着方向往前。

从课外生活上说,感觉还是遗憾更多一些。说实话,南京大学作为一个男女比例比较均衡的文理综合性院校,在文化生活方面是非常丰富的。数不胜数的音乐节、表演、社团话剧节,各种丰富多彩的社交活动经常都有举办,还开设了非常多有意思的通识课和公选课。遗憾的是,大一大二选课时的我除了追求轻松、给分好,并没有选到什么自己真正喜欢、真正可以学到东西拓宽视野的通识课,在繁重的课业之余,也没有参加一两个社团,拓展自己的社交圈。大一大二时由于参加了院学生会,举办了许多活动,也曾经在舞台上有过展示自己的机会,经常和同学一起聚会交流。到了大三大四,一个是因为课程更专业化了,大多数课就那么十来个本专业的同学,很多班里其他专业的同学从那时候起就再也没有碰过面;另一个就是退出了学生会,和同学之间、学弟学妹之间的联系也少了很多。在大学里,想要交朋友可以有很多方式,关键是要打开自己,主动去拥抱外面五彩斑斓的世界,主动去融入集体。大学四年过下来,我没有把握住这个可以结交许多朋友、许多有意思的人的机会,研究生的生活也许更为闭塞,但我要努力打开自己。

展望未来至少五年的直博生活,首先我希望能严格要求自己,耐得住寂寞,潜心科研。在对待学术上一丝不苟,努力培养自己的发散思维,争取想出新点子、好点子,真正做出一些不错的东西来。同时,也希望自己能够劳逸结合,珍惜人生中最后的校园时光,利用科研之余多参加一些有意思的活动,结交一些有趣的灵魂。最后,希望自己保持一颗乐观的心,坚持初心,无论遇到什么挫折,都能及时进行自我开导,坚持走下去。

希望学院能多听取学生的心声,尽可能让每个学生都能充分享受到院里的资源。同时希望在一代又一代学生和老师的共同努力下,课程体系设置越来越合理,教学成果越来越好。

对学弟学妹:在大学四年里,你有很多个机会可以成为自己想要成为的人。最关键的是要对自己有一个清晰的认识,对自己的大学四年有一个合理明确的规划,并且朝着自己的目标努力。南京大学有非常多优秀的同学,你也许会在与他人的比较中失去信心,所以不要纠结于这些,把自己能做好的事做到最好,通过大学四年寻找一条最适合自己的路,为之后几十年的人生找寻方向。同时,不要把学习当成生活的全部,多交朋友,走出两点一线的自闭圈,做一个开朗、自信、快乐,勇于展示自己的人。

59. 从脑科学与人工智能到南京大学计算机系的感悟

甘 晨

一、个人简介

本科阶段专业方向：脑科学与人工智能

本科阶段学术科研情况：参与郭亚冲老师指导的"基于深度学习自动生成手部X射线放射学报告";

共同一作完成"Transformers in medical image analysis：A review"，被Intelligent Medicine接收；

参与完成"基于元学习的单细胞转录测序分析"项目并在第七届基础医学创新研究暨实验设计论坛获东部赛区三等奖。

本科阶段获奖情况：基础学科拔尖学生培养试验计划优秀奖、人民奖学金、基础学科专项奖学金优秀奖

联系方式：QQ：1293310982；邮箱：lightgan@foxmail.com；微信号：wxid_n9uo2u0liijx22

去向：保研南大计算机系

二、在校感悟

学习方面：

通过大一多门基础学科的学习，探索了对数学、物理、化学、生物、计算机各个学科的

兴趣，最终选择了生物和计算机的交叉学科脑科学与人工智能方向。通过大二大三后续专业课程的学习，学习了生理学、神经生物学、生物化学与分子生物学、生物信息与计算生物学等偏生物的课程以及人工智能导论、机器学习、神经网络等偏人工智能课程，综合学习了来自生物和人工智能两方面的基础知识。后续，通过选修脑科学相关医学影像学的课程，基本确定了未来的专业兴趣和研究方向。回顾前三年的学习过程，总的感觉是学到了来自各个学科的知识，丰富了跨学科眼界和知识储备，但在具体的专业课程，例如计算机的基础课程方面有些不足和欠缺，若再多一些基础算法的课程可能更有利于计算机学科基础知识体系的搭建。同时在生物学科的学习顺序可能需要有所调整，"神经生物学"太过专业，缺乏"生理学"课程的基础知识，听起来较为费力。对于基础的数学课程，感觉"线性代数"和"常微分方程"放在一学期的"线性代数"课程中，课时较为紧张，导致"线性代数"的基础知识不够，但实际上"线性代数"是后续人工智能专业课程，例如"凸优化"等的基础。在所学的计算机课程中，感觉"计算机系统基础"和"操作系统"两门课程的难度、挑战性较大，这两门课程除了理论讲解之外还有相应的实验课程，具有一定的难度，在实际学习过程中确实遇到不少困难，但确实也在学习知识的过程中经历了令人印象深刻的磨砺。我觉得经过这两门课程的学习，无论知识方面还是心态方面都能得到相当的锻炼，或许对于后续的研究生学习以及工作有一定的指导意义。

科研方面：

我在大三联系了计算机系的老师，希望能进行人工智能在医学图像领域的研究，并进入南京大学健康医疗大数据研究院开展实习，并同时加入了匡院郭亚冲老师的大创项目，继续人工智能在医学图像领域的研究。在科研训练中确实学到了很多东西，锻炼了自己的技能，进一步感觉到专业课程的重要性，要注重专业课程中一些课程项目的实践。由于选修的人工智能相关课程基本上都是有相应的实验设计的，其中也不乏需要学习前沿知识的，例如"神经网络"课程中所学习的 Bert 模型，通过这些课程项目也能对前沿技术和专业知识有进一步的理解。总体感觉科研训练的机会还是需要自己去积极争取和探寻。

参与活动：

我在大一参加了新长城自强社，成为志愿服务部的一名成员，并积极投身"爱心包裹"等志愿服务活动的组织和筹划，自己也积极参与其中；同时，我在第一学年也参加了学校的新生迎新活动、南星计划等活动。在班级的集体活动中，例如广播体操比赛等，我也有积极参与其中。我参加的这些活动主要集中在第一学年，回过头反思，感觉第一年的课程压力相比之下没有后续（尤其是大二学年）那么大，因此空余时间稍微多点（仅仅是个人看法）。到了大二及之后，为了应对各种硬核的专业课程，参与各种活动的时间减少了一些。

政治思想：

我在大一递交了入党申请书，积极向党组织靠拢，并积极参与党组织生活，学习党史和党的理论，并通过了青共校的学习和发展对象培训，成为预备党员。之后，通过进一步的学习理论和实践锻炼，例如，阅读党史读物《中国共产党简史》《论中国共产党历史》等和参与学院党支部组织的"微党课"大赛，参观渡江战役胜利纪念馆和"反腐倡廉"展览，并通过了党组织考察，成为一名正式党员。此后，我在学生党支部中承担了一些工作，并和党支部的同志们一起继续加强理论学习。

未来规划：

我的毕业去向是南京大学计算机系，攻读专业硕士学位，目前主要的研究方向是计算机视觉技术在医学图像领域的应用，希望能够将研究成果实际应用于临床，推动医疗的发展。因此后续的职业选择基本上应该确定是与自己的专业技术相关的，具体还没有特别完善的规划，但大方向是计算机视觉相关领域的程序员或者相关研究人员。也有可能进一步深造，积累研究经验，从而为未来的研究打下更为扎实的基础。

面向学院建言献策：

1. 脑科学方向的专业课程体系进一步优化，通过调研同学和老师们的意见反馈，对课程安排做进一步的优化，使得课程体系更加科学，从而更加有利于同学们和后续学弟学妹们的发展。

2. 希望能邀请到脑科学、人工智能相关的老师在低年级开设一些讲座，便于同学们了解该方向；在高年级开设一些研究进展的讲座，便于专业的同学了解该方向的前沿。

面向脑科学方向学弟学妹：

1. 每年的跨专业选课中，计算机系、人工智能学院都有许多高质量的课程可供选择，可以根据自己的兴趣、结合未来发展规划加以选修和学习，可以有不少收获。

2. 专业课程中生物相关的课程也很有意思，可以学到一些有趣的知识，有些与人工智能领域存在交叉，对于大家确定研究方向、拓展学科视野有益。

60. 从脑科学与人工智能到复旦大学的感悟

孙舒禹

一、个人简介

本科阶段专业方向：脑科学与人工智能

本科阶段学术科研情况：省级大创项目"基于复杂网络方法的金融指数跟踪优化与对冲套利模型构建"；

复旦大学大数据学院夏令营；

上海交通大学高级金融学院 mini 营。

本科阶段获奖情况：人民奖学金、拔尖计划奖学金

联系方式：邮箱:18121520029@163.com

去向：保研复旦大学

二、在校感悟

2021 年 9 月 28 日中午 12:00,我坐在电脑桌前,焦急地等待复旦大学大数据学院的复试通知。2021 年 9 月 28 日中午 12:52,我接受了复旦大学的待录取通知书,我的保研生活正式告一段落。不知不觉间,我的本科生活已经过去了四分之三,时间早已从指缝间流失。

先说说自己的职业计划吧。对我来说,大二暑假大三开学是一个很关键的时间点。2020 年,新冠疫情全面暴发,线下教学改为线上教学。大二下学期的课程比较繁重,操作系统、生理学、计算方法都是很重要的课程,在一次次上课、写代码的过程中,我逐渐怀疑

自己是否真的喜欢自己的专业，是否真的想去从事人工智能的技术岗位。一次偶然的机会，我认识了一位朋友，她跟我介绍了量化岗位，因为自身对金融感兴趣，加上自己有计算机相关的背景，我进行了实践，也因此确立了职业的大框架，并定下了自己的保研计划——金融科技。其实在这个转变过程中，我犹豫了很久，人工智能本身就是一个很强劲很热门的专业，加上父母对自己抱有很大期望，我一度处于很挣扎的状态。但是人生会面临很多选择，职业的选择也只是其中一个小方向，后来我也和父母好好地聊了聊，他们也支持我的选择。目前，我已经处于大四第二个学期，通过多次的实习经历，我也更加明确了自己的职业方向，也在不断地弥补自己专业上的不足。

  接下来想谈一谈自己的成长。首先，我性格上开朗了很多。在高中时期，我很内向，不善于表达自己。来到大学后，我开始加入社团，去了解更多更新鲜的事物，开始愿意和身边的同学、学长聊天，并向他们咨询保研、职业规划等相关事宜，整个人开朗了很多。现在我正处于实习阶段，通过加入一些金融社团，我认识了很多优秀的前辈，也会和他们进行职业规划上的交流。其次，在面临选择时，我会更加坚定，有自己的想法。在进入大学后，我面临着很多选择：专业选择、大一下的分流、大三保研，等等。因为稚嫩的缘故，大学的院系选择、大一下的分流大多是父母在给我指引，加上当时我也认为人工智能比较热门，所以就选择了脑科学与人工智能这个方向。但经历了两年的大学生活后，我逐渐形成了自己的职业观，也意识到自己想要努力的方向，能够自己做出选择。

  最后，我想给学弟学妹提一些建议。相信学弟学妹们都听过这样一句话，"熬过高中就能快乐地享受大学生活了"，但这句话不完全对。大学生活相比高中生活更加自由，但自由的同时也面临很多选择，而且匡院的课程也很繁重，需要花很多时间在学习课程上。此外，对自己有更高要求的同学也会进行科研、实习的尝试，大学所取得的成就，很大程度上由自己的努力、时间分配决定，所以学弟学妹们不能过于怠慢，要分配好自己的时间。因为大一大二的课程比较繁重，所以学弟学妹们大一大二的时候可以多花时间在自己的学业上，GPA 是很重要的，不论是保研还是出国，都需要一个较好的 GPA。等自己的专业知识积累到一定程度了，可以尝试进行科研，包括大学生创新训练计划、学院内的导师课题、自己找导师做论文，等等。大三是一个新的时间节点，大三下面临着保研，保研是一个比较费心费力的过程，需要准备自己的个人陈述、个人简历、推荐信，等等，这些都需要提前开始准备，不要等到申请快截止的时候才开始准备材料，这样会非常匆忙，交上去的材料也会不尽如人意。除了材料之外，明确自己的保研/出国方向也非常重要，是专硕/学硕/直博/硕博还是其他呢，专业方向是原专业呢还是转专业呢？对于转专业的同学，需要提前去了解所转专业的整体情况，包括项目的录取比例、需要准备的专业知识，等等，如果是跨考商科方向的同学，也要提早进行实习。对于出国的同学，大四上也面临着申请、面试，除了 GPA、科研/实习，还需要提前考托福/雅思、GRE 等考试。所以，大学四年其实有很多很重要的时间节点，都需要学弟学妹们提早进行规划，多向学长提问。关于请教前辈,我认为自己需要先做好功课,再去问前辈们,这样前辈们会很乐意和大家交流,毕竟百度、google上也有很多知识,不能只伸手、不付出。

目前,我已经是一名大四学生,除了做毕业论文外,我也在不断实习,寻找自己的职业方向。我的职业规划是去PE/VC行业,寻找好的科技类创业公司标的,在积累一定经验后自己创业。除了必要的专业技能(金融知识、计算机知识),我也在不断提升自己的行业insight,多看访谈,多看书籍资料,不断培养自己的能力!

最后,我想感谢所有帮助过我、指导过我的同学、老师和前辈们。要学会感恩,懂得回馈,继续往前冲吧!

附 录

附录一 物理方向夏令营时间表

院校	截止日期	是否需要寄材料	是否需要推荐信	开始日期	结束日期
清华叉院	5月10日	否	是	6月1日	6月2日
清华物院	5月27日	是	是	6月27日	6月30日
北大物院	6月10日	是	是	6月28日	6月30日
清华丘成桐数学物理	5月31日	是	是	6月29日	7月2日
复旦现代物理研究所	5月31日	是	是	7月1日	7月3日
物理所天目湖英才节	5月31日	否	是	7月1日	7月4日
北大叉院	6月12日	是	是（3封）	7月3日	7月6日
复旦先进材料实验室	6月10日	是	是	7月5日	7月7日
上海应用物理所	6月23日	否	否	7月7日	7月12日
港科大	5月13日	否	否	7月8日	7月12日
物理所物理学及其交叉学科	5月31日	是	是	7月8日	7月12日
清华电子工程系	6月15日	否	否	7月8日	7月9日
国家纳米科学中心	6月18日	否	否	7月8日	7月12日
上海技术物理所	6月21日	否	否	7月8日	7月12日
上海微系统所	6月25日	否	否	7月8日	7月12日①
上海高研院	6月20日	否	否	7月9日	7月13日
清华深圳	6月13日	是	是	7月12日	7月14日
北大深圳	6月30日	是	是	7月12日	7月14日
中科院理化所	6月10日	是	否	7月14日	7月20日
中科院近代物理研究所	7月1日	是	是	7月14日	7月20日
中科大同步辐射	6月20日	否	否	7月16日	7月19日
中科大物理与化学	6月20日	否	是	7月16日	？②
港中文	6月30日	否	否	8月5日	8月9日
中科大科学岛	6月20日	否	否	？	？

---

① 具体时间待定。
② 原文如此，具体时间不明。——编者注

附录二 部分机构官网

清华物院：http://grad-admission.phys.tsinghua.edu.cn/
北大物院：http://www.phy.pku.edu.cn/admissions/camps/190508-1.xml
北大叉院：http://edu.iphy.ac.cn/moredetail.php?id=25908
复旦先进材料实验室：http://www.gsao.fudan.edu.cn
上海应用物理所：https://pgsummercamp.science.ust.hk/application/
港科大：https://pgsummercamp.science.ust.hk/application/
物理所物理学及其交叉：https://pgsummercamp.science.ust.hk/application/
清华电子工程系：www.ee.tsinghua.edu.cn
国家纳米科学中心：http://kjxt.ucas.ac.cn/index.php/zh/
港中文：http://www.phy.cuhk.edu.hk/pgadm.html

附录三　2019年清华交叉信息研究院夏令营题目

目　录

1. 笔试 ··· 236
2. 面试 ··· 239
3. 附录 ··· 240

1. 笔试

1.1

1. 简述哈密顿原理并由此推出拉格朗日方程。(5分)

2. 用拉格朗日方程推出一维谐振子的牛顿第二定律运动方程。(5分)

1.2

假设哈密顿量为：$H = a\tau_x \otimes \sigma_0 + b\tau_y \otimes \sigma_y + c\tau_y \otimes \sigma_y$。$M_x = \tau_x \otimes \sigma_z$。其中$\tau_i$，$\sigma_i (i=x,y,z)$依次为三个Pauli矩阵，$\sigma_0$为$2\times 2$的单位矩阵，$a,b,c$为实数。

1. 证明$[H, M_x] = 0$。(3分)

2. 寻找一组完备基，使得哈密顿量在这组基下具有 $\begin{bmatrix} A & 0_{2\times 2} \\ 0_{2\times 2} & B \end{bmatrix}$ 的形式，其中$0_{2\times 2}$为二维的0矩阵，A, B为二维矩阵。并且进一步计算出该哈密顿量在这组基下的表示。(12分)

1.3

1. 请说明三维空间是否存在能够使用静电场形成能够约束住离子的势阱。(5分)

2. 已知TEM波(以导体为边界)垂直于传播方向的电场分量振幅分布等于该截面上导体中静电场的分布。TEM波可以没有截止频率(即各个频率的波都能传播)。请说明中空金属管是否能够传输TEM波。为什么TEM波的传输线往往是由多个导体构成？（5分）

1.4

假设一束由强度相同的线偏振光和自然光混合而成的光束垂直入射到一些相叠的偏振片上，出射光线的偏振方向与入射光的线偏光成分的偏振方向垂直，并且入射光的两种成分在出射光中所占比例依然相同。

1. 至少需要几个偏振片？它们的偏振方向如何放置？（5分）

2. 出射光强度与入射光强度的比例是多少？（5分）

1.5

假设有一维δ势$V(x)=g\delta(x)$。一个能量为$E=\dfrac{\hbar^2 k^2}{2m}$的粒子从左向右入射，求透射概率。（10分）

1.6（10分）

1. 三维空间的氢原子基态核外电子为什么不辐射电磁波失去能量坠入原子核中？

2. 请写出四维空间中库仑相互作用的形式。四维空间中氢原子的基态核外电子是否依然稳定？

1.7

有一同轴电缆，内芯半径为 a，外壳内径为 b，外径为 c。内外壳层之间的介质为空气。内芯有强度为 I_0 的电流流出，外壳有同样强度为 I_0 的电流流入，电流均匀分布。

1. 求电场以及磁场分布。（7分）

2. 求同轴电缆单位长度的电容以及电势。（8分）

1.8

现有一容器内有理想气体，初始状态为 $T_1 = 300$ K，$P_1 = 3.039 \times 10^5$ Pa，$V_1 = 4$ m³（状态1）。先经历一个等温膨胀过程到状态2，体积变为 $V_2 = 16$ m³。再经历一个等容过程到状态3。最后经历一次绝热压缩回到初始状态1。假设全部过程可逆，绝热比为 $\gamma = 1.4$。

1. 画出 P-V 图，写出每个过程对应的函数，并在图上标出3个点的坐标。（5分）

2. 画出 T-S 图，写出每个过程对应的函数，并在图上标出3个点的坐标（S 的坐标可以不用标）。（5分）

1.9

在水平面上有一长度为 d 的轻杆连接的两个小球,质量分别为 m 和 $2m$。现在极短时间 Δt 内给质量为 m 的小球沿与杆垂直方向施加大小为 $F\Delta t$ 的冲量。

1. 系统相对于轻杆中点的转动惯量为多少?质量为 m 的小球相对于轻杆中点获得的角动量大小为多少?(5 分)

2. 系统获得的相对于轻杆中点的角动量大小为多少?(5 分)

2. 面试

2.1 一定会走的流程

1. 一分多钟的英文自我介绍。
2. 更想做理论还是实验?为什么?
3. 感兴趣的研究方向是什么?
4. 有什么科研经历?
5. 是否考托福、GRE?
6. 成绩单上的某项分数为何比较低?

2.2 支线任务

1. 将来想留在学术界还是去业界?
2. 笔试当中的某道题为什么做得不好?
3. 匡院课程和物院有什么不同?
4. ……

3. 附录

表1 2019年笔试、面试名单分布情况

学校名称	笔试人数	面试人数
清华大学	2	1
北京大学	6	6
中国科学技术大学	2	2
南京大学	10	10
复旦大学	3	3
上海交通大学	4	4
浙江大学	3	2
西安交通大学	6	3
华中科技大学	1	0
武汉大学	1	1
南开大学	1	0
天津大学	1	0
中国人民大学	1	1
北京航空航天大学	2	2
北京师范大学	3	1
山东大学	2	0
总计	48	36

附录四　清华大学交叉信息学院 2020 年物理学科
优秀大学生夏令营摸底测验

共 8 题　　总分 100 分　　答题时间 2.5 小时

1. (10 分)考虑实数矩阵

$$A = \begin{pmatrix} a & 0 & 0 & b \\ 0 & a & c & 0 \\ 0 & -b & -d & 0 \\ -c & 0 & 0 & -d \end{pmatrix}$$

其中 a, b, c, d 为非零实数。无须对角化，试求可逆矩阵 S，使得

$$S A S^{-1} = \begin{pmatrix} H_1 & 0_{2\times 2} \\ 0_{2\times 2} & H_2 \end{pmatrix}$$

其中 H_1 和 H_2 是 2×2 矩阵，并给出 H_1 和 H_2。

2. (15 分)考虑原子团由处于 $^2S_{1/2}$ 态的电中性玻色子组成(忽略核自旋的贡献)。假设存在沿 z 方向的磁场，其磁场强度是 $B = \frac{1}{2} B_0 r^2$，其中 r 是三维空间径向距离。系统温度为 T。

(a) 若该磁场可将原子团束缚在直径为 L 的范围内，试推导所需 B_0 表达式。(10 分)

(b) 是否所有的原子都可以被束缚，给出理由。(3 分)

(c) 若考虑自旋 $I = \frac{3}{2}$，试回答总角动量可以有哪些取值。(2 分)

3. (15分)在分析力学中,我们经常用拉格朗日方程来研究物理体系:

$$\frac{d}{dt}\left(\frac{\partial L}{\partial \dot{q}_i}\right) - \frac{\partial L}{\partial q_i} = Q_i$$

其中q_i是描述体系所需的广义坐标,Q_i是广义非保守力,所以当我们研究的系统是保守系统时,方程就会变为

$$\frac{d}{dt}\left(\frac{\partial L}{\partial \dot{q}_i}\right) - \frac{\partial L}{\partial q_i} = 0$$

我们知道,磁场力是一种典型的非保守力,但是如果我们只是研究一个带电q的质点,并且系统只存在磁场力这一种非保守力的话,我们可以通过变换

$$L' = L + q\vec{v} \cdot \vec{A}$$

将非保守体系的拉格朗日方程写为保守体系的拉格朗日方程形式:

$$\frac{d}{dt}\left(\frac{\partial L'}{\partial \dot{q}_i}\right) - \frac{\partial L'}{\partial q_i} = 0$$

其中$\vec{A}$是磁场的磁矢势。为了简化,我们假设系统的磁矢势是稳态的,也就是与时间无关,请证明这一变换的正确性,也就是可以给出合理的运动方程。

4. (15分)同轴电缆(中间为一实心金属圆柱导体,最外面是另外一个与其同心但空心的金属圆柱体,二者之间为电介质)是物理实验室中常见的电路元件。它的一个重要参数是特征阻抗,其定义为:$Z_0 = \sqrt{LC}$,其中L和C是单位长度的电感和电容。

(1) 计算如图所示的内外半径分别为a和b的同轴电缆的特征阻抗。假设两同轴圆柱体之间为空气,其介电常数为ε_0,磁导率为μ_0。特征阻抗通常设置为50ohm,那么a,b需要满足什么关系?(10分)

(2) 对于横电磁波TEM波(以导体为边界),在垂直于它的传播方向上,其电场分布与在该截面上导体间的静电场分布情况完全相同。对于这种同轴电缆,请问是否能传播任意频率的TEM波?对于一个中空的金属管(比如去掉中间半径为a的金属导体)中能否传播TEM波,并简单说出原因。(5分)

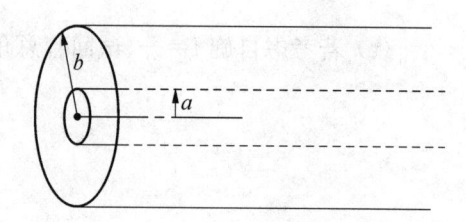

5. (10分)阱宽为 a 的一维无限深对称方势阱中 $\left(\dfrac{a}{2}\right) < x < \dfrac{a}{2}$ 运动粒子的能量本征值和本征函数分别为(只考虑偶宇称态):

$$E_n = \frac{\hbar^2 \pi^2 n^2}{2m a^2}, \Psi_n(x) = \sqrt{\frac{2}{a}} \cos \frac{n\pi x}{a}, n=1,3,5\cdots$$

假设阱内粒子处于状态

$$\Psi(x) = \sqrt{\frac{30}{a^5}} \left[\left(\frac{a}{2}\right)^2 - x^2\right]$$

(a) 求粒子处于各个能量本征态的概率。(5分)
(b) 利用所求得的概率,求体系的能量平均值。(5分)
可能用到的公式如下:

$$\frac{1}{1^4} + \frac{1}{3^4} + \frac{1}{5^4} + \cdots = \frac{\pi^4}{96}$$

$$\int_{-\frac{a}{2}}^{\frac{a}{2}} x^2 \cos \frac{n\pi x}{a} dx = (-1)^{\frac{n-1}{2}} \left(\frac{a^3}{2n\pi} - \frac{4a^3}{n^3 \pi^3}\right), n=1,3,5,\cdots$$

6. (10分)贝尔不等式是 John Bell 在 1964 年为验证爱因斯坦所主张的定域实在论而提出的一个具有深刻物理意义的不等式。定域性是指在某区域发生的事件不能以超过光速的传递方式影响其他区域。实在论是指实验观测到的现象是出自某种物理实在,而这物理实在与观测的动作无关。通俗地讲,定域论不允许鬼魅般的超距作用,实在论则表明,即使无人赏月,月亮依旧存在。贝尔证明:任何基于定域性和实在论的物理理论都必须满足贝尔不等式,然而量子力学预言的结果却可以破坏贝尔不等式,因此定域性或实在论最少有一个不适用于量子力学。

考虑 Alice 和 Bob 各有一个自旋为 $\dfrac{1}{2}$ 的粒子,Alice 可以任意选择两个可观测量 A_1 或 A_2 作测量,测量结果为 $A_1, A_2 = \pm 1$。同样,Bob 也可以任意选择两个可观测量 B_1 或 B_2 作测量,测量结果为 $B_1, B_2 = \pm 1$。假设 Alice 和 Bob 距离非常远,则根据定域实在理论,Alice 和 Bob 的测量结果不会互相影响且是预先决定的(不依赖于测量与否)。基于此,我们很容易推导出如下贝尔不等式:

$$\langle A_1 B_1 \rangle + \langle A_1 B_2 \rangle + \langle A_2 B_1 \rangle - \langle A_2 B_2 \rangle \leqslant 2$$

其中,$\langle A_i B_j \rangle (i,j = 1,2)$ 称为关联函数,是多次测量的平均值。

(a) 如果 Alice 和 Bob 的两个粒子处在一个纠缠态 $|\Psi\rangle = (|01\rangle - |10\rangle)/\sqrt{2}$,其中 $|0\rangle$ 和 $|1\rangle$ 分别是 Pauli 矩阵 σ^z 对应于 $+1$ 和 -1 两个本征值的本征态,并且 $|01\rangle = |0\rangle \otimes |1\rangle$ 与 $|10\rangle = |1\rangle \otimes |0\rangle$。取 Alice 和 Bob 的观测量如下:

$$A_1 = \sigma^x, A_2 = -\sigma^z, B_1 = -\frac{\sigma^x - \sigma^z}{\sqrt{2}}, B_2 = -\frac{\sigma^x + \sigma^z}{\sqrt{2}}$$

其中 Pauli 算符

$$\sigma^x = \begin{bmatrix} 0 & 1 \\ 1 & 0 \end{bmatrix}, \sigma^z = \begin{bmatrix} 1 & 0 \\ 0 & -1 \end{bmatrix}$$

试计算关联函数 $\langle A_1 B_1 \rangle, \langle A_1 B_2 \rangle, \langle A_2 B_1 \rangle, \langle A_2 B_2 \rangle$，并由此推断如上贝尔不等式被破坏。(7 分)

(b) 如上贝尔不等式的破坏是否意味着在量子力学中信息可以超光速传播？说明得出结论的理由。(3 分)

7. (10 分) 一维原子在光晶格中可由如下哈密顿量描述：

$$H = -\frac{1}{2}\partial_x^2 + V_0 \cos(x)$$

其中 x 是一维空间坐标，V_0 是实数参数(刻画光晶格强度)(简单起见，设 $\hbar = m = 1$)。试说明如何数值求解该系统在动量空间的本征能量(考虑系统大小为 $L = 2M\pi$，其中 M 为正整数，边界条件取周期边界)。(具体到需要数值计算为止)

8. (15 分) 阿哈罗诺夫-玻姆(Aharonov Bohm)效应是量子力学和电动力学发展史上的重要实验，证明了即使在磁场为零的区域仍旧会存在磁效应。它显示了量子力学的非局域性质，在拓扑量子物态以及量子计算中都有重要应用。

如右图所示考虑一个电荷为 e 限制在 x-y 平面半径为 R 的圆环上运动的电子。圆环的中心在原点，z 方向垂直纸面向外。在半径为 $R_0 (R_0 < R)$，中心为原点的区域内有一沿 z 方向的匀场磁场。

(a) 运用斯托克斯(Stokes)定理，计算圆环上的磁矢势 $\vec{A}$；运用你所学的量子力学知识，写出描述此电子运动的哈密顿量

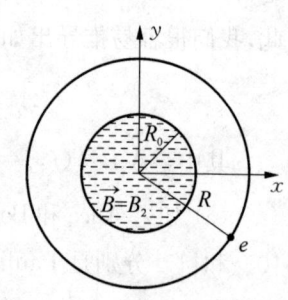

(假设电子的正则动量为 $\vec{p}$ 忽略电子的自旋)并求解所有可能的束缚态以及对应的本征能量。可考虑用极坐标求解。(9 分)

(b) 进一步考虑加个微小的均匀电场 $\vec{E}=E\hat{x}$,运用微扰论的知识计算加此电场后本征能量的变化(算到一阶近似即可)。(6 分)

附录五　北大物理学院凝聚态所面试

——质子自旋与电子自旋之比为多少？

——如果 a_0 是氢中基态玻尔轨道的半径，那么双电离锂（$Z=3$）的基态玻尔轨道半径为多少？

——激光冷却技术中，用到一种"偏振梯度效应"，即强度和频率相同但偏振方向相互垂直的两束激光相向传播，则在叠加区域内周期性地出现不同偏振态的光。设两束光波长为……，分别沿着 x 和 $-x$ 方向传播，电矢量振动方向分别沿 y 和 z 方向，且已知在 $x=0$ 处合成线偏振光，振动方向沿与 y 轴成……试说明：沿 $+x$ 方向距离原点……处和……处的光的偏振态，以及检验偏振态的一种方法。[①]

——紧束缚模型下，内层电子的能带与外层电子的能带相比较，哪一个宽？为什么？

——某区域内有相互平行的磁感应线，上面和下面方向相反，且密度均匀相等，该区域内没有电流。分析这样的磁场是否存在，说明理由。

——从两个独立的光源发出的两束同频率的光能否发生干涉？为什么？

——跳水运动员在空中可以完成很复杂的动作，例如向后翻腾两周半转体一周半屈体；在实验室中，我们可以将一个椭圆形的刚体以任意速度抛出。不计空气阻力，试分析两者下落时各种可能的守恒量。

——扁平的能带和陡峭的能带，都是半填充，哪一个电子的比热更大？哪一个能容纳的电子多？

——电子的有效质量 m^* 变为 ∞ 的物理意义是什么？

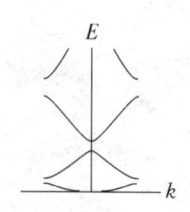

[①] 提供者提供的原题缺少内容。

后 记

2006年3月，在我国著名的马克思主义思想理论家、教育家、社会活动家，南京大学老校长匡亚明诞辰100周年之际，为继承和发扬匡亚明先生的教育思想和办学理念，进一步推进通识教育办学，南京大学决定将基础学科教育学院更名为匡亚明学院。作为南京大学乃至教育部教育改革和杰出人才培养的创新试点单位，建院十余年来，匡亚明学院硕果累累，取得了卓著的成就，先后培养出数千名高素质、高水平从事物理、数学、化学、生物和相关交叉学科科学研究以及从事行政管理、金融服务、科技企业等领域应用型的青年人才。

在学生会学术部的努力下，三届匡院学子保研攻略整理完成，2018级学子毕业并分享了他们的在校感悟，恰逢南京大学120周年华诞，特此编写了《从荣誉教育走向学术研究之路——匡亚明学院拔尖学生培养纪实Ⅰ》（以下简称《培养纪实》）。《培养纪实》覆盖了2016级至2018级匡院学子，收录了多位同学的优秀事迹，记录了他们的本科学习成果、保研过程、在匡院的学习感悟以及匡院教育所起到的承前启后的重要作用。

编写《培养纪实》的过程中，我们为各位学子获得的成就而骄傲，几乎每一位学子都获得了奖学金、荣誉称号、推免资格，这些荣誉记录了他们本科时期付出的汗水，也体现了匡院给予大家的宝贵机会；我们为各位学长无私地分享保研经验而感动，他们希望通过自己的探索与经验总结，让后来人少走弯路、更加顺利地进入研究生阶段的理想院校；我们被诸位学子大学生活的点滴回忆所感动，不管是学生工作的责任担当、社团活动的积极参与，还是各种突破自我的尝试，都记录了他们丰富多彩而张扬热烈的青春。作为匡院荣誉教育的亲历者和受益者，他们对学院和学弟学妹提出的建议，更是一笔宝贵的财富。

在《培养纪实》的编纂过程中，我们得到了学院王骏院长、董昊副院长等领导的大力支持，以及司林敏、邹大维、赵玉倩、朱莉莉等老师的帮助，尤其是辅导员司林敏老师在2016级和2018级学生的信息及相关资料的收集中做了大量工作，在此表示衷心的感谢！还要感谢每一位为这本《培养纪实》提供自己的经验和分享自己故事的同学。同时，感谢匡亚明学院2020级孔冰清对本书的整理和修改工作；感谢匡亚明学院2017级缪铭昊对部分资料的收集、2020级黄璐怡和陶子豪对文稿的审校；感谢匡亚明学院2016至2018年学生会学术部的同学对保研攻略的收集和整理。正是历经三年的资料收集、历时半年的反复修改,才有了这本书的雏形。通过这本书的记录,相信大家对匡院的荣誉教育会有更加全面和深刻的了解。

数十年走过,匡院依然年轻并充满活力。对匡院学子来说,四年的荣誉教育见证了他们知识储备和各方面能力的提升,见证了他们美好而收获满满的青春时光,为他们走上自己的学术研究之路奠定了宝贵的基础。面对基础学科的日益重要和学科交叉带来的挑战与机遇,我们衷心祝愿匡亚明学院能迎来更多优秀的学子,将匡院的宝贵精神和优良传统传承下去,让学院取得更为卓越的成果;我们衷心祝愿每一位毕业的匡院学子,在自己的学术研究之路上勇攀高峰,将科研成果应用在中国大地上,让匡院精神刻在学术研究之旅中;我们热烈欢迎每一位进入匡院的学子,愿他们在这里收获属于自己的宝贵财富,以前辈的足迹为引导,探索出自己的新天地。

由于内容过于丰富,编者能力尚有欠缺,出现疏漏在所难免,如出现信息不全或错配的情况,敬请谅解并批评指正。

2022 年 8 月